马赛克

马文辉 / 著

品牌就是打交道的艺术

的

马赛克

广西师范大学出版社

·桂林·

谨以此书献给我的父亲。

自序

产品，如何成为品位、品格？

地段，如何成为地位、身段？

房子，如何成为面子、庄子？

产品属性，如何成为个性？

地理、物理，如何成为心理？

建筑，如何成为上层建筑？

人和物之间，到底是什么关系？

消费者和商品之间，到底是什么关系？

他们如何交感、交流、交织？

这些交感、交流、交织，会形成怎样不同的交集？

作为交集的容器，品牌又该如何与消费者打交道？

这些都是我一直在思考的事儿，

也是在本书中，我们试图去探索的地儿。

欢迎你，和我一起，踏上旅途。

那，咱们走起。

目 录

Conte

ents

品牌
交集

第 一 章

品牌交集理论

"我买，
故我在"

2020 年年初，也就是疫情期间，我宅在家里，看到微博上有人转载
"Brand of the World"（世界知名标识资源库）发的一条推文——
东京奥运会的五环标志，被设计师幽默地拆成了五个独立的圆环，
旨在提醒公众保持社交距离的重要性。后来又出现很多类似的创意，
譬如，巴西的麦当劳将金拱门的标识"m"分成两个分离的 n，万事
达卡的标识也被拆为独立的红、黄两个圆……

然而事实上，一如诗人约翰·多恩所言："没有谁是一座孤岛，在
大海里独踞，每个人都像一块小小的泥土，连接成整个陆地。"（[英]
约翰·多恩，《丧钟为谁而鸣》，新星出版社，第 3 页）人类是一
个命运共同体，是休戚与共、彼此交织的。

在这个商品被大量生产、消费的时代，消费者和商品之间的关系也
是如此，两者或多或少、或深或浅都有联结——这联结的部分，如
同五洲四海奔赴的盛会，如同孤岛连接成的陆地，这就是本书接下
来会讲到的品牌交集理论。

什么是品牌交集理论？

关于品牌存在的理由，有源于重复博弈机制的市场监督理论，有侧重增强识别、信用背书和创造溢价的辅助销售理论，也有针对降低顾客选择成本、企业营销成本、社会监督成本的品牌成本论。关于品牌的定义，有基于企业资产的五星模型（认知度、知名度、联想度、忠诚度、专有资产），有基于消费者的品牌价值模型——CBBE 模型（标识、内涵、反应和共鸣），也有基于营销动力的金字塔理论（存在、相关、表现、优势、绑定）。

这些经典的品牌理论深入人心，本着与时俱进的理念，结合多年品牌实战的经验，以及对众多品牌案例的观察和归纳，我梳理出了一个更便于大家认知和理解，也更容易操作的品牌方法论——品牌交集理论。

品牌交集理论，简单地说，就是关于品牌和消费者打交道的艺术。"交集"最初是一个数学概念，指集合 A 和集合 B 交织的部分，这部分既属于集合 A，也属于集合 B，就像万事达卡品牌标识红黄两个圆中间的橙色部分。而品牌交集是从品牌的视角出发，找出的人和物之间，即消费者和商品之间的交集。

在品牌交集理论里，交集有两重含义：一是静态意义上的，这是消费者和商品联结的部分，包括知识、功能、情感、身份、个性、观念等多种层面，这些部分如中国的榫卯，交织成不同的建筑样式；

二是动态意义上的，随着时代和市场的变化，品牌交集也会不断地自我调整，比如，红牛从曾经的"困了累了喝红牛"，到现在的"你的能量，超乎你想象"，可口可乐从曾经的"Open Happiness"（畅爽开怀），到现在的"Taste the Feeling"（品味感觉）。

为何要研究品牌交集？

（1）"我买，故我在"

1987 年，美国著名艺术家芭芭拉·克鲁格的摄影作品《无题》横空出世，画面中的大拇指和中指夹着一张红色卡片，卡片上写着"I shop therefore I am"（我买，故我在）——在笛卡尔著名的"我思，故我在"的文本基础上，做了解构和全新创作（见下页图）。不得不说，这真是体现出了艺术家的敏感。过去，理性至上、追求真理的世界观，在这个消费社会摇身一变，成为直白的买什么就是什么，毕竟过去人们不高兴时可以去批判，而现在人们大都去商场血拼，去报复性消费。报复谁呢？敌人是谁呢？不知道。那么人们该如何寻找存在感呢？只能通过"OMG，买它买它买它"的方式了！

当购物成为人最重要的存在方式，人和物的关系就发生了本质上的改变。人和物的关系，也就是消费者和商品的关系，不再只跟商品本身的特点或功能有关，还跟商品中注入的其他东西有关，如个性特征、身份阶层、伦理道德、集体归属、精神追求等。当然，注入的过程需要很多的技艺，如寄情于物、托物言志、理念分发等，这

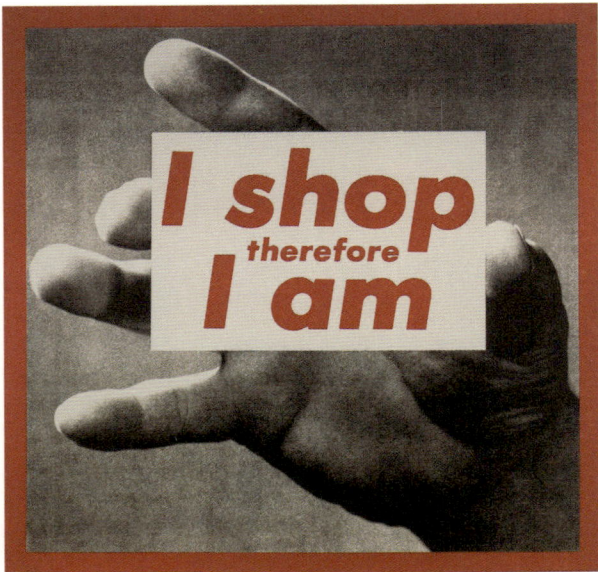

是品牌惊险跳跃的地方，也是点石成金之处。

譬如，"衡水老白干，喝出男人味"；譬如，"爱她，就请她吃哈根达斯"；譬如，"做人做名气，买房买王庄"……这些主张，这些消费者和商品的交集，通过修辞、"寄生"的随机方式，通过一个又一个故事，通过口口相传，巧妙地成为社会的共识、规范和新谚语，继而影响着人们的日常生活，成为他们的口头禅、白日梦和潜意识，成为他们努力工作的理由，甚至是人生的意义。有首诗就非常传神地描绘了这种现象："人们带着感恩与崇敬把脸凑近橱窗，渴望消费，渴望占有，渴望接近他们眼中的上帝，他们优雅地弓下身，核对着标价牌，抚摸着布料，就像抚摸着佛祖的袈裟。"（《BROWNIE

布朗尼：1 人群关系》，上海文化出版社）

李泽厚《美的历程》的开篇中说："那人面含鱼的彩陶盆，那古色斑斓的青铜器……它们展示的不正是可以使你直接感触到的这个文明古国的心灵历史么？时代精神的火花在这里凝练、积淀下来，传留和感染着人们的思想、情感、观念、意绪。"（李泽厚，《美的历程》，生活·读书·新知三联书店，序言）这里所言的"凝练、积淀"在物里面的东西，和如今这个商品社会"注入"物中的东西，都是写入的信息，但在信息的读取过程中，商品社会与美学世界不同，其核心不是让你欣赏，而是让你买！

消费者和商品在这个层面上的新关系，通过媒介和营销入侵人和人之间，入侵人和自己的内心之间，制造了这个时代的爱和怕、自卑和自负，也制造了消费社会的澎湃张力和蓬勃景象。老树画画曾在《一席》讲座上说：广告的本质是什么？广告的本质就是制造自卑。揽胜广告的杨海华也曾言：广告就是不断制造人与人之间的怀疑主义。

（2）"在二十一世纪，物才是上帝"

在《景观社会》一书中，法国著名思想家居伊·德波说道："景观是这个世界上唯一虚假的真实，在现代生产条件无所不包的社会，生活已经成为景观的庞大堆积，直接存在的一切全都转化为一个表象。"（[法] 居伊·德波，《景观社会》，南京出版社，第 1 页）社会的真实人际关系被剥夺了，景观就是商品关系取代社会真实关系的一种病态的症状。

换言之，商品的功能和特征在市场竞争的背景下，延伸、隐喻和异化为个性、地位、文化、价值观等。在这个过程中，符号的能指和所指的惊险一跃、产品和象征的惊险一跃，就类似于商品到货币的惊险一跃、集体无意识的想象到现实秩序的惊险一跃。毫无疑问，这些延伸、隐喻揭示了文本的乱象，揭露了这个世界被过度包装、过度阐释的真相。

而对物本身的界定，也从商品扩展到服务，再到体验，从组织到城市，再到国家，似乎一切都被卷了进来，最终成为物。艺人是商品，娱乐节目是商品，甚至观念都变成了一个市场。

这是这个"物的时代"的现状。"声音碎片"乐队在专辑《送流水》的同名主打歌里唱道："在二十一世纪，物才是上帝，人像工具。"但庄子的提醒"物物者非物"（我们不能是物，我们应该是人，应该复归于道），还有尼采的警句"在自己身上，克服这个时代"，仍在耳边回响。该如何克服呢？我们得先入其内，先理解，因此，就有了研究的必要。

怎样建立品牌交集的体系？

过去对人和物的交集，以及消费者和商品的交集的梳理，多从价值角度切入。我也这样梳理过，并总结出里子、银子、面子、圈子、庄子——"五子登科"。这有点像马斯洛的需求层次理论，概括起来很中国化，容易理解，但用的时候发现不是很好。到底如何上手操作，如何结合具体的产品得到具体的品牌定位，还是很混沌。

正如人与人之间，有些是"点赞"之交，有些是酒肉之交，有些是君子之交，有些是莫逆之交。古人有云："以利相交，利尽则散；以势相交，势败则倾；以权相交，权失则弃；以情相交，情断则伤；唯以心相交，淡泊明志，友不失矣。"（王通，《中说》）

人和物之间、消费者和商品之间的关系也表现为各种交集，如交流、交情、交心，涉及情感、观念、故事、精神，不一而足，但目的只有一个，就是为了最终促进商品的交易——这也是品牌和商业文明繁盛的源泉。

按照产品、客群、精神内涵延展开来，品牌交集可分为 7 种类型。

产品小我包括：产品特色，这个是交流；产品功能，这个是交利。

客群自我包括：个性自我，这个是交情；身份自我，这个是交势；伦理自我，这个是交礼；归属自我，这个是交圈。

人文大我包括：精神层面、价值观层面，这个是交心。

当然，这几种类型只是侧重点不同，并不意味着诉诸交情的就没有功能的交利和特色的交流。高维度的诉求（如诉诸交情比诉诸交利具有更高的维度）产生原因有很多：一是低维度的诉求已经强调过了；二是产品或品类的共识已经建立了；三是激烈的市场竞争需要更具时代势能的策略。但万变不离其宗，核心还是树立差异性，和消费者建立更紧密的关系，毕竟营销就是为客户创造价值，与之建立关系，并持续获益的一个过程。

产品小我

对于产品小我而言，有两个主流的分析视角，第一个是菲利普·科特勒在 1988 年首次提出的产品三层次理论。该理论认为，任何一种产品都可以分为三个层次：核心产品、形式产品和附加产品。核心产品，指产品的使用价值或者效用，是消费者购买该产品的核心动机，比如，矿泉水的有用性是止渴，电钻的有用性是墙壁上的那个孔。形式产品，指的是核心产品的具体表现形式，由五个因素构成，即品质、式样、特征、商标及包装，比如，手机曲面屏的设计、酒的产地年份、5A 写字楼的高度等。附加产品，指的是除商品之外卖方能够给消费者提供的其他服务和优惠，比如，空调免费安装、买房免几年物业费。

1994 年，科特勒在《市场管理》一书中将此前的产品三层次理论拓展到五层次，增加了期望产品和潜在产品两个层次。期望产品是购买者在购买产品时期望得到的与产品密切相关的属性和条件，这个层次更多的是指产品总体属性和购买者自身心理预期的匹配程度，比如消费者在网上购物时，希望物品便宜，是正品，配送速度快；喜欢玩游戏的用户，希望手机性能足够强大，流畅不卡等。而潜在产品是指现有产品，包括所有附加值在内，可能发展成的最终产品的潜在状态，比如，电视机可以延伸为玩游戏、看电影的网络终端。

在以上产品的五个层次中，形式产品、期望产品更多的是围绕产品的属性特点进行展开的，而对于核心产品、附加产品以及潜在产品则更多的是聚焦产品的功能利益。所以，在产品小我这个板块，我将产品层次划分为"产品特色——交流"和"产品功能——交利"两大层级。

产品特色——交流

"你都会
啥绝活"

先说产品小我的第一个层级——产品特色。在这个层面上，人和物的关系是交流。所谓交流，就是信息的交流，比如，溪水是冷的，春风是和煦的，沙发是软的，因为我们有感官——眼、耳、鼻、舌、身，我们能感受物的特点。

每种商品都有不同的属性，在商品社会，因为存在市场竞争，对不同商品有不同的诉求，我们不能什么都说，必须挑重点说，挑与别的产品不同的、更有优势的地方说。通俗点说就是"你都会啥绝活"。

这个交集适用的情况：①产品有特色或优势；②即便没有特别之处，但第一个说出某种特色的产品，有先发优势；③将没有意义的差异化变得有意义；④将特色升华为个性、地位、价值观等。

当然，这些特色需要有具体的支撑，要让人信服。同时，这个品牌的其他部分，譬如情感、个性等，有时会通过广告中具体的表现内容来呈现，如明星代言、现场体验、商品包装、文案创意等。

在这个交集中，要想让交流脱颖而出，我们需要考察消费者被卷入（人和物相交）的动力，因为人性都是求新求异的（一成不变太讨厌），是跟风权威的（信息不对称，标准不清晰）。基于这些特点，我们可以通过很多方式制造交流的关注、交流的记忆，进而改变他们的认知和行为。

1. 第一种方式是数字系。 因为产品的特征很多，人们需要在混乱中理出头绪来，正如生命的本质就是要熵减（降低混乱程度），而数字天生就有简洁、理性的特点，容易让人记住。另外，由于现代人生活在一个理性的世界中，数字正好满足了这种理性需求，会让人感觉像是那么一回事，从而相信。

"日丰管，管用五十年"

日丰管的品牌口号是典型的诉诸产品特色——交流的例子，采用的是数字包装方式，从产品的耐用性出发，给出了一个产品承诺，也可以说是特征诉求。另外，这里也抖了一个小机灵，从"管"到"管用"，口号中夹杂着同构、戏剧性、文字的快感，让人耳目一新，增强了大家对这句口号的记忆度。

"CCTV 北 50 米"

首创·禧瑞都找到了一个地理的参考系——央视"大裤衩"（当然，这有比附的成分，毕竟央视大楼是国家地标），通过数字化的方式，

把与地标的距离具象化，强调地段价值，这也印证了房地产领域"地段、地段还是地段"的永恒价值逻辑。

"充电 5 分钟，通话 2 小时"

OPPO 手机经典的广告语强调了一个事实，就是 OPPO 手机的 VOOC 闪充功能及其续航能力，这些被数字化为"充电 5 分钟，通话 2 小时"的口号，体现了产品独特的优势，也回应了客户非常关注的痛点。而与之对应的另一句流行语——"现在我们有了充电 5 分钟的手机，却找不到可以通话 2 小时的人了"则超越了痛点，制造了很多的泪点。

"27 层净化"

很多年前，经典的乐百氏纯净水的广告语强调工艺，以数字的方式表达工艺，给人以标准和权威的印象。由于它是在行业里最先在广告语中提到工艺的，因此让人记忆颇深。之后的纯净水即便比它工艺更复杂，如 40 层净化，广告的影响力也不如它大。因为乐百氏具有先发优势，其他品牌再强调工艺就是拾人牙慧，吃力不讨好了。

"三清三洗三腌三榨"

乌江榨菜这个品牌，在鱼龙混杂、群龙无首、品质和卫生都不太受信赖的涪陵榨菜市场中，通过提出"三清三洗三腌三榨"的严格工艺流程，给人以信任感。当然，其代言人张铁林当时的影响力更是为它提升了信任度。

"1：1：1 的黄金比例"

金龙鱼调和油的广告语和乌江榨菜差不多，"1：1：1 的黄金比例"指的是食用油中饱和脂肪酸、单不饱和脂肪酸和多不饱和脂肪酸的比例是 1：1：1，给人以平衡营养、脂肪酸均衡、黄金比例的科学印象。

"万科三好"

万科的这句广告语，诉求的是品牌的特点和优势，包括"好房子，好服务，好社区"，这是一个整合的概念，万科将其装进中国人熟悉的三好学生的认知框架里，体现了广告诉求形象化和容易记忆的一面。后来，保利也玩了一个数字概念"5P"，包括养老体系——周全的陪伴（Peiban），绿色建筑——对自然的承诺（Promise），保利社区 O2O——生活好搭档（Partner），保利 App，国际化的布局——体现中国力量（Power）。不过，保利用的是惊讶系的表达——"保利是个 P"。

"许，三多的小房子"

花漾四季这个地产项目，把产品的卖点整合成一个数字概念"三多"——配套多、送得多、钱不多，强调的就是刚需项目超高的性价比。同时，它还具有一定的戏剧性，利用《士兵突击》中"许三多"这个人物名称，给人以亲和的感觉。

"北纬 40°"

北京有一个楼盘，名字就叫"北纬 40°"，它用数字化的方式强化了地理位置的特点。这个概念其实可以延伸出两条纬线：一条是地理纬线，从北京范围来看，北纬 40° 这条纬线串联了首都国际机场、奥林匹克公园、中关村、北京大学、清华大学、圆明园等宝贵的城

市资源，从世界范围来看，北纬40°有最优秀的奶源和葡萄酒厂区
（如法国的波尔多），同时也是纽约、马德里、华盛顿等超大城市
所在的纬度（有比附的意味）；另外一条是心理纬线，这源于人类
对位置感的永恒追求（人们会不停发问，我在哪里）——住在北纬
40°，自然就与地球产生了人文情感的联结，有一种很辽阔的归属感。

"10户城市家庭，7家用立白"

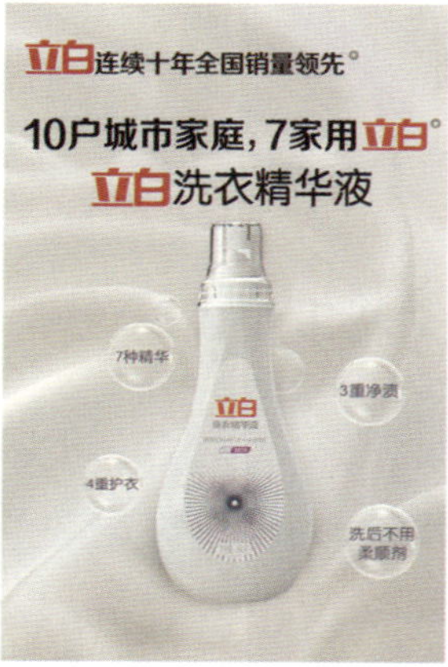

立白的这个品牌广告语也是数字系，
体现的是其受到很多人选择的特点和
优势。这类方式被用得很多，譬如"中
国每卖出10罐凉茶，就有7罐是加多
宝""中国每卖出2台皮卡，就有1
台是长城"等，都是通过突显受欢迎、
受追捧的程度激发人们从众性的心理。

2. 第二种方式是场景系。这是提醒人们在什么情形下使用产品。这个主要是因为人们不知道该如何生活，怎样做才是对的。就像杰克·凯鲁亚克《在路上》一书里说道："这世界上有许多路，乖孩子的路、疯子的路、浪荡子的路、五彩缤纷的路，到底在什么地方，给什么人，怎么走呢？"于是就有很多人来指导人们该怎么做，比如，下雨的时候适合表白（下雨天和巧克力更配哦），比如，商务电话要响几声才接（"不要马上接，显得你无所事事"）……另外，制造联结的过程，有点类似于条件反射——下雨时，人们可能就会想到德芙。

"早晨第一杯水"

雅客的长白甘泉的诉求是早上喝水的场景（体现了现代人对健康养生的重视）。当然，什么水都可以这么说，但是长白甘泉先说了，人们更容易记住，形成条件反射，同时也能形成好水的联想。类似的，卡士的"餐后一小时"酸奶也是这个场景逻辑。

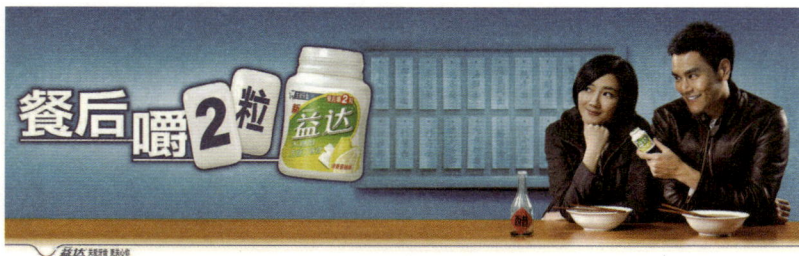

"餐后嚼 2 粒益达"

餐后嚼益达，过去就是一个容易想到的场景联想，可以保护牙齿，但这个广告场景更进一步，提出了"餐后嚼 2 粒益达"。这个企划团队估计是看了如何增加牙膏销量的经典案例——把牙膏开口弄得更大一些，以及早晚都要刷牙等。

这让我想起美国消费广告大师厄内斯特·迪斯特所言："我们现在所面临的问题就是要让一般的美国人即使在调情、花钱，在购买第二辆、第三辆小汽车的时候也感觉是心安理得的。经济繁荣的根本体现之一就是要允许享乐，使享乐有理，要让人们相信，让他们的生活美满是道德的，而不是不道德的。"顺着这个思路，未来会有更多细分的场景需要物，也会有更多场景需要更多的物。

"路上堵车，听喜马拉雅"

这个例子也是场景系，提供的是产品特点——适合开车路上听，当然也包含了解决方案。这让我想起以前在北京工作的时候，早上赶地铁没空吃早餐，于是就买了瓶营养快线，因为"来不及吃早餐，就喝营养快线"，的确，在地铁上或者公司里吃热干面、鸡蛋灌饼什么的，不文明也不优雅，同时"快线"这个名字和通勤的地铁快线也契合。

路上堵车听喜马拉雅

"重要时刻，我只穿中华立领"

"重要时刻"说的就是场景，这个场景包含了宴会、演讲、出席重要的活动、见重要的人物等。同时，这句话也暗示了领袖的地位、国风优雅的个性，但重要的还是这个场景传达出的产品的仪式感（让这个品牌有一层光环，让它能从万千服装品牌中脱颖而出）。类似的还有江小白的四个小场景——小聚、小饮、小时刻、小心情，还有稻花香酒的"人生丰收时刻，稻花香"。

SE7EN 柒牌
重要时刻 我只穿中华立领
一件代表中国的衣服

3. 第三种方式就是直说产品特点。比如，永辉超市的"家门口的永辉，新鲜的永辉"，几乎不绕弯子，这种方式比较适用于产品特点和优势很明显的情况。不过直说的度也是有弹性的，同时还要融入一些创意的"钩子"，让表达更有记忆度。

"对望中国尊"

这句宣传语就是直接说项目地理位置上的特点——离"中国尊"（北京中信大厦）近，不过姿态上融入了客户的视角，有点类似于"窗含西岭千秋雪，门泊东吴万里船"的感觉。528米高的"中国尊"是北京最高楼，也是国贸CBD（中央商务区）3.0时代的标志（从1990年的国贸商城，到2008年的银泰中心、2012年的央视大楼，再到2018年的"中国尊"），能够与之对望就是地位的隐喻（一种比附）。

"格力，掌握核心科技"

这便是直说品牌竞争力。核心科技具体是什么，没人问，也没人追究，但就是会让人觉得这个品牌好像有什么过人之处，毕竟科学技术是第一生产力。后来，格力结合中国制造转型为中国创造的时势，提出了更有民族自豪感的"让世界爱上中国造"。

"找工作，我要跟老板谈"

BOSS 直聘的这个口号很直接，和瓜子二手车直卖网"没有中间商赚差价"一样，有点终南捷径、直捣黄龙的意味。其过去表达的方式是喊麦式、游行式、洗脑式，现在换成一个国外的模特，换成大家更容易接受一点儿的形式 [3B 原则——Beauty（美女）、Beast（动物）、Baby（婴儿）]。

"有太阳升起的地方就有朝阳轮胎"

朝阳轮胎的这个口号，说的是产品的畅销状态，不过比直接表达稍微委婉一点儿，和香飘飘的"杯子连起来可绕地球两圈"类似（这正是因为大众一贯喜欢人海战术）。同时，"有太阳升起的地方"也呼应了"朝阳"这个品牌名称。

"每一栋，世界仅一栋"

大一山庄，最贵的一栋售价 5 个亿，其品牌表达非常直接——每一栋都是全球顶尖建筑师设计的，风格各异，独一无二，这也隐喻了客群的独特品位。同时，"仅一栋"也体现了稀缺，暗指客户身份的稀贵。

"拉开快乐"

乐堡啤酒是嘉士伯旗下的品牌，是国内唯一拥有创新易拉啤酒瓶盖的啤酒。所以，它在诉求上很直接，不过做了委婉处理，将拉环延伸为

"拉开快乐"，同理，"拉开激情"等也可以，如果进一步延伸的话，如"拉开差距"——拉开和烦恼的差距、"追不上我吧，啦啦啦啦啦"，就会更幽默一些。

"有个圈的薄荷糖"

宝路薄荷糖，大家应该都吃过，它的品牌诉求也很直接——有个圈。这个特点有什么好处，有什么意义吗？仔细琢磨，好像并没有什么意义，但这种没有意义的差异化也是有意义的（反套路）。在诉求上，这样能增加识别度，增强记忆度，

有点像三精牌口服液——"认准蓝瓶的"，这也是没有意义的差异化。

再举一个没有意义的差异化的经典案例。Shreddies 早餐麦片是卡夫旗下的老品牌，是一种像正方形的小饼干一样的麦片。其产品销售

时间久了之后，市场竞品多了，出现了品牌老化的现象。为了重振品牌，他们找到奥美公司，而后者只是简单地改变了麦片的视觉——把过去的方形，旋转45°变为菱形、钻石形（其实完全就是一样的）。但人们天生就是喜欢新的、不一样的东西，而且菱形、钻石形会给人更高级、更脆的感觉。这个经典案例（品牌之怪现状）更充分地说明了，没有意义的差异化也是有意义的。

"上网上街上苏宁"

苏宁易购的诉求是将其线上和线下O2O的优势直接表达出来，排比的句式有一种排山倒海、气势恢宏的感觉，像踢正步的进行曲。《乐队的夏天》第二季的赞助商京东，其品牌诉求"有事上京东，没事逛京东"在策略上也十分类似。

"没有后驱，不算豪华"

凯迪拉克的这个系列广告直接体现了后驱大马力的特点，同时也是基于凯迪拉克接下来所有的车型都会做后驱的战略，很直接，甚至可以说很暴力，完全不同于凯迪拉克以往"高大上"的表达方式。

他们还用这个句式做了一系列社会化吐槽的创意表达——没有洗脑，不算广告；没有丝巾，不算阿姨；没有套路，不算老板；没有自拍，不算健身；没有新词汇，不算发布会；没有天书，不算医生；没有放大，不算甲方……每一个吐槽都会落到"没有后驱，不算豪华"。非常魔性的洗脑方式，很有记忆度，但不同于"跟老板谈""羊羊羊"简单机械的重复，这句广告语还是有幽默和轻松的成分。

"爱干净，住汉庭"

汉庭酒店全新的品牌主张，直接强调干净的优势（也是企业的决心），戳中了大家住快捷酒店时最关心的点。此外，一系列的品牌行动进一步夯实了这个优势的品牌护城河：称清洁阿姨为清洁师；设立了

爱干净 住汉庭

首席清洁官；邀请日本"国宝级匠人"新津春子指导汉庭酒店清洁工作，真正把"干净"作为企业的经营战略。

"活的养乐多，越活越开心"

养乐多的这个诉求也很直接，强调自己是活的益生菌，另外"活"字也有了词性的改变，从形容词到动词——越活越开心（兼有调皮和可爱的性格）。而之后，

品牌的诉求直接把"养乐多"动词化了——"今天你养乐多了没"。

"活得精简些"

京简小程序是京东推出的
生活美学电商，在品牌诉
求上直接突显了自己的优
势——严选一批好货，整
体界面比较简洁。广告基
于大家对消费升级和断舍
离的需求，通过反对消费
社会的疯狂和非理性，让
每一个对生活美学有所期待的人，不需要花过多的精力就能挑到心
仪的商品。

但这个广告诉求总让人感觉有一些荒诞，像是抓着自己的头发，想
把自己从地上拽起来一样，反抗本身不过是工具理性（就如英剧《黑
镜》第一季第二集《1500 万里程》中讲述的，反抗娱乐的本身，也
变成了娱乐），目的还是让人买，并没有价值理性——不是强调所
谓的节制。当然，这作为一个快闪活动，吸引讨论和话题的目的应
该更多一些，和杜蕾斯搞的那个 SOS Condoms 的 App，紧急时刻送
安全套上门类似。

"唯有美食与爱不可辜负"

下厨房直接说自己就是一个美食类 App，但是跳脱了品类特点和优

势，注入了另一重情感和意义，就像做弥撒的同时，吃点圣餐面包一样，是精神和物质的双重宴饮。"唯有爱不可辜负"这句熟语大家肯定赞同，下厨房基于这个共识，直接在其中加入另一个事物——美食（当然也可以换成美景、好书等），实现了借船出海。

同理，华与华做的固安工业园区的广告，在"我爱北京天安门"这句价值母体（老百姓耳熟能详，价值、情感密度比较高的地方，像文化的穴位）后面加上"正南 50 公里"，好像挖了一条价值沟渠，南水北调，有点类似于"舒服不过躺着"后面接一句"好吃不过饺子"。

"无脂者无畏"

伊利的脱脂纯牛奶很直接地说出自己的特点是脱脂，只不过在表达诉求的时候用了一个谐音梗，不过用的并非贬义的无知，而是解构之后的重新定义，这赋予品牌一些全新的个性，估计是想巧妙地赞美这群自律的人，他们因为自律而更加自信和无畏。

"我们不生产水，我们只是大自然的搬运工"

农夫山泉这句妇孺皆知的口号，很直接地说出了自己的产品特点就是天然水，没有在水中添加人工的东西，是环保的、健康的。这句话通过否定，找到敌人，自废武功，以退为进，划清边界，让自己得以存在（类似于小罐茶的广告"不是我们限量，是大自然限量"）。

此外，这句话也包含了敬畏自然、人和自然和谐共处的理念。

"均衡的水，才是好水"

巴马铂泉直接点出自己的特点就是，水中的矿物质成分和微量元素十分均衡，并且为好水树立了一个标准——均衡，或者说，在竞争激烈的饮用水市场，建立了一个细分的新品类——均衡的水。另外，均衡的内涵也可以外延出去进行演绎，比如，均衡工作和生活才是美好生命的真谛。

"直接，我喜欢"

地产项目和平里在广告诉求上直接点明自己的地段特点——港铁入户，走地铁连廊直接到家，没有拐弯抹角，没有走街串巷，没有路上的各种状况，就是直接到家。当然，这个属性和优点的内涵也可以外延成说话做事不磨叽、不绕弯子，爱憎分明，果断直接的性格。

"不光低价，快才痛快"

京东"双11"的广告，
在低价的电商认知赛
道之外新辟了一个赛
道，那就是物流速度
的比拼，直接突显了
京东自建物流和配送
的优势（也顺带隐含
着竞争对手配送速度
慢的意思）。其在表达上呈现出配送速度不快的戏剧性后果，比如，
剃须刀送慢了，收货客户直接变成了鲁滨孙。此外，"快"和"痛快"
的戏剧性和"想要痛快，那就要跑得比痛苦还快"很相似。

"阿芙，就是精油"

阿芙直接强调自己的品类，
在一片蓝海之中，最先形成
市场认知。所谓最好的竞争
就是不竞争，直接封杀该品
类，堵住后来者。类似的还
有"豆本豆就是豆奶""果
冻就是喜之郎"。

"这酸爽，才正宗"

统一老坛酸菜牛肉面直接强调自己就是正宗，把其他的竞品都比了下去。类似的还有北京牛栏山二锅头说自己是正宗二锅头，红星二锅头直接来了一个"二锅头的宗师"（不过这种诉求很容易陷入修辞的语言泡沫里，等于是白天放焰火——白闹）。

当然，统一老坛酸菜牛肉面这个品牌能让大家记住的关键，除了"正宗"这个广告概念，更重要的是在创意上，他们对"正宗"的对手，也就是山寨版的嘲讽——"有人模仿我的脸，还有人模仿我的面"，突显了自己正宗的江湖地位。

"风花雪月，自在大理"

这个诉求直接把大理最大的特色"下关风、上关花、苍山雪、洱海月"总结为"风华雪月"，类似于武夷山的"千载儒释道，万古山水茶"的浓缩整合。但不同于数字系万科的"三好"，保利的"5P"，这个是用诗词或成语的方式呈现的。

关于大理的城市品牌，我印象
最深的还是《新周刊》策划的
"大理，让人变小"。2016 年，
应 TED 的邀请，我在会上也分
享过这句主张：大和小，更有
戏剧性，而且体现了价值观。
这个时代，每个人都像打了鸡

血一样，每个人都想改变世界，但很多人因此伤痕累累，孤单凄惶，
失去了内心的平静，所以，大理联合《新周刊》提出"让人变小"——
因为在苍山洱海的大山大水、天地大美中，人会变得没有那么想征服，
变得谦卑和臣服。

"京东，多·快·好·省"

这和"风花雪月"很像，直接体现自己的优势——品类多，物流快，
产品好，省钱省心省事，这也是电商的核心竞争力。随着消费升级，
天猫的口号从"上天猫，就购了"，升级为"理想生活上天猫""生
活各自理想"，京东也顺应大潮，提出了新的主张"只为品质生活"。

"夸克，无广告搜索体验"

这是非常直接地说出自己的特点和优势——无广告。在诉求上，它
把大家讨厌的广告（如喊麦式广告、重复式广告），还有其他搜索
引擎让大家觉得体验感较差的竞价排名、弹窗广告，按在地上摩擦，

突显了自己的差异性。它在表达上通过反对大家讨厌的，获得了情感共鸣，突显了品牌人格。但好玩的地方是，这个反对广告的表达本身也是广告，反套路的方式本身也是套路。

"前面是一种历史的风景，后面是一个国家的经济"

汤臣一品的这句话直接突显了项目的地理位置——前面是上海外滩，背后是陆家嘴金融中心。基于此，它在表达上做了一层升华，时间上的城市历史，空间上的国家宏图，感性上的文化，理性上的经济，构建了很辽阔的世界观。

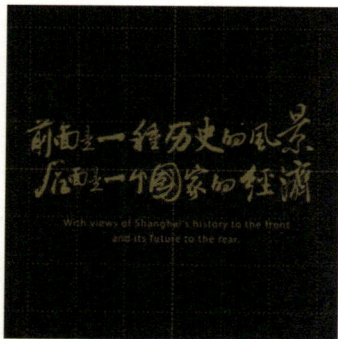

"万达广场，就是城市中心"

这句口号大家应该都知道，直接说出了万达的影响力，延展开来，其含义有"这里是美食的中心，这里是购物的中心，这里是娱乐的中心，这里是交流的中心"。除此之外，万达还有另一句广告语，也很直接——"每个市长，都想引进万达广场"，虽然有夸张的成分，但完全是站在另一个维度，直接地说出了万达广场对城市的影响力和意义。

4. 第四种方式是戏剧性地表达产品特点。 提到戏剧性，我们很容易想到李奥·贝纳的方法论"发掘产品与生俱来的戏剧性"，如牛排的嗞嗞声响，如大大泡泡糖的"大大"，强调产品就是英雄，和产品本身关联性很强。但这里说的戏剧性不同于李奥·贝纳所说的，尽管都是基于产品的特点，但这里提到的戏剧性更细分化，重点在于产品特点的多义和升华。

"后现代城，就在现代城后面"

这句话突显了地理位置的特点，而且颇具戏剧性。"就在现代城后面"的"后"不只是地理上的前后，更是人类文明上的前后，后现代是一种文化浪潮，相对于现代更进一步，更丰富一些，更先进一些，这也成了广告演绎上的内容。

"真实就是真果粒"

真果粒，从产品特点"真实的果肉"出发，升华为真实的自我，主张大家忠于真实的自我。他们邀请周迅（人设真实）拍了一部电视广告片，传递出"在这个快速发展的时代，请不要

忘记真实的自己是什么样子"的观点，这也是消费者内心认同的价值观，也因此，真果粒变成了一个有态度、有个性的产品。

"要来就来真的"

维他柠檬茶将"真茶＋真柠檬"的产品特点，升华为"来真的"的品牌主张，表达了现在年轻人自我、倔强、拒绝说教的个性特点（别跟我来虚的）。从物理出发，升华为心理，戏剧性地将没有灵魂的产品特点变得具有人格魅力。

"成功是熬出来的"

武圣羊汤的广告语从产品制作工序的特点出发，"熬"是武圣羊汤成功的秘诀，而这也是人生成功的秘诀，就像冯仑说的"伟大是熬出来

的"。你得独自承受委屈、无助，那些难熬的时间会磨砺你，只要熬过去，总能熬出头，也因此，这句话有了一些精神鸡汤的感觉。

"尽管蹂躏，我皱都不皱一下"

凡客诚品从产品的抗皱特点出发，将其升华为一种性格——坚硬、不屈、无畏。比如"加班，加班……通宵，通宵……出差，出差……我皱都不皱一下"，比如"挤公交，挤地铁，挤电梯，挤挤挤挤挤……我皱都不皱一下"。凡客诚品的这个主张让我想到了"黑曼巴"科比，在巴恩斯挑衅，发球假装砸他的时候，科比纹丝不动，凭借坚定意志战胜了本能，那无畏的眼神让人印象深刻——尽管挑衅，我眨都不眨一下。

"中国有胜算"

阿里云将产品的特点和优势——人工智能算法，升华为胜算。作为数字经济的基础设施，阿里云在抗击疫情期间，为中国的经济民生(在线办公、新零售、流行病学分析)提供了很多支持。作为to B端(为企业提供服务)的品牌，从计算到胜算，很有戏剧性。在这个爱国主义情绪高涨的关头，阿里云把之前"计算，为了无法计算的价值"这种普世情感，具象为更有归属感的爱国情怀。

"放手，去做"

凯迪拉克CT6基于产品搭载的超级智能驾驶系统，让你可以体验史无前例的驾驶乐趣。放开双手，交给CT6吧，完全不需要你的操控，汽车可以自己驾驶，自己转弯，彻底解放双手。这里的戏剧性就在于"放手",是放开双手,更是放手去做,放手一搏,有点"JUST DO IT"的精神,也有点自由洒脱的个性。

"全北京向上看"

世贸天阶完全是基于项目自身的特点——拥有天幕的另一种商业。人们来到这里,自然会抬起头来向上看,表面上这是抬头的动作,其实更是一种不断向上的时代精神,代表着不断进步的精英精神,更高、更快、更强的新北京精神。

后来,星巴克发起了一个类似主张的互动——抬头行动,针对的是低头一族(世界上最遥远的距离,莫过于我们坐在一起,你却低头玩手机)。为了让大家抬起头,面对面交流,星巴克也是煞费苦心。不过星巴克完全是从客群,或者从品牌理念角度出发的,和产品本身的属性、功能没有什么关系。

"17英里，我能与这个世界保持的距离"

"距离"既是地理属性，又指心理感受，譬如，贫富差距、阶层的距离。在万科·17英里这个项目上［案名用到了比附，对标美国加利福尼亚州著名的17里湾风景线

（17-miles drive）］，它跳脱了时空意义上的距离，上升为产品和配套区别于其他项目的距离，营造出独特的社交距离，蕴含着身份和品位的距离。

"距离产生别墅"

"距离"在这里同样是地理意义上的（毕竟别墅总是在郊外，和城市保持着适度的距离），但也升华为心理上的戏剧性，不过昆明野鸭湖别墅项目，不像万科·17英里那样高冷，显得更加亲民、更加日常化一些。这里的"距离"主要表达的是与自己不认同或者让自己不爽的东西保持距离，譬如，跟汽

车尾气保持距离，跟滥好人保持距离，跟傲慢保持距离，等等，演绎出项目的品牌性格。

"福清，更上一层楼"

"更上一层楼"既是指产品属性——金辉·壹号院的复式产品，楼中楼，同时也是指客群人生状态的进阶，此外，还有城市发展更上一层楼之意，比如，经济实现多少增长，幸福指数提高几个百分点等——毕竟，买房子在某种意义上，就是买一个城市的股票。

"年轻不留白"

京东白条，类似于信用卡和花呗，就是提前消费。从白条，到留白，再到人生留白，这里玩了一个小的戏剧性。京东白条主要是针对刚刚踏入社会的年轻人，他们的经济基础薄弱，但有很多梦想、很多向往都需要资金，这时候京东白条给他们提供一定额度的消费金融服务，让他们敢于消费（如租房子、旅游、进修等），敢于直面和拥抱未来，避免自己的青春一片苍白。

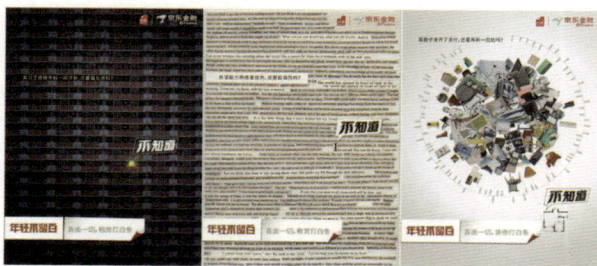

"喜欢就表白，不爱就拉黑"

这是麦当劳和史努比 IP（黑白斑点狗）跨界推出的新品黑白汉堡包的宣传语。新品包括黑色的泰式香撕鸡堡、白色的川辣香撕猪堡等。基于汉堡包新品颜色的特点，宣传语在表达上做了多重戏剧化的演绎：白色，戏剧化为表白；黑色，戏剧化为拉黑——让黑白颜色的性格变得黑白分明。

说到"拉黑"这个戏剧性，我想到以前吃的一种面包叫作手撕面包，"手撕"在我看来就是很有戏剧性的，表达了一种不满或爱憎分明的情绪。我甚至帮这个品牌想了一个全新的口号——"手撕而后快"。我们还可以借这个词，表达品牌对很多事物的立场，比如，对疫情期间不戴口罩的人，手撕而后快；对劈腿的人，手撕而后快；对在电梯里抽烟的人，手撕而后快……

说到黑白，说到颜色，让我想起了一个不同肤色创可贴的故事。因为在国外，对很多深色皮肤的人而言，浅色的创可贴似乎是在讽刺他们的族裔（那些遭受不公正对待的岁月），因此，英国最大的超级市场乐购推出了三种颜色的创可贴，成为英国首家拥有适合多样肤色的创可贴的超级市场。这个案例放在产品特色的戏剧性这里，其实并不那么准确，但我想提供的是一个品牌推广的反向过程，即从创造产品的角度入手（而不是分析现有商品的特点，进而得出表达的戏剧性）。这个案例是从人的属性（肤色）切入，皮肤破了需要创可贴，然而创可贴只有一种颜色，商业艺术家们便通过造物，创造出适合不同肤色的创可贴，继而表达更加包容的世界主义观点。在这个故事里，我想强调的是，创造产品本身的戏剧性，比产品的戏剧性表达更有力量。

"独与天地精神往来"

正祥·贵里将项目最大的特点——独栋的有天有地，升华为人生的境界——独与天地精神往来。这个升华也契合冯友兰先生的人生境界理论，从最低层只关注吃喝的生物境界，到关注世俗成功的功利境界，再到关注做一个君子的道德境界，最后达到最高的天地境界。作为地产的终极形态，有天有地、有山有水的独栋院落，理应是最高级的境界，这也是中国人最极致的向往——顶天立地，天人合一，物我两忘，云深不知处，独与天地精神往来。

"显山露水的上层建筑"

江与城这个地产项目最大的资源优势就是靠着嘉陵江和清泉山，但在市场中，项目的山水资源并不独特，所以这个最大的资源优势需要升华。项目的目标客群大部分都是当地的成功人士，他们需要身份和地位的证明，所以，项目方在山水基础上做了巧妙的戏剧性处理——显山露水，加入人格化特征，这样便符合他们的身份和人生追求了。但如果只用"显山露水"的话，似乎有炫富的感觉，有点像显摆的大金链子。于是，品牌从两个维度做了补充：一是加了"上层建筑"（其先例是 2003 年北京的建于果岭的上层建筑），增加文化气息，毕竟经济基础决定上层建筑；二是宣扬目标客群的成功不是靠运气，不是偶然的（其沟通语是"成功没有偶然"），他们努力、不断付出、内外兼修，所以成功是理所应当的，没必要藏着掖着，理应"显山露水"。

"在，我应该在的位置"

作为大连的顶级豪宅，星海湾壹号从项目最大的优势——地理位置出发（城市资源和海景观资源极佳），将其升华为客群对身份地位的重视——他们希望制造秩序，他们追求

人生的位置感（我喜欢这个位置，那是我应该在的位置）。这种位

置感或者说这种地位感，不用对别人喊，更无须和别人比较，只要在那里，就会让人有距离感。"位置"这个词成为地理的位置和人生的位置的意义交集，和此前"17英里"的距离一样，成为戏剧性的核心。长幼、尊卑有序，在，我应该在的位置；君子不怒自威，在，我应该在的位置。

"精神的海拔"

从此前秦皇岛海边的阿那亚，到5年后金山岭山里的阿那亚，从欢乐之道的一面，到更加静谧的一面，这是土地本身的神性决定的，也是开发商的精神理念引领的。如果说好房子承载着物质生活、情感生活和精神生活这三个维度，那么物质生活自不必多说。情感生活最需要的是欢乐之道（也就是这几年地产领域一直强调的社群，大家希望在费孝通那个温情脉脉的乡土中国中，重建人与人之间的亲密关系），但是精神生活更多需要的是孤独地追寻。

阿那亚·金山岭项目，从地理位置的精神性——藏在山中，遗世独立，到很多"无用"的建筑的精神性（禅院、音乐厅、家史馆、美术馆等），相较于海边的阿那亚，项目的精神性的比重，自然有了进一步的拔高。而金山岭本身就在海拔 900 米以上的山顶谷地（也被比附为北京的不丹），是真正的"精神的海拔"，是引领人之上升的精神性品牌（心灵刚需）。

"智慧人生，品味舍得"

"舍得"是舍得酒产品最大的特点——舍百斤好酒，得两斤精华。同时，这个特点也被戏剧化，升华为一种智慧。舍和得之间有

点类似阴和阳的味道，如著名作家贾平凹所言："世界是阴与阳构成的，人在世上活着也就是一舍一得的过程。会活的人，其实懂得了两个字：舍得。不舍不得，小舍小得，大舍大得。"品味舍得，就是在品味"舍得"的智慧，是超越自我的局限，超越自我的困境，看到更多的机遇，实现更大的抱负，一如孟子"如欲平治天下，当今之世，舍我其谁也"就是最大的舍得，躬身入局，舍身入世，方能实现更大的人生理想。

"陆家嘴·尖"

"尖"既是汤臣一品这个项目的地理特点——在陆家嘴的尖尖处（稀缺性，一线江景自不待言），同时，"尖"亦有顶尖之意，指代中国财富尖端的客群，及其拔尖的人生追求。所以，"尖"既是地理上的特点，也是心理的共鸣点。

"上游墅"

这个项目的戏剧性在于案名。"上游"是地理意义上的，指福州的闽江上游，但在这个项目里，这个词更侧重于表达其延伸之意，即力争上游，

对未来城市的发展有抢先意识。"二环上也曾一路通畅,如今呢?""笨鸟为什么要先飞?""路通了,真好,路没通,也挺好的",等等,这些都是在贩卖一个区域未来的新观念——大家要力争上游。

"陌陌,总有新奇在身边"

陌陌是基于地理位置的移动社交工具,通过搜索身边的人,展开社交和线下结识,比如,约个饭、约个球、约着唱个歌,等等。这个诉求看起来很直接,但我觉得这个主张的戏剧性在于"身边",这个"身边"并不是触手可及的,而是虚拟世界里的"身边",是在手机里的,是图片,是视频,是对话框,是近在眼前却远在天边的。

"扎实的人，在哪（儿）都玩得转；挨过削才能成尖货"

这是京东商城系列文具的广告，它把产品本身的特点，如圆规的尖头、会转圈，戏剧化为扎实、玩得转，将铅笔笔尖戏剧化为挨过削的尖货。这一系列文具的广告还包括耿直的直尺、可靠的书立、积极改错的修正带，等等，全都是戏剧学院毕业的"戏精"。

"心纯净，行至美"

纯净、没有杂质、让人安心，这是怡宝纯净水最核心的特点，在这里，纯净升华为去除杂念、抵达内心的单纯。如此一来，人们可以真正地感受世界的美好，达到身心的通透和放松，知行合一，身心合一。

另一个矿泉水品牌"多喝水"，在他们成立20周年的时候，提出了一个全新的理念——白色主张，以纯白的面貌现身，想用水泼去世界带有偏见的色彩，这和作为生命之源的水具有的包容万物的性格相契合，就像自由、平等、明亮，没有任何倾向，这就是世界原本

心纯净
行至美

的颜色。这个主张很容易让人联想到意大利服装品牌贝纳通更偏意识形态的"摒弃仇恨"（Unhate）主题广告。对比怡宝和"多喝水"的两则广告，前者的戏剧性是从水的纯净到心的纯净，更直接一些，后者则是从水能冲洗掉偏见到白色主张，需要多绕一个弯。

"钻石恒久远，一颗永流传"

这个故事想必很多人都听过：起初钻石因为稀少又漂亮，成为皇室和贵族炫耀的工具，这和其他宝石没有什么两样。但是在南非发现的巨大钻石矿让钻石不再稀有，如果任由其开发，钻石将变得不那么值钱，这时戴比尔斯公司买下了整个钻石矿，几乎垄断了这个行业。但有这么多钻石，如何让人购买？为了制造市场需求，他们想出了史上最高级的广告——把钻石和爱情捆绑在一起销售，也就有了这句经典的广告语——钻石恒久远，一颗永流传。钻石的特性，比如，坚固（世界上最坚硬的物质之一），被升华为爱情的坚贞；晶莹剔透，被升华为爱情的纯洁；钻石的经久不变，升华为爱情的恒久不变。"钻石＝爱情的承诺"，这种经济学的叙事和想象的秩序，一跃成为集体的信念，甚至上升为对爱情的信仰。

正如"君子比德于玉"，玉的光泽很温润、不刺眼，就像君子心地温厚、善良，这是仁；玉有棱角，却不会刺伤别人，就像君子有棱有角，但不会伤害他人，这就是义；佩戴玉的时候，玉自然下垂，不张扬，就像君子，为人谦虚、端庄，这是礼。于是，一个自然之物——顽石，通过雕琢，通过文化的升华，成为儒家文化重要的载体、君子品德的象征，成为个人随身携带的修养启示录。

正如阿兰·德波顿在《幸福的建筑》一书中说的："对建筑之意义的信仰，建基于'环境的改变会导致我们自身的改变'这样一种观念——不论是好是坏，以及'建筑就是为了向我们生动地展示出我们理想的状态可以是什么样子的'这样一种确信。"世界上很多的物质文明都是如此，感而化之，文以化之。

"宽 HOUSE"

这里的诉求就是物理属性的宽面——宽达 7.5~11.2 米，进深仅 8 米。但是在这个广告里，宽也被做了戏剧性处理——我们不能改变生命的长度，却可以改变它的宽度。在这个案例中，广告的核心有两点，宽是其中之一，另一点，也是更重要的是性价比。宽的戏剧性只是蜻蜓点水地提到，下一个案例我们将"宽"放得更宽一点儿。

"领略人生宽度"

这句广告语从大切诺基内部空间宽敞、越野性能好的优势出发（有 7 种驾驶模式，可以到达更宽广的世界），将其升华为人生的宽度。这是一种全新的价值观，不同于人生单向度的高度（世俗意义上的成功），而是在事业成功（遇到了天花板）之后，或是在人生的高度（地位、财富、名利）之外，寻求生活和事业的平衡，寻找更加波澜壮阔的内心，譬如周游世界、去太空、做慈善、办教育，等等。这时，衡量成功的标准不再是金钱的多寡，而是人生的丰富程度，一如大切诺基以往的主张"用你的经历，定义自己"。在广告表现上，譬如"当你被当作话题，聊点别的的时候到了""当你被当作模式，换一种模式的时候到了""当你被放在封面，翻到人生下一页的时候到了"，等等，王石的个人品牌和大切诺基品牌互相加分，交相辉映。

大切诺基宽度的戏剧性，有点像豪华七座SUV别克昂科旗的主张"给他空间，看他成长"，这个空间不只是更宽阔、更大的物理空间，更是为孩子撑开心灵、心理的宽阔空间。英菲尼迪也有一个类似的主张——"数字之上，成就更好的自己"，从英菲尼迪汽车非常完美的性能"数字"出发，针对这个"数字"时代（大家习惯以数字衡量人的价值、人的存在感，甚至是人的幸福感），提出了一个高于数字的部分。这也是品牌常用的招数，已经有的无须强调，强调那些"有之上""有之外"的，这部分是客户在乎的或时代需要的势能，是不被数字限制的潜能（正如其代言人斯蒂芬·库里，他的身体条件用数字衡量并不出色，但他选择超越这些数字，为更好的自己而战，一跃成为NBA的顶级球星），是无法量化的驾驶体验，更是充满惊喜的人生。

"多一条路总是好的"

二条这个地产项目的特点在于周边有地铁、2.5 环、迎晖路等，有很多条出行线路可供选择。日常出行道路被戏剧化演绎后，升华为人生的道路：写不出《三重门》，韩寒至少还可以去开出租；不玩相对论，爱因斯坦至少还可以干木匠；不玩截拳道，李小龙至少还可以去跳舞——多一条路总是好的。二条借此呈现出幽默有趣、年轻时尚的品牌性格。这个案例有两点补充：其一，"条"这个后缀像麻将，但在北京是实实在在的地名概念，如东四十条的"条"就是胡同的意思；其二，在产品特点的戏剧性上，过去几乎是以第一价值（价值排序）作为切入点，如地产就是地段或者资源，但是现在也有从第二，甚至第三价值特点进行切入的（比如，这个案例就是从出行线路切入），关键是能够和客群有共鸣，能够以点带面，达到市场差异化的效果。

"适合小别的小别墅"

"小别"作为案名，既是指小面积别墅的产品特点，也可以戏剧化为暂时的别离（和城市，和喧嚣），譬如，小别胜新婚。此外，"别"

也是另有的意思，譬如，别
有一番滋味在心头。该项目
在主张上做了一个戏剧化的
断句——别，有一番滋味。
别既是小别墅，也是和城市
的小别离（类似于"距离产
生别墅"），还是"另有"特别的生活体验，如第二人生，在这里，
可以做不是自己的自己，甚至可以忘记自己。

"特接地气"

颐荷·亚洲是福州的一个郊区度假项目，最大的特点就是自然，这
是项目地理环境的特点，是朴门永续模式下的社区景观的特点，也
是带有 46 000 平方米配套有机农场的特点。这些特点都和土地有直
接联系，换言之，就是接着地气的。

"接地气"有两重意思：一是意味着感受大自然真实的美（不是报纸上的、屏幕上的，譬如报纸广告"这不是一支（枝）玫瑰"，类似于马格利特的画《这不是一只烟斗》）；接受大自然的启发（"就知识产权而言，大自然既往不咎"）；在大自然里可以自己种植蔬菜瓜果，而不是吃各种转基因的食物（"转基因的食物到底能不能吃"，或者"食物没有食物该有的味道"）。二是意味着真诚、真实，反对浮夸、虚拟、矫情（如房价的泡沫"张口闭口几千万的房价"）。如此一来，项目的特点和优势就被戏剧化为客户的性格和社会文化冲突的解决方案。

"总之，人往高处走"

世茂天城，近 300 米高，是福州当时的最高楼。"高"是物理属性，是项目的最大优势，同时，"高"也带来了丰富的生活、高的效率。另外，"高"也有身居高位之意，象征着身

份地位。在广告中，"看，那是南少林；看，那是长乐国际机场；看，那是江阴港……"夸张地演绎世茂天城物理属性上的高；"给效率至上的福州人——住在近 170 平方米的住宅里，在近 300 米高的写字楼里办公，在五星级酒店招待朋友们，去楼下高端商业中心消费"

演绎着效率上的高;"给好客的福州人——我家在福州最高的社区里,影响福州GDP的生活圈,一层一个姓"演绎着身份上的高。一层一层,攀登利益的阶梯,"高"被戏剧化后,就更高级了。

"我们很快就熟了"

小肥羊的产品特点是下锅之后,肉很快就能熟透,这个特点在此被戏剧化为大家聚在一起吃火锅,情感很快就会升温,变得熟络起来,无话不谈。小肥羊火锅让来自不同世界、一点儿也不熟的我们聚在一起,更让完全不同的我们,很快变成同一种人,很快相识、相知、相伴,甚至相爱——美食成了大家共同的语言,成为社交的催化剂。当然,这个主张里,除了"熟"这个戏剧化的情感联系之外,还有一个点,就是"快"。快是当代年轻人的刚需,"我要的现在就要",他们不要等,不愿意慢慢熬,他们要快,要即时满足,不管是美食,还是生命体验。不过,在我看来,"快"更多的是作为卖稿逻辑,其核心还是食物和社交的联结,也就是"熟"的戏剧性,就像之前提到的钻石和爱情之间的联结一样,恒久且无国界。

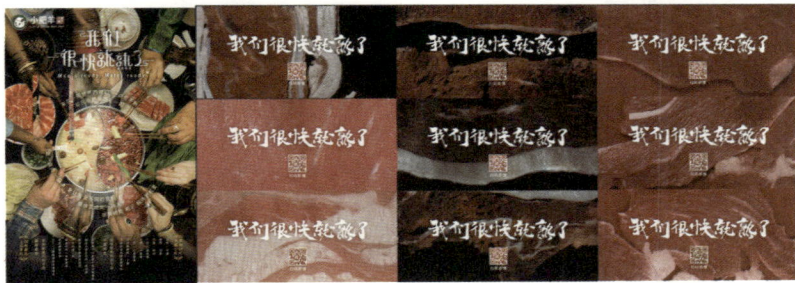

"你看，凡事都可以再设计"

里外里作为北京首个私人设计公寓，为特定客户群量身定制个性化、专属的设计是其产品的最大特色，但这里的"设计"被戏剧化为"人生的设计"（有改变人生现状的意思），譬如，"开春就带着孙子远走高飞""天一亮，就去离婚""春节后，先把我的老板揍一顿"，这些戏剧性的夸张的场景也足够吸引眼球，极致地传递了项目的差异化特色。

想起以前和公司的设计师们聊天，我会对他们的设计提出更多的期许，设计不只是设计一个好看的画面或一本册子那么简单，设计一场有趣的对话，设计一次增进情感的团聚，设计一次精彩的提报（譬如，设计提报的主视觉是一朵玫瑰花，就不妨在提报的时候，给对方的女老板送一束鲜艳的玫瑰花），设计一场有新意的求婚，设计一条成功的制度，都是设计师应该拓展的人生边界。你看吧，凡事都可以设计。

"一念在后，佑我向前"

积家手表Reverso翻转腕表系列的个性化定制服务，可以在手表背后定制客户珍视的信条，如人生警句、孩子的名字等，有点类似于文身。这个产品的物理属性特色在戏剧化处理之后变成"一念在后"，这个"后"就升华为人生的精神后盾，一种往前行走的信念支撑，有点类似于"总有个人在你身后，默默地支持你"，只不过在这里，"某个人"变成了"某个信念"，"人和人之间"的关系变成了"人和精神之间"的关系，而这精神庇佑着你，让你勇往直前。

"好戏都在背后"

华为将mate20手机非常强大的后摄功能做了一个戏剧性的延伸，从

手机的背后到月球的背后，充满着人类对
未知的探索精神和惊喜（也是跟了一轮热
点——中国"嫦娥四号"代表全人类首次
实现月球背面软着陆），让手机摄像头的
视野，从眼前一下子延伸到无边的宇宙苍
穹，让 mate20 的全景拍摄有了更浩瀚的
世界观，让"进步，再进一步"的"进托
邦"的好戏持续上演。

"年轻时，要能上能下"

楼尚 loft 也是从产品的
特点出发。loft 有上下
两层，这个产品品格的
"上下"，外延到客
群性格的"上下"，这
时上下就戏剧化为随性
的、做自己的人生态度。

譬如，自信的人低头，自负的人抬头；自足的人低头，自满的人昂
头，我能随意上下。这里上下的外延之意完全不同于一些中式复式
产品（也是楼上楼下）诉求的历史文化的"上下"——上下五千年，
承上启下。所以，即便是同一个概念，也可以根据客群或品牌理念，
戏剧化为不同的性格和风格。

"进退，于半山"

这是一个半山的地产项目，半山作为物理属性有山腰的意思，不在山的顶峰，也不在山脚下，而是山的中间。同时，这个位置也是城市和山野的中间，进一步可以去城市，退一步可以到山野，是物理意义上的可进可退。另外，半

还要进，进；祇想退，退
进退 于半山

30岁的城市，50岁的山，40岁的半山
进退 于半山

城裏XO冰未融，山中碧螺春正暖
进退 于半山

山的"半"也对应着人生的中间状态，40岁左右的中年社会精英，处于诸多角色中间，生意和生活中间，亲情和交情之间，老公和老板之间，天下和天涯之间……面对这些需要平衡的冲突，他们在获得世俗意义上的成功之后，有了更多的从容，可进可退——"还要进，进；只想退，退""城里XO冰未融，山中碧螺春正暖"。甚至在进退中间，退的成分可以更多一些（如陈丹青的《退步集》所倡导的），退回到家庭里、自然里、自我里（如果没有侧重，就容易平庸），譬如"城市，客户能不应酬就不应酬；山里，家人能不失陪就不失陪""城里张总走好，入山我就要走丢自己""城里，温酒斩华雄；山里，笑语伴春风"，几近于尼采站在山腰看世界的处世之道，但更有中国人"允执厥中"又不失风骨的人格魅力。

"人无压力轻飘飘"

世茂·轻公寓的广告语从产品优势出发，其产品是面积小、总价低、首付低、量级轻的公寓产品，轻轻松松就能入手，所以，买轻公寓的人毫无压力，轻轻松松。如果这句话只是如此就没什么意思了，关键还是在于其隐含的另一重戏剧性——人还需要承担一点儿压力，要不然容易没有动力，容易一人吃饱全家不愁，容易空虚，于是便有了"张女士信奉'人无压力轻飘飘'，她不允许自己的儿子年纪轻轻就啃老"。当然，再想远一点儿，没有一点儿压力，不承担一些责任，也容易虚无，就像昆德拉在《不能承受的生命之轻》中表达的那样，轻飘飘的。

5. 第五种方式是比拟系。对于抽象的产品特点，我们是没有感知的；对于未知的事物，我们是无法感受的；对于熟悉的特点，我们也是

熟视无睹的——我们的大脑天生喜欢具象的、鲜活的、生动的事物。

譬如,有一个大家都很熟悉的画面——一个老太太在售卖她的橘子,其主诉求就是橘子很甜。甜,这是产品的抽象特点,但到底甜不甜,大家没有尝过,不得而知,此外,到底多甜才是甜,是带着酸的甜,还是苦尽甘来的甜,也无从知晓。大家很容易想到的表达可能是甜得像蜜一样,这是体现了甜,但用得太泛滥了,没有新意,人们也就没有了感知。

英国奥美公司副总裁罗里·桑泽兰德在 TED 上对诗歌下过这样一个定义:诗歌就是使新事物亲切近人,同时使熟悉的事物衍生出新意。"甜过初恋"这句比拟,一下子就让熟悉的事物陌生起来,衍生出了新意。当然,这里最有张力的还是这个场景:通过一头银发的老太太来表达"甜过初恋",甜中就别有一番行为艺术的滋味了。

这有点类似于广告的场景创意,诉求为首付低的房地产广告,直接上到 LV 店对面的广告牌上"首付,对面买两个包包而已"。巴黎街头,一个盲人的乞讨词"自幼失明,沿街乞讨",被诗人拜伦改为"现在是春天,我却看不见",引得行人纷纷慷慨解囊。在这个案例中,如果换一个普通的大妈,或者一个年轻人,也这样说一句,效果虽然会比"甜得像蜜一样"好,但是可能没有这样炸裂的效果。

"kindle paperwhite，我的移动图书馆"

这个广告的诉求就是 kindle 阅读器的便携和容量大，这些抽象的特点不能像 iPod 那样直接说能装 1000 首歌，所以，这里用了比拟的方式，用具象的图书馆来形容 kindle 的容量大，同时把便携的特点转换成移动的，更契合图书馆的概念，十分形象，也很文艺，有点小说家毛姆的"阅读是一座随身携带的小型避难所"的意味。

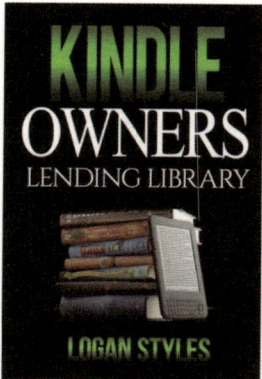

"闭着眼睛点，道道都好吃"

西贝莜面村的诉求就是西贝的每道菜都好吃，因此，做决策的过程十分轻松（因为点菜的确是一个大难题）。但是如何表达呢？这里用了一个比较形象的说法，就是"闭着眼睛点"（也响应了华与华的文化母体理论——日常中大家常用的语言"这个太容易了，我闭着眼睛都能搞定"）。如果用直接表达的方式说"随便点，都好吃"，就没有这么生动形象，也没有这么霸气了。

"服装就是一种高明的政治，政治就是一种高明的服装"

这个诉求的是中兴百货整个服装品类（不是具体某一个品牌）的社会属性，在社会意义上，服装是阶层，是身份，是个性，服装在表达，在服帖，也在伪装……但这些都是抽象的、熟悉的，或者不猛烈的（譬如，服装区分阶层，太平淡了；服装就是伪装，太愤青了；服装就是征服，虽不错，还是少了点意思）。

如何找到服装社会属性的新喻体，让人获得鲜活的体验？许舜英找到了"政治"，虽然这个词也是抽象的，但这是个有点敏感、禁忌的鲜活喻体。"服装就是一种高明的政治"，服装摇身一变有了态度，有了观念，有了情绪。如果就此打住也是可以的，比一般的比拟已经优秀不少了，但她突然杀了一个回马枪，"政治就是一种高明的服装", 有了一种皇帝的新衣的艺术感。两句首尾连在一起, 如同《心经》中的"色即是空, 空即是色", 像神秘的衔尾蛇(咬着自己的尾巴), 像莫比乌斯环的无限循环, 有一种"我拨开你, 就像拨开一个橘子, 我拨开一个橘子, 就像拨开一个你; 我劈开你, 就像斧头劈开木材, 我劈开木材, 就像劈开你"的快感。

"泡在海边的房子"

该项目基于其在南戴河海边的地理特点, 以及休闲公寓的产品特色, 把"海 + 休闲"形象化, 比拟为海绵(当然也有一个出处是海绵建筑的概念——柔性的、曲线的、性感的建筑)。海绵, 泡在海边的房子, 有点儿泡吧的轻松, 当然也能让人想到海绵宝宝。视觉上，这种休闲的调调被比拟为人字拖鞋。广告内容上，从正反两方面演绎放松：渴望放松的内心戏——"不用干活最爽；不用应酬最爽；不堵车最爽……"；和不放松拉仇恨，势不两立——"有人在进家门前忙着删短信，有人在海边；有人在堵车时睡得很香，有人在海边；有人在上班时一直问今天星期几，有人在海边；有人在后海边，有人在海边……"。

"我是维多利，我住万锦·世纪城"

万锦·世纪城是内蒙古巴彦淖尔的一个百万平方米的超级大盘项目，维多利是类似于万达的大型商场，是万锦·世纪城的一部分，这个主次关系要明确清楚（也是为了体现品牌的实力和项目的超大规模），另外最主要的就是要体现维多利的优势——在内蒙古的影响力、商业辐射力、品牌号召力。

广告用了比拟的方式。第一，将维多利比拟成巨人，"据悉，2.26米的巨人，需要两张标准床拼在一起才能躺下！"（内蒙古有巴特尔这样一个为人熟知的"巨人"，而表达上"2.26米的巨人需要两张床才能睡下"，体现出了维多利40万平方米的体量和百万平方米世纪城的磅礴）。第二，将维多利比拟成骆驼，"据说，在内蒙古，有一只骆驼，背上长有九座峰！！！"（内蒙古人熟悉的喻体，驼峰代表着维多利在内蒙古的商业版图，九年九座城市）。第三，将维多利比拟成灯，"据报道，在内蒙古，有一盏灯，能照亮20万户人家！！！"（老百姓熟悉的喻体，体现出维多利的商业辐射力，能照亮20万户人家）。
第四，将维多利比
拟成领头雁，"据
统计，一只领头雁
最多能带动13 570
只大雁！！！"（内
蒙古人熟悉的喻

体，领头雁代表了维多利超强的品牌号召力和招商能力）。这一系
列广告非常生动地（从老百姓中来，到老百姓中去）把维多利的优
势表达了出来。

"抱着中心的矮房子"

华润·考拉住区的核心诉求是项目的地理位置"离中心近"的特点，
但"近"这个概念怎么表达呢？到底怎样才算近呢？譬如，前文提
到的"对望中国尊"、数字系的"CCTV北50米"，都是不错的概念，
但这个项目并没有明显的超级地标可以借力，"近"就成了一个形
容词，而形容词是个你说你近、我说我更近的语言沼泽。

这个项目概念用了比拟的方式：首先把抽象的形容词"近"，形象
化为一个动作——抱抱（用"抱抱"这个拉近距离的动作来体现近），
接着找到了一个超级可爱的IP——考拉（因为考拉特喜欢抱抱）来
当情感载体，更加生动形象地体现了"近"。这样一来，品牌就可
以持续地、以点带面地输出项目的价值。譬如，地段上——5个购物

中心，和中心来个考拉抱抱；1 条地铁，N 条公交，和早高峰来个考拉抱抱。再如，园林上——和大树来个考拉抱抱；户型上——和 72 变来个考拉抱抱；节庆上——过年来个考拉抱抱、考拉梅西，等等。"近"从地理上的近（和地段、园林考拉抱抱），变成心理上的拉近（和户型、节庆考拉抱抱），这个概念就有点类似于各地街头的行为艺术，蒙眼和陌生人拥抱获得支持。如此一来，考拉抱抱就有了更多的外延和创作空间。

"一本杂志和一个时代的体温"

以"中国最新锐的生活方式周刊"为定位，《新周刊》凭借对各种观念新颖巧妙的处理，把观念包装成各种新锐的概念，譬如，第四城、穷忙族、微性、云爱、急之国、橡皮人、摇而不滚，等等（他

们善于制造戏剧性，制造形象
化），而这一切都离不开他们
对时代情绪的敏感捕捉。但如
何形象化地表达这种敏感呢？
晴雨表，传感器？太俗气了！
在中国人的世界观里，宇宙不
是机械的、原子的，而是有机
的、生命的，时代如同一个人
的肌体，有自己的温度起伏。
顺着这个逻辑，《新周刊》的
企图心可不只是把脉中国了，更是期待给时代开出各种处方，在痛
则不通的穴位处扎上一针，疏通并排出时代经脉里淤积的毒素，这
有点像广告上的人文理想。

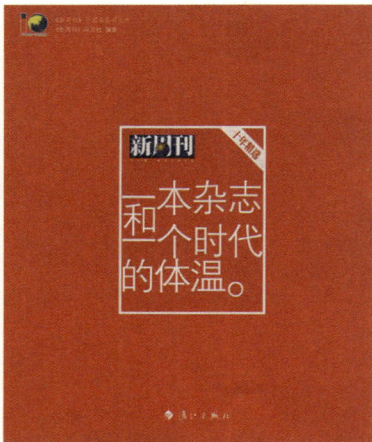

6. 第六种方式是比附系。 比附，就是从产品的某一个特点出发，然
后附着在这个特点领域最强的概念上（这个概念必须是市场已经熟
知的，可以是市场领导者，可以是文化势能最强的，也可以是地位
最高的），从而给产品附着一层耀眼的光环。比附的方式有点像比拟，
同样都可以把抽象的特点变得非常形象，但其相较于比拟更加聚焦、
更加功利（有点打不过你就加入你的意思）。比附的方式也类似于
诉求客群身份的方式，但切入点不同，比附完全是从产品端出发的
（尽管都得分析产品、目标客户、市场，但侧重点还是有所不同的）。

"给您一个五星级的家"

碧桂园的这个品牌诉求有点像数字系，类似于万科的"三好"，但这里用的是比附的方式，因为碧桂园是率先把酒店式的服务理念引入住宅式物业的房企，这是该品牌十分重要的特色。而酒店式服务的最高标准是什么呢？

当然是五星级标准（那时还没有迪拜的七星级酒店，即便有，这样说也会显得浮夸，在绝大部分人的观念里，五星级就是最好的）。如此一来，给您一个五星级酒店式服务的家，似乎就很顺理成章了。此外，五星级的家会让人觉得这个品牌很好，而不单是物业服务好，这也是单点突破，一人飞升，仙及鸡犬。

"北有三山五园，南有鼓山院子"

这个项目在福州鼓山下，是泰禾众多的新中式院落之一，不过特别之处在于，这是泰禾旗下首个中式山居院落。在福州，如果顺着中式居住的路子，用比附的方式，很容易想到三坊七巷，得出"鼓山下的三坊七巷"这个传播定位，但这个概念曾经被他们自己用过了——北有三坊七巷，南有福州院子，而且这样的定位也显得项目平平无奇，既没有体现出品牌的企图心（首个中式山居院落），也辜负了鼓山这座中国名山。

既然福州没有这样的文化
载体，那就要把目光放得
更远一点儿，但这时不能
以中式居住作为切入点（那
样会太宽泛了，容易得出

鼓山下的紫禁城这样的概念），而要更聚焦一点儿——中式山居。
遍寻华夏，中式山居的最高级在哪里？答案就是北京西山脚下的皇
家行宫聚落——三山五园（是不是非得用中式山居的最高级？hold
得住吗？本地人认知会有南北差异吗？这个拿捏的度就是品牌的企
图心，考虑到以文化筑居中国的品牌理念，考虑到中国名山的适逢
其会，考虑到三山五园的知名度，也顺理成章），这样一来，自然
得出了"北有三山五园，南有鼓山院子"的传播定位，鼓山与院子
齐飞，就像是找到了项目的价值母体，修建了一条京闽文化大运河（文
化下乡，衣冠南渡），价值也就有了源源不断的营养供给。

"近代三坊七巷，当代百督府"

三盛·百督府，作为福州顶级的城市半山独栋别墅（需要5000万验
资才能参观），产品特点可以列举很多，如石材、独栋、半山，等等，
但最大的特点（或者说品牌最想表达的）是这个项目代表了今天福
州居住文明的最高级形式，这就完全不是从产品出发，而是从市场、
从客群的角度出发的——过去最顶尖的一群人住在哪儿，哪儿就是

他们要借势的对象。

"居住文明的最高级"，这个说法是不符合广告法的，也是抽象的，那么，从国外舶来一个具象的概念如何？比如唐宁街、比弗利，就像上海"外滩"这个概念被全国各地的滨水项目拿去用一样。当然可以！不过在这个案例中，项目在核心诉求上没有以"西"为贵（可能是因为市场遍地西化了，很多西化概念都被用过了），而是在本土的文化中发掘福州最骄傲的符号、最高的居住文明（这和产品没有任何关系，过去的坊巷是中式的，百督府是西式的）——就像在北京，最高的居住文明是故宫，而在福州，一定是三坊七巷（入选世界遗产预备名录、中国十大历史文化街区之一、福州十大城市名片之首），于是就有了"近代三坊七巷，当代百督府"这句宣传语。（这句看上去以坊巷文化为骄傲，两代闽商家族，承前启后，实则有点儿"三坊七巷俱往矣，数风流人物，还看当代百督府"的意味。）

其实，这个案例放在后面介绍客群身份的章节更合适，之所以放在这里，主要是为了和上一个案例做对比。产品端和客群端的比附是两个不同的切入点，看上去好像都在体现产品和客群的身份地位，不过一个是基于产品特色——中式山居的最高级，另一个是基于客群的姿态——这个城市过去最顶尖的一群人住在那里，虽说殊途同归，但还是要厘清。

"坊巷之上有庐园"

庐园，中央美墅的第三期产品，地处福州仓山文教区，是新东方风格的城市别墅，和项目此前的两期相比，第三期面积更大，总价更高，因此，品牌希望突破过去"地段＋产品"的价值逻辑，体现更大的城市格局。但是从何处切入呢？新中式、新东方，很容易联想到福州的三坊七巷，但坊巷说得太多了，而且又是竞品（泰禾）的文化标签，品牌上需要有别于它，但新的文化母体是什么呢？

在仓山文教区的土地上，品牌发现了一个美好的事实：福州是中国以"庐"命名的建筑最多、密度最大的城市之一，其中尤以仓山为盛，建筑风格上中西合璧，多为上流阶层居住，是福州文化新的名片。随着对庐园文化的深入挖掘，其内涵越发丰富，从古代陶渊明的"结庐在人境"，到近代蒋介石送给宋美龄的美庐别墅，"庐"文化源远流长，而且庐不以风格来界定，多因文化、名人为世人称道。

这和中央美墅第三期的客群——新时代的知贵人物，是一脉相承的，所以这句"坊巷之上有庐园"用了两种切入方法。一是坊巷之上，这是比附，从中式建筑风格出发，提高了中央美墅建筑的段位；从城市名片的特点出发，提高庐园的城市地位（"上"是时间之上，历史之上，也是影响力之上）。二是庐园概念和项目的关系，不能从产品切入（不能说项目在仓山，地脉相承，因为实际上项目离庐的建筑聚落还很远），更多的要从客户角度切入，而且不完全在于身份地位，文化性格的意味更重一些——过去的知贵住在庐里（历史上的、其他城市的、福州的），今天他们住在中央美墅的庐园里。

"三山五园又一园"

绿城·御园，这个项目地处北京玉泉山旁，紧挨着颐和园、万寿山、静明园，被三山五园环绕，是一片充满传奇的土地——无论是世界遗产的园林，还是宫殿建筑群，抑或皇权族系的生活风华，无不承载着东方古国的皇室梦想。

从地脉角度出发的话，绿城·御园只需要像龙湖·颐和原著一样，包装成类似"曾经是帝王的家""佛香阁下的大屋顶"，用直说的方式就可以了。但他们从恒定的地脉出发，拉了一条时间轴线，过去这里的价值山峰是三山五园，300年后，这里有了另一座价值山峰——绿城·御园，两座山峰通感于历史，交相辉映。

在很多方面上，绿城·御园都希望自己的产品能媲美曾经的三山五园。

譬如，三山五园是宫殿建筑（中式），绿城·御园也是殿堂建筑（法式），甚至在某些地方，可能要更胜一筹。譬如，曾经三山五园的园林是汇中国的四海之美，现在绿城·御园则是汇世界的四海之美。不管这些比附如何继承和发扬，在理念上，在精神和文明高度上，绿城·御园都希望能再造中式荣耀之园，这和三山五园时期是一致的，只不过面对的客群变了，那时的"王谢堂前燕"——皇家族系的生活，如今"飞入"的却是大国精英——寻常百姓的生活里。

类似的还有一个项目叫万科·第五园，它把岭南四大名园（顺德的清晖园、佛山的梁园、番禺的余荫山房、东莞的可园）作为比附的对象，在岭南四大名园之后又加一园，不过第五园提出的"骨子里的中国""开门见中国""心有中国一点通"，倒是超越了产品特色的比附层面，到达了客群自我归属的层面。

"与世界同一层"

建业·天筑，从大平层的产品特点出发，比附世界上最顶尖的大平层，如纽约的 one57，这座被称为全球亿万富翁俱乐部的超级豪宅建筑，其中的 89 和 90 层超大尺度的空间，由香港永新集团总裁曹其峰斥资七亿四千万港元购得；彭尼百货公司最大投资者比尔·阿克曼花了 9000 万美元购得 one57 的顶层公寓。此外，赌场大亨史蒂夫·韦恩支付 7000 万美元买下美国丽思·卡尔顿酒店的顶层高级公寓。类似的还有伦敦的海德公园壹号、纽约中央公园西 15 号、香港的天玺等都会大平层，这些都展现出"与世界同一层"的姿态。至于项目的另一个概念"垂直的比弗利"，则更多的是从客群身份的角度（基于产品的比附性不强，一个是别墅，一个是高层）出发，逻辑也很简单：那些有钱人住在哪里？在世界，他们住在比弗利；在郑州，甚至在河南，他们住在天筑。

比附的方式，自己是谁不重要，和谁站在一起才重要，这很像这个时代，很多人都没有自我，那些在价值中心的概念就成了人们要抱的大腿，成了编织自己的材料，顺势而为，人设似乎比人重要，只不过在工具理性的现代商业社会里，很多品牌和人设之间也是互相借势，互相背书，没有对错，只有利弊。

"空中的四合院"

霄云王府这个项目位于北京东三环，是霄云路 8 号的顶层产品，面积近 1000 平方米，有 36 套，单价 36 万元 / 平方米起，最高达 50 万元 / 平方米，是全国单价最贵的楼盘（仅推出一套，炒作的成分居多，目的是突出项目的绝对高端定位和提升客户的身份尊贵感，为项目去化中高端产品做挤压）。推广案名上，用王府比附恭王府，而广告语将其包装成空中四合院，比附北京最高端的居住形态——近乎绝迹的北京亿万级定制的四合院产品，比如，霍英东、默多克在北京的传世四合院。

雅居乐在南京秦淮河历史风貌区也有一个项目，叫长乐渡，建筑上再现老门东街巷肌理，建造原味的中国围合院落，策略上也是比附四合院，提出了"北有四合院，南有长乐渡"，我觉得这句可以更猛烈一点儿——"北京四合院，南京长乐渡"。

"国家地理别墅区"

旗山·林语墅，这个项目地处福州旗山脚下。旗山国家森林公园是国家 4A 级景区，从这一点出发，很容易将其连接到很多国家级景区、公园的别墅，比如，上海佘山别墅区（佘山国家森林公园）、长城脚下的公社（国家 5A 级景区长城）、海南的那香山（三亚 5A 级热带雨林景区）、深圳中航云岭（南昆山 4A 级国家森林公园），类似的还有成都青城山别墅区、天津东丽湖别墅区、北京红螺湖别墅区，等等,于是,旗山·林语墅就确定了"国家地理别墅区"这个概念定位。

当然,这也是直接定义(的确是在国家森林公园),不过这个逻辑是基于产品的地理特点,和全国地理别墅区进行对标和比附,这样一来,就找到了很多天赋相同的"知己"(一个新别墅品类、一套新产品标准、一种全新的生活方式)。过去的星星之火,如今已成燎原之势,土地价值得以重塑,项目价值得到拔升。这样一来,在传播上,围绕着"国家地理别墅区"就可以持续地进行价值输出——"960万平方公里,难得680亩""游历寰球,难觅一处景区别墅""纵情山水,难见大美溪谷""买下国家4A级景区,随赠一栋别墅",等等。

"居住头等舱"

东二环泰禾广场·金尊府,这个项目推广时正值福州乃至福建当时

最大的商业广场——东二环泰
禾广场开业，这个利好对周边
整个片区都有价值拉升作用，
但回到自身的营销，如何利用
这个开业势能，更好地促进住
宅项目（金尊府）的销售？由
于周边的很多竞品和金尊府紧
紧挨着，在地段上几乎没有差
异，如何突显自己与其他竞品
的差异性和优势，就成为推广
策略的关键。

在梳理自身优势的时候，品牌方发现客户购买的不只是房子本身，
还包括房子背后提供的资源，这在金尊府项目上体现得淋漓尽致——
金尊府业主享有的很多权益都是周边竞品无法提供的，比如，凯宾
斯基会所的特权、商场酒吧的特权、水秀广场的 VIP 席位、一年 6
次的免费观影、购物卡倍数积分、活动的贵宾礼遇，等等，但这些
都是细碎的差异，需要把这些特权打包，转换成一个整体的区隔。

品牌方找到了一个很好的比附概念——头等舱，因为不管在机场地
面，还是飞机舱内，头等舱客户都享有更多的特权和服务，就像金
尊府的业主能享受到泰禾集团和东二环泰禾广场的特权一样。这看
上去很像是比拟，也很形象，但这种方式明显更聚焦、更功利。输

出上，有"地段离很近，身段差很远""有人坐头等舱，有人坐经济舱""坐飞机当坐头等舱，买豪宅首选金尊府"等一系列宣传语，也碾压了周边的对手，高下立判。

"凤凰岛，非迪拜"

这个项目在海南三亚，是大海礁盘之中填出的一个人工岛。品牌在推广包装上，直接从产品的角度（人工岛，当然也包括奢华、旅游等要素）切入，通过对标比附，提出了"非迪拜"的概念（很容易让人想到迪拜耗资140亿美元修建的世界上最大的人工岛屿——棕榈岛）。这个概念高超的地方在于，品牌没有强调这个项目是"中国的迪拜岛"或"东方迪拜岛"，这么说的话会显得像在攀缘附会，而"非迪拜"除了突显和迪拜的差异（迪拜的泡沫经济、世界债务危机、国家主导的大规模建设），还有点超越迪拜的味道，但核心还是比附。北京有一个商业项目案名叫"非中心"，这个项目地段的确不是在城市中心，但也因此没有城市中心那么多的问题，相较于"非迪拜"，"非中心"比附的成分少，解构和出奇的意味多，类似后现代城。

CHINA PHOENIX ISLAND 凤凰岛 非迪拜

+86 (898) 8836 3666

"昆仑 23 峰揽天下"

昆仑公寓这个项目在北京市朝阳区，紧挨着著名的昆仑饭店，故此得名，如果到此为止，那不过就是"因所在而传奇"了。但为何言说"昆仑 23 峰"呢？因为项目有 23 席大平层。那"峰"是什么意思呢？"峰"呼应着高层，恭维层峰的人物。但如果仅限于此，就太浮于表面的比附了，这个项目在比附上挖得更深。昆仑山为万山之祖，是中华大地的龙脉之魂，品牌方根据这个文化母体，提取出登峰造极的昆仑精神（渊、博、浑、厚），同时将之融入建筑、空间、智能系统、园林、物业，等等（例如，建筑如昆仑山脉，粗犷巍峨，厚重雄浑，千百年躯体，凝聚坚韧力量，耸立云端，如昆仑山上数亿年不化的皑皑白雪，散发雄浑魅力）之中，使其形神统一，大象无形。

"青花郎，中国两大酱香白酒之一"

在云贵高原和四川盆地接壤的赤水河畔，诞生了两大酱香型白酒，其中一个便是青花郎（郎酒旗下的高端产品）。那另一个呢（完形的冲动）？人们很容易便会想到酱香型白酒的领导者，酱香鼻祖茅台。青花郎直接从产品风格、产地的角度出发，用了比附的方式，以甘为老二的姿态（类似于美国汽车租赁公司AVIS的"我们是第二"），建立起了茅台和青花郎的强关联，也成就了青花郎高端白酒的地位。

相较而言，过去郎酒的概念是"酱香典范"，似乎显得有点自说自话了。通过特劳特公司的重新定位——两大酱香白酒之一，青花郎有了更厉害的对手，有了比附的对象，很快就帮助客户建立了认知，减少了品牌认知成本。尽管特劳特公司的全球总裁邓德隆认为，"中国两大"不是说郎酒是第二大，而是等量齐观（1984年国家级品酒师评选了十三大名酒，郎酒和茅台是同一个量级的），当然这都是品牌自我勉励的话。作为老大的茅台对此也很无奈，回应不是，不回应也不是，不回应的话有点心有不甘，回应的话就正中对方下怀，帮郎酒做宣传了，所以茅台自从回应了一句"中国酱香白酒，没有之一"之后，就没有以后了。

7. 第七种方式是惊讶系。 惊讶是指让人觉得意料之外、大吃一惊的心理状态。我们都有过这样的体验，遇到了某件事情或看到了某样东西马上反应说"哦，那一定是这样的"，事后发现那是个错误的看法，就会产生惊讶的情绪。

因为我们的大脑会根据经验和记忆，构建出我们假设的世界模型，再根据模型做出反应，从而形成一个处理世界外部事物的固定程序，我们可以称之为思维程序或心智模式。这个固定程序就像预测机器，帮助我们预测未来发生的事，从而引导我们做出决定。只不过有时候事情的发展不符合我们的预期，出乎我们的意料，我们的预测机器就会死机，这时我们会兴奋起来，集中注意力，努力寻找答案——为什么预期会落空？这时候产生的感受，就是惊讶——也就是会产生"咦？"的体验，接着我们就会想弄清楚这种新的情况到底是怎么回事，以此对我们大脑中的预测机器进行维修，修好之后，发现原来如此，今后对这种情况就可以做出正确的反应，不再犯错了。

"惊讶"这种产品诉求的方式包括两种类型：第一种是把对产品的认知推向极端，做到极致，做到过分，接下来的前 6 个案例都是这一类；第二种是把对产品的认知翻转 180 度，出人意料，逆向诉求，后 7 个案例便是这一类。

"Incredible India"

"不可思议的印度"（Incredible India），这是印度旅游的宣传语。

这句话没有提出印度旅游某一个具体的特点或优势，如"骑大象，赏泰姬陵，看恒河"，或者"给我一天，还你5000年"之类的，而是把一切融入一个极致的、夸张的特点里，就是不可思议（有点像直说的方式，但这里对产品特点做了极致的处理，让人惊讶）。这是因为人们喜欢猎奇，喜欢超出认知的新知，至于到底什么不可思议，要么听他一一道来，要么迫不及待地自己去搜索，譬如火车顶上坐满的人、街头大摇大摆的牛羊、手拉手的男人、世界奇观泰姬陵……或者让你心驰神往，或者让你恐惧不安，要么爱，要么恨，有点类似于"乐不思蜀"和"少不入川"就极致地道出了"四川的安逸"这个诉求。

"难以置信，确是真的"

世茂·奥临花园这个项目最大的特点是正南方向面对着 8.6 平方千米的国家森林公园，那就用数字系好了，但 8.6 平方千米是什么样的概念，人们感知不到；那用比拟系，形象一点儿，这里的确也用到了，比如，"北京市区有一片森林比 19 个天安门广场还大" "北京市区有一片森林和首都机场的面积差不多"……这很形象，也是人们熟悉的形象概念，但人们会觉得"这关我什么事？不就是个广告嘛"，而大家对广告内容一般都是屏蔽的。那怎么办？虽然大家讨厌自吹自擂的广告，但是对八卦、娱乐、爆炸性新闻还是很关注的。

这个案例用的就是这种噱头，不过内容更鲜活，把广告信息（项目正对着一个超大的森林公园）包裹在一个娱乐的、猎奇的内容里，譬如"玛丽莲·梦露原先有 11 个脚趾头" "'牛拉碾子轧牛料'是中文里最难快速朗读的话"，等等，这些都是令人难以置信的（明显大家更感兴趣的是后者）。广告和受众之间似乎达成了一种交换，我占用你的一些时间，让你有点反感，但我也给你一颗糖，开心一下，咱们互不亏欠。这个案例用了双重惊讶，由娱乐的重磅惊讶开路，吸引你的关注，接着产品惊讶登场，让你难以忘怀。

"这就是云邸的世界"

中信·半岛云邸项目最大的特点就是梦幻的、超出日常的度假体验（第二人生）。广告上通过很多动人的场景——天空中的泳池、云上的瑜伽秘境、海天相连的漂浮等，为消费者营建了一个充满诱惑力的白日梦。虽然没有直说惊奇，但整体上是超现实主义的，让人眼前一亮，就像达利《永恒的记忆》里让人错愕的柔软的钟表。正如布勒东在《超现实主义宣言》中所说的，超现实主义就是要破坏存在的平庸面貌，让精神超出自己习以为常的视野，使其在意外面前感到错愕，这样，它就能使精神隐约瞥见另外一个现实，即超现实。

对于生活优渥的人而言，似乎没有什么是新鲜的，而超现实就是要使这群人对现实中司空见惯的事物产生怀疑，感到困惑，因为只有困惑才能使人从麻木不仁的状态中惊醒，用新的眼光审视世界。这样一来，新奇的产品诉求形式（超现实主义）就为新的消费欲望撑开了广阔的空间。

"艺术，事关生死"

大料·泛艺术中心在北京亦庄有 10 万平方米的建筑空间，是各国文化艺术的交流和展示平台。项目从艺术这个特色出发，提出了一句语不惊人死不休的标语——"艺术，事关生死"，直接把艺术放到经济学的视角，把特色推到极致，推到生与死的张力里。譬如，"什

"什么死了比活着值钱"
"艺术家"

"据说 艺术是不死的"
"可是 艺术家跑得下去啊"

"有些艺术感动不了你"
"说你钱美死你"

么死了比活着值钱""艺术家""有些艺术感动不了你""但价钱能吓死你""据说艺术是不死的""可是艺术家得活下去啊"……先是让人惊讶，接着又让人感觉到真诚和幽默（获得了很多新知）。在惊讶的极端表达方式中，把特色抛得远没有问题，关键是要收得回来，要收放自如。

"美味持久，久到离谱"

炫迈口香糖诉求的是口香糖美味持久（高科技配方，持久缓释技术），品牌没有用数字，譬如可嚼 2 小时，也没有用比拟，如美味持久，天长地久，因为这样不好玩，如果和永久自行车或者香奈儿极致持久粉底等类似的品牌跨界，倒是好玩。但它用了惊讶系的表达形式，用"离谱"来表达久（就像难以置信一样）——久到夸张，久到极端，久到根本停不下来（一边嚼炫迈，一边原地旋转，嚼到没味道就停止转圈，结果根本停不下来，直至地板上出现了洞），久到穿越了时空（从猿人时期，到中国古代，到有了世界杯的今天——美味持久到可以纵贯古今）。

"武汉，每天不一样"

这是 2014 年武汉推出的城市口号，并于 2015 年登上了美国纽约的中国屏。这个口号突显的就是这个长江和汉水交汇的超级城市，在流动不息的江水中演化出的"求新、求进、求变"的城市基因，孕育出"敢为人先、追求卓越"的城市精神。从过去的商朝开国之君成汤的"苟日新，日日新，又日新"，到近现代的辛亥首义、万里长江第一桥，武汉一直在前，并且向前。在新时代，作为国家中心城市，武汉更是日新月异，活力无限，每天都在变好，每天都不一样。

不一样、变化、新，这是时代精神。正如社会学家科林·坎贝尔所言，"新"有三重意义：首先是指新鲜的、最近创造的"新"；其次是指改良或革新的"新"；再次是指不熟悉的或新奇的"新"。第一个"新"，对应的是陈旧的、磨损的，需要新的来替换；第二个"新"，科技创新会带来新的改良和进步；第三个"新"，与新旧无关，与改良进步无关，而是强调新奇的或不熟悉的。前两个"新"是指产品品质，后一个"新"指的是时尚、流行。武汉，想要每天不一样，想要所有的"新"，想要刷新一切。

"劲酒虽好，可不要贪杯哟"

以上案例都是"惊讶—过分"的诉求方式，以下的案例则是"惊讶—逆向"的诉求方式。"劲酒虽好，可不要贪杯哟"，品牌诉求想表达的是产

品的好，但是跳脱了常规卖酒的套路——诉求豪饮、畅怀、一醉方休，反其道而行之，诉求不要贪杯，少喝一点儿为健康。这种跳脱常规的思维让人感到陌生，感到惊喜（终于有品牌站出来替那些喜欢小酌的人发声了），也符合劲酒品牌一开始就不同于酒类市场的逆向定位——保健酒。

逆向定位、逆向诉求让同质化的世界有了异类，而这种不同是不凡的，昭示着一味地顺从、迎合的红海之外，有另一重广阔的世界。就像以前的搜索引擎都在不断地添加功能（以雅虎为代表），而谷歌逆向而行，主页简单得近乎光秃秃，节制中自有高雅，很快就革新了整个行业。类似的逆向诉求还有如反套路的"沃尔沃不是我的菜，但是我爱""欢迎挑剔的购房者"，都是乱拳打死老师傅，让人记忆深刻。

"万事皆可达，唯有情无价"

万事达是全球第二大信用卡国际组织（第一是 VISA），作为一个世界性的支付平台，它很容易陷入常规的信用卡品牌诉求中——自身的影响力、行业地位、畅行世界（像 VISA 的 "go，到全世界，收集每一个国家"）。但万事达完全是逆向诉求，万事皆可达，什么东西都能买得到，这是理所当然的，而我们珍视的是这之外的东西——情感，是和家人、朋友共享的美好时光，这是人类普遍、共同的追求，没有文化和地域的差别，放之四海皆准。

安踏也有一句类似的广告语——实力无价，这里倒不是指产品无敌（不像"万事皆可达"），而是针对营销遇到的问题——买安踏没面子，买耐克才有面子，在诉求上跳脱了价格和身份的强连接，隐含的诉求是鞋子不是用来充面子的，而是用来锻炼的，而锻炼获得的实力是无价的，这是安踏看重的价值（不过这完全是从客群角度切入的）。

"假如大连没有海"

小平岛，作为百万平方米的海岸线社区，项目诉求的就是在海边的特点，但正说项目在海边，肯定没人能感知到，也没人能记得住。于是，品牌把司空见惯，大连理所当然有海的事实加了个假设，反说，如果没有，会怎么样？

假设的意义就仿佛在世界之外，借了一个支点，就像在世俗世界之外，有了一个超越性的宗教世界，由此平凡一下子变得不平凡了——"假如给我三天光明"，眼睛似乎有感知了；假如明天就要离开这个城市，这个城市突然就生动了。假如大连没有海，不喜欢大连了；只能去青岛旅游；心事只能对大树说；谈恋爱特没劲……海一下子变得特别了，变得令人感到陌生、骄傲、感激起来，就像张曼玉在歌中唱到的"如果没了你，世界会继续转变，美丽的地方，小鸟依然飞翔，星星还会闪，花儿笑得多灿烂，可是，可是我，该怎样下去"，一切都在假设中变得陌生、温情了起来。

"不是所有牛奶都叫特仑苏"

这则广告看上去像是在直说特仑苏牛奶的特点、优势，表达自己的牛奶是独一无二的，是金牌的、高端的，但其诉求方式还是惊讶系，用的是反向诉求，就像电影《破坏之王》里的台词"我是说，在座的各位都是垃圾"，或者《功夫》里的"还有谁"，通过否定一切来突显自己，核心指向的都是这样一句歌词"我们不一样"。这个广告语也创造了一个惊奇句式"不是所有A都叫B"，就像Jeep的"不是所有的吉普都叫Jeep"，西湖龙井的"不是所有的龙井都叫西湖龙井"。

"很遗憾，麓湖不在上海"

"很遗憾,麓湖不在上海""很
遗憾,麓湖不在三亚",这
两个广告分别设在上海虹桥
和海南三亚机场,虽然这只
是麓湖品牌非常小的一部分,
却让人印象最为深刻。除了
场景的创意,在这个诉求里面,品牌想表达的是麓湖之于时代、之
于行业的影响力,类似于"假如大连没有海",这里也用了"惊讶—
逆向"的诉求方式。不同的是,小平岛那个案例是在熟悉中抽走一
个已有的(假设方式),让你感到惊愕、陌生和感激,麓湖则是想
给你一个新鲜的(假设方式),然而却给不了,让你羡慕嫉妒恨,
心生向往。当然,麓湖的这个诉求是墙外开花墙内香,降维攻击的
意味更多。

"好的生活，没那么贵"

在品牌上,网易严选想诉求自己拥有性价比最高的优质生活商品(通
过 ODM 模式——产品均由一线品牌制造商直供,消除品牌溢价,
保证人们可以在网易严选以低价买到与大牌同等质量的商品),这
个定位本身就是反向定位,因为大家固有的观念是便宜的没有好货,
好的东西就会贵,而网易严选在生意逻辑和诉求逻辑上,反其道而
行之,创造出令人惊讶的新认知,带来了全新价值观上的认同。

好的生活 没那么贵
网易自营 全品类生活电商

"不是家的感觉，真好"

这是《新周刊》策划的 2011 酒店魅力排行榜的主题，这句标语诉求的是酒店的魅力。酒店传统的诉求都是什么呢？是宾至如归。然而归于何处？当然是家。但家的感觉是什么呢？安全、亲切、放松，然而也庸常。这不是《新周刊》认为的酒店魅力，他们认为酒店的魅力应该是惊艳、舒适、私密，是生活在别处，既可以像迪士尼，又可以是修行地，类似于"登陆火星的体验""这是云邸的世界"，所以《新周刊》在诉求的方式上找到常规认知的对立面趋势，"不是家的感觉，真好（惊喜）"！

产品功能——交利

"这到底
有啥用"

第二个层级，产品小我的第二种类型——产品功能，在这个层面，人和物（消费者和商品）的关系是交利。交利一词最早大概出现于《汉书·货殖传》中，"四民因其土宜，各任智力，夙兴夜寐，以治其业，相与通功易事，交利而俱赡"，这段话的意思是"士农工商各自依据所在地的自然条件，充分发挥他们的智力和体力，早睡晚起，经营自己的产业，互相交换工作成果，满足各自的需求"。交利，意味着俱利和互利，换言之，就是利益的交换。天下熙熙皆为利来，天下攘攘皆为利往，就像广东人经常挂在口头的"这到底有啥用啊"（"二手玫瑰"的歌里也这样唱，"大哥你玩摇滚，你玩它有啥用啊"），其实就是一手交钱，一手交货，我买你的产品，因为它能帮我解决问题，给我带来实在的好处。

想起以前我在北京工作的时候，有一次把人类这一生可能会遇到的问题写了满满一面墙，层层叠叠，有山呼海啸之感，像一面哭墙。人生在世，总是问题重重，苦难重重，这是一个不争的事实。生老病死苦，孤单寂寞冷，空虚无奈等，每一个问题都亟待解决，每一个问题都咄咄逼人，它们都在等待解决。在这个物的时代，人们本能地想到消费，期待通过消费（和物建立联系）来解决这些麻烦。

问题期待物来解决，物能提供功能，能够提供利好。比如，渴了要喝水，渴就是问题，解渴这就是水的功能；困了可以喝咖啡，困就是问题，解困就是咖啡的功能；疲惫了要听音乐放松，疲惫就是问题，让人放松就是音乐的功能。

与此同时，喝某些品牌的水还可以让你更有活力、更健康，这些都是水的功能。还有一些品牌的水可以让你更有面子、更有个性，这在更宽泛的意义上来说也是人性的需要，这些毫无疑问都是利益（也是我的那面哭墙上人类遇到的问题需要的解决方案）。但这不是产品的视角，而是更多地侧重人的角度，人的自我、人的社会性，不是商品本身的直接功能。

在产品功能—交利这一节，我想诉求的主要是商品的直接功能，至于商品给客户提供的身份地位、个性标签、价值观引领、意义供给等，我会在后面的章节——叙述。不过，有时候产品的直接功能也会涉及个性、地位，正如上一节说的产品特色，有时候也涉及性格的戏剧性一样。另外，再补充一点，在产品功能的表达方面，由于存在着市场竞争，因此需要在表达时突显自己的功能优势——或者抢先说功能，或者巧妙地说功能。

人需要产品提供功能，就像植物生长需要阳光，这是由人性决定的，人性是趋利避害、好逸恶劳的，而那些外部的产品提供的功能，能给我们补充物质、能量和信息，让我们可以积累更多好处，节省更多能量，对抗"熵增"的人生，让我们可以生存、生活下去，并且尽可能地活得很长，活得很好。

提勃尔·西托夫斯基在其著作《无快乐的经济》里将消费者的需要和满足的根源区分为三个范畴。首先，要区分的是刺激和舒适。刺激是消费者重视的新奇、变化、兴奋、挑战、惊讶，或其提供的趣味之类。舒适就是消除、缓解、防止疼痛或不舒适。舒适又可分为个人舒适和社会舒适。个人舒适是指生理需求，使某人生理上舒适，免去各种劳作，或进一步满足这些需求和欲望。社会舒适是从一个人在社会、职业、组织、工作场所，或正式与非正式的群体，特别是社会群体中获得身份和地位上的满足，以及从象征这些身份和地位的职称、目标、占有物和行为中获得满足。北大社会学系教授郑也夫在其著作《后物欲时代的来临》中将个人舒适、社会舒适、刺激，改造为更直接的表达——"舒适、牛气、刺激"。

"舒适""刺激"这两个概念好理解，产品功能有很多部分与之契合，但"牛气"看起来更像是从客群角度、社会角度切入的。不过，我在产品功能——交利这一节里提到的"牛气"更加侧重产品的角度，包括两个层面：一是产品带给人的自我效能、自我暗示，如自信、勇敢等；二是产品带来的人际关系上的作用，包括被接纳、影响力等。

在这里，结合两位社会学大师的理论，我将产品功能分为三个层次、八个类别。

（1）舒适层次：①健康活力；②省时省力；③放松犒赏。
（2）牛气层次：④自我效能；⑤人际影响。
（3）刺激层次：⑥精彩刺激；⑦探索新知；⑧实在利益。

健康活力

网上有一个段子说，这个时代最好的营销套路就是：向少年卖娱乐，向老妇人卖青春，向中年男人卖鄙视，向老年男人卖健康，向上班族卖焦虑，向看微博的人卖无聊，向读公众号的人卖鸡汤，向玩游戏的人卖装备，以及向中产阶层兜售生活方式。虽然有几分戏谑、几分偏颇，但话糙理不糙，很是生动地揭示了这个时代的众生相。向老妇人卖青春，向老年男人卖健康，无疑都是在诉诸产品的活力和健康功能。

"感觉不在状态？随时脉动回来"

该品牌诉求的就是脉动的功能性，它所属的品类也是功能性饮料。针对通勤一族的健康活力需求，它提出了一个简单的解决方案——喝脉动。在广告上，该品牌创造了一个超级符号——斜立人，因为人不在状态的时候会东倒西歪，而且还会像多米诺骨牌一样互相影响，而脉动就仿佛是一个从天而降的超级英雄，扶你元神归位，让你立刻精神抖擞。这个广告中更有意思的是，"脉动"本来是一个名词（喝脉动，来瓶脉动），却被活用为动词（脉动回来），这个操作不仅让品牌的动力变得更强（促使行动），而且占据了品类的行动语言（不在状态，不是喝什么，而是脉动一下，脉动回来）。类似的还有"百度一下""滴滴一下"。

"横扫饥饿，活力无限"

作为一种能量型巧克力，士力架品牌诉求的是产品的充饥功能，可以让人快速补充能量，恢复活力。广告上，让人印象最深刻的一定是"做回自己"系列——戏剧性地呈现饥饿带来的虚弱问题，比如，强壮的硬汉饥饿时就像文弱的许仙、林黛玉、唐僧，等等，这时候来口士力架，"饿魔"被打败，真得劲儿。

"抽自己不如抽纸巾"

一般的纸巾品牌都会说自己
的产品属性，如柔韧，或者
有绿茶清香；再高级一点儿，
会诉诸纸上情书的表白功能。
无染纸巾则提出了一个好玩
的功能诉求——防止犯困，
因为纸巾里含有薄荷精油，
犯困的时候，你用不着抽自
己耳光，只需要抽一张纸巾
闻一闻，擦一擦，疲劳很快
就能得以舒缓。

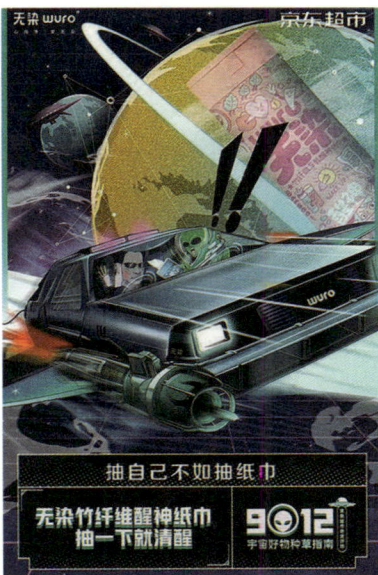

顺着"抽自己"的思路，我
想到了纸巾的另一个功能，那就是发泄、解压，比如，你自责到想
抽自己的时候，可以把情绪释放到抽纸上，一张一张地抽它、抽它。
脑洞还可以再大一些，比如，抽这个动作可以外延成抽成，用于投
资品的礼品，将纸巾做成美元的样式，然后诉诸"时刻有抽成"。

"有药好得更快些"

云南白药创可贴，作为医药创可贴品牌，在强生、邦迪创可贴几乎
垄断市场的情况下，差异化地突显自己的优势——有药（含有云南

白药，能杀菌、止血、帮助
伤口愈合等），自然好得更
快一些。在这个案例中，药
能缓解伤痛，药到病除，这
是云南白药的核心功能，也
是所有药的功能，而"有药

好得更快些"则是由于创可贴市场存在竞争，需要巧妙地诉求功能。

"要想皮肤好，早晚用大宝"

这个家喻户晓的广告，诉求的就是大宝 SOD 蜜的功能性——能让皮肤好。大宝定位为老百姓的日常护肤品牌，广告也没有请什么明星，而是由身边各行各业的普通人现身说法，比如，搞摄影的人对着镜头说"干我们这一行的，风吹日晒，用了大宝，嗨，还真对得起咱这张脸"，很朴实亲切。这句广告语除了押韵之外，"早晚"两个字也很好玩，既指时间上的早晚，也有迟早得用的意思，很是调皮。

"小饿小困，喝点香飘飘"

作为奶茶品牌，香飘飘此前的诉求"杯子连起来，可以绕地球两圈""中国奶茶领导者""当然更受欢迎"等，运用了影响力的社会认同效应（类似神州行广告中葛优说的"吃饭哪家人多我就去哪家"），和加多宝"遥遥领先"的诉求相仿，成功占领了中国奶茶市场。但随着认知的疲倦，如何激发消费痛点，唤起更多场景化的功能需求，成了传播的课题核心。于是，兼有新西兰奶源和印度红茶两个特点的香飘飘，提出了"小饿小困，喝点香飘飘"的功能主张，如此一来，过去好喝畅销的产品特点就有了新的品牌驱动力。

"5 大受损，1 个对策"

作为护发品牌，欧莱雅洗发水、护发素针对头发受损的五大问题——干枯、分叉、毛糙、黯哑、脆弱（看到这里，很多人都会对号入座，这样商品和消费者就建立了利益交集），提出了一个简单的解决方案，那就是买我，因为我蕴含1亿个极小微胶原精华，我能让你的头发恢复健康活力。

"饿了别叫妈，叫饿了么"

作为在线外卖平台，饿了么这个品牌名已经有很强的唤起功能了，其瞄准的就是客户饿了的功能需求，并提供即时的解决方案。对饿了么而言，简单地说，品牌功能，就是"饿了，就上饿了么"，但是在诉求上并没有这么直白地表达，而是基于对消费者的洞察，加了一个戏剧性的钩子——在家饿的时候，自然会叫妈，饿了么期待与"饿了，妈"产生情感联系，这当然有点儿自圆的逻辑，但由于诉求的戏剧性，确实是强化了记忆度。

随着外卖的功能不止于点餐，买电影票、团购K歌、线上买药等各种消费需求都可以通过饿了么满足，这时候"饿了别叫妈"就不如美团包容了。所以，后来品牌做了几次迭代，从"饿不饿都上饿了么"，介入固有认知，松动认知，引导新认知，再到"好而不贵，有滋有味"开启新认知——"好而不贵"是在强调性价比（区别于美团送啥都快的逻辑），"有滋有味"既有餐饮外卖服务特点，又有很多外延空间，打造吃喝玩乐一站式本地生活服务平台，让人们的生活更加"有滋有味"。

2020年，饿了么提出了"爱什么，来什么"，更进一步升级和强化了"万物可送""不出门得一切"的品牌全新平台功能。在创意输出上，微博话题"#饿了么改了一万个名字#"很好玩，如困了么、吃瓜了么、脱单了么、勤洗手了么、脱发了么、惹她生气了么、预算被砍了么、KPI完成了么、PPT崩了么、隔壁装修了么……每一个问题，在饿了么上都有巧妙的解决方案，把"万物可送"的"万"贯彻得让人万万没想到。

"江中猴姑饼干，养胃"

江中集团在大家的印象中是做药的，如江中牌健胃消食片，而饼干是食品，江中做饼干，这看上去是跨界，但的确是顺应了一个大趋势，那就是药品的食品化（类似的还有药品的美妆化，像片仔癀牙膏、修正多效眼霜），因为在中国人的观念里，药食同源，药品食品化也是自然而然的。江中把养胃的猴头菇粉加入饼干中，让饼干在解馋解饥的同时还能养胃，有点烧香拜佛、祈求平安的意味。

"多一些润滑，少一些摩擦"

作为一个润滑油品牌，统一听起来却像是方便面品牌，在润滑油市场上的品牌影响力完全不够。毫无疑问，它需要借由独特的品牌诉求完成市场影响力塑造。对于统一润滑油而言，品牌功能很明显，就是为各种发动机和机械设备提供专业的润滑保护，让它们更有活力、更健康。

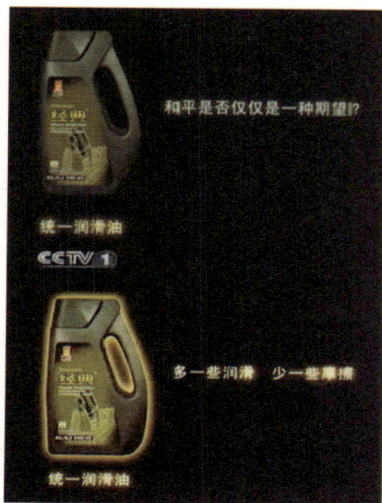

按照正常逻辑，品牌会诉求自己的功能是专业的，是全球一致推崇的润滑油（他们也的确这么做了，通过在央视投放广告取得了很好的效果）。不过时隔多年，让人们念兹在兹的还是那个经典的功能诉求——"和平是否仅仅是一种期望？多一些润滑，少一些摩擦"。何谓润滑？何谓摩擦？这些概念外延被抛得更远，摩擦不再只是机械之间的摩擦，而上升为不同国家之间、不同意识形态之间的摩擦。统一润滑油在伊拉克战争期间投放了这个爆炸式的诉求，表达了品牌的伟大理想，让产品功能升华为社会功能，让一个工业品牌变成大众消费品的品牌，统一润滑油的品牌影响力也得以空前放大。

"快给你的肠子洗洗澡吧"

碧生源常润茶的品牌功能很清晰，就是调节肠道功能，但这个功能诉求听起来让人有点不舒服，而且也有点模糊。所以，品牌做了形象化的包装，将"润肠"换成给

肠子"洗洗澡"，一来让人感觉轻松，二来似乎有了清洁、清润的具象感受，就像洗洁精的去污功能好，好到"干净的盘子会唱歌"一样。

"胃痛、胃胀、胃酸，管用斯达舒"

胃病的症状有很多类别，比
如烧心、恶心、反食等，但
通过调研，最核心的三大胃
痛认知被挑选了出来，作为
品牌功能的主诉求，有点儿
像巴黎欧莱雅的"5 大问题，
1 个对策"。在创意表达上，
谐音梗被玩得很溜，诸如"胃，你好吗""要找的不是四大叔，是
斯达舒"，有点"饿了别叫妈"前身的意思。

"经常用脑，多喝六个核桃"

作为补脑的饮品，六个核桃
在产品特点上用了数字化的
方式表达，在功能上则诉诸
益智、健康、补脑的功能。
另外，在一些节日的时候还
可以迎合中国"六六大顺"的文化，作为礼品赠送，也是"666"的。

"身体是革命的本钱"

作为一个度假地产项目，后海温泉小镇提出了"三养"的功能概念：

休养、疗养、保养。简单地说，品牌功能就是养生。顺着这个逻辑，广告上应该诉求"疗养、保养、休养，就去后海温泉小镇"，这样不是更直接吗？为什么要说"身体是革命的本钱"呢？这不过是一句谚语，好像也没有利益点。

这里就要提一下著名的"WHY-HOW-WHAT"（为什么—怎么样—是什么）黄金圈的概念了：因为身体是革命的本钱（WHY），所以需要照料好、要养；我们这里有养生公寓（WHAT），而且功能特点突出，提供三养模式（HOW）；要不要来一套（WHAT）？这样，受众接受起来就很顺理成章了。"身体是革命的本钱"是句谚语，是大家口口相传的日常真理，就像《思考，快与慢》一书中提到的，谚语就是不用理性分析，直接认同的简单快速的系统——信息直接登堂入室，不让你有一点点防备。

在功能表述上，除了此前案例中提到的，以形象化的方式巧妙地包装之外，还可以用谚语来输出。但前提是，这句谚语必须是功能的理由——因为身体是革命的本钱，所以需要养，这多半适用于功能

身体是革命的本钱
50-80㎡三养空间，一户一温泉
6720 7777 & 6766 8888

需求等待被唤起的情况。而且，"革命的本钱"把常规诉求的功能（说腻了的养生功能）带来的好处往前更推进了一步——你养好了，生命资产更富足了，革命的本钱就更多了，就像"每天运动一小时，就能为祖国健康工作50年"一样。

所以，有时候广告委婉一点儿，效果反而更直接。

"丹田，保重"

丹田的品牌定位为医居社区，是集国际医院、养老、居住于一体的社区，其功能特色其实就是把国际化的专业护理和医疗引入日常居住。广告瞄准了老龄化、医疗资源不够、现代人以身体换财富、各种医疗广告骗人、看病难等问题，做了"时代有病、社会有病、你也有病，我这儿有药"的解决方案（那就是来套丹田的住宅）。

譬如，"王总，您今年才50岁，5年以后呢""凌晨四点起，拖病体，苦等七小时，问诊二十分钟""电视里那些卖药的白大褂，真逗""突然，脖子不能转了，在电脑前 8 小时之后""今天要是不喝倒，谁也不许跑""公立医院，一名医生，每天可以保障 140 名患者，专家更厉害，但患者每天，通常只会看一名医生"，等等。广告戏剧化地把"医居需求"变得很形象，而且很抓人心（痛点很痛，痛到不得不来一套）。

省时省力

现代人追求效率，一切都要快，从前慢那只是从前，如今高铁、飞机、火箭，4G、5G，我要的马上就要，迫不及待。现在科技日渐昌明，一切技术都是人体的延伸（原创媒介理论家马歇尔·麦克卢汉），让汽车代替双腿，让扫地机器人代替手、扫把，让"阿尔法狗"代替大脑。现代社会分工明确，一切都可以外包，搬家有搬家公司，读书有知识服务商，人们害怕麻烦，越来越追求即时满足，希望一切省时又省力。

"省时间，给生活"

作为中国最大的打车应用服务平台，滴滴品牌对于消费者来说，其功能就是让出行这件事变得容易，可以节省很多时间和精力。你不用在路边等出租车，不用挤公交、地铁，不用到处找车位，不用浪费很多时间在这些事情上。你完全可以拿起手机，滴滴一下，把一切外包，省下的时间，你可以用来享受生活。正如台湾一家咖啡馆

的广告："想笑，就大声地笑，能接吻，就不忙着说话，穿着最漂亮的鞋跳支舞，生命，就该浪费在美好的事物上。"

"三棵树，马上住"

三棵树作为健康漆品牌，功能诉求上侧重于省时省力，因为如果需要等太长时间，慢慢通风，让甲醛一点点散去，客户可等不了。用三棵树健康漆，马上就可以住，让客户省时间。后来他们把"马上住"申请为三棵树的服务子品牌，专门帮客户涂装房子，"三棵树"和"马上住"连在一起，像是并列结构，而不是因果关系，很有创意。

"时间是最昂贵的资产"

建发·国宾府是福州五四
路以北的一个豪宅项目。
五四路是福州最传统的
CBD 板块，很多有意向
购买国宾府的客户都来自
CBD，他们购买的核心
动机是离工作的地方近、

省时间，所以品牌提出了这个功能主张"时间是最昂贵的资产"（就
像"身体是革命的本钱"一样），把项目的地段特性最大化、功能
利益极致化（升华为身份地位，这是由调性决定的）。

品牌输出围绕着"时间是最昂贵的资产"，从观念、产品和生活上
进行演绎。观念上，省时间。比如："为什么要坐头等舱，走 VIP
通道？""巴菲特午餐 1 小时，竞拍价 235 万美金，切记。"产品上，
花时间。比如："CBD 不是一天建成的，CBD 豪宅亦是如此""百
年沉淀的奢华，世界五大精装品牌"。生活上，享受时间。比如："从
引领时代的潮流，到大境湖城的随波逐流""从叱咤风云，到坐看
云起的乘物游心"。

放松犒赏

随着经济的狂飙突进，生活节奏也越来越快，竞争变得越来越激烈，

现代人普遍面临着繁重的工作和生活压力，很多人每天都感觉被压得喘不过气来。就像李宗盛在《凡人歌》里唱的，"你我皆凡人，生在人世间，终日奔波苦，一刻不得闲"，但如果一直是苦，一直被"锤"，料想谁都会崩溃的。而放松和犒赏的功能，无疑是茫茫苦海里，品牌抛出的一个救生圈、安排的一叶小舟，可以让人暂时从被"锤"的残酷世界里抽身出来，让紧张的神经暂时舒缓一些，把烦恼的心事冲淡一些，让一直辛苦的人宽慰一些。

"人生苦短，必须周末"

深圳的这个度假地产项目的功能诉求就是放松。以前也有类似的品牌广告，如"幸好白天之后，是夜晚""幸好周五之后，是周末"，诸如此类"痛点＋理解"的句式。作为大时代的一部分，我们工作日的时间是属于社会的，是物化的、异化的，不管是主动的，还是被动的，不管是为稻粱谋，还是为所谓的雄心使命，这中间总归含有某种目的，难免有得失之心，神经不免经常处于紧张焦虑之中。而且，更让人心力憔悴的是身份、等级、他者——社会之中的条条框框和人际博弈。在这个过程中，通过他人的关注、肯定，我们往泄气的自我中充入价值感、勇气（就像阿兰·德波顿所言，我们的自我就像一只漏气的气球），以维持"我值得拥有，我值得爱" 等信念，如此小心翼翼，战战兢兢，如履薄冰，日复一日。不过也没那么惨，幸好，有夜晚，有周末，还有节日——这些空闲的、属于自己的时光。

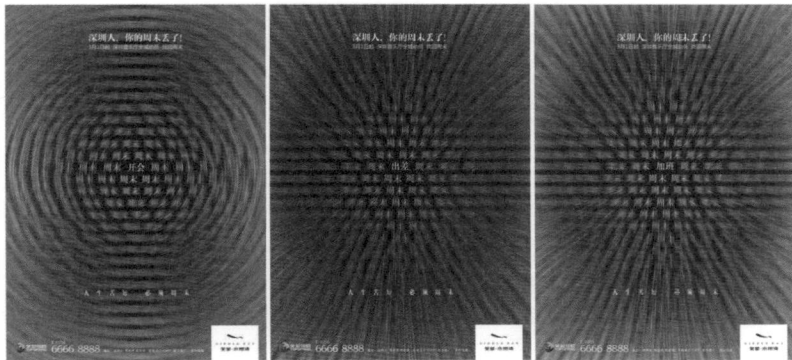

但是，关于这些空闲的时光，很多人并没有秉持很好的休闲观念——或者，旅游打卡晒照片，增加社交货币；或者，报复性地休闲喝酒，烂醉如泥；或者，干脆没日没夜地大睡不醒。诸如此类，人们要么处在紧张的对峙中，要么干脆是烂泥扶不上墙。没有合适的引导，休闲时光似乎比工作更加辛苦，如此一来，疲惫叠着疲惫，厌倦叠着厌倦，肉体和精神都不堪重负。在这个时代，身体亚健康、精神官能症的人太多了。

罗伯特·皮尔斯（Robert Pierce）说过，休闲有三大功能——宁静、庆祝、整合，我觉得总结得非常准确。

①宁静，并不是指睡觉，也不是指做瑜伽这一类具体的事情（当然可以借助瑜伽、禅修、看落日、画画等方式，也可以找个舒服的地方，以舒服的姿势待着，这都无关紧要），宁静本质上是回到内心深处，回到本源，回归道，是转身而去，迎向存在的风，是接上"尔从哪里来"

的宇宙能量……如此一来，很多二元的对立被化解，很多潜意识的心结被化解，心灵开始复苏（精神生于道），重新充满了能量（而不是虚妄的自我，处在身份的焦虑中）。

②庆祝，有自然的、人文的节日可以庆祝。自然的节日，如春天来了，就像《论语》中曾皙说的，大意是：春天来了，带着几个小朋友，去玩儿，去踏青，在水中沐浴，在风中歌唱，兴之所至，尽兴而归。就像诗人余笑忠说的：宽衣、躺下、在河边、在早春的阳光下，啊，光阴、阅历、旧雨新枝，此时此刻，无山可登，无乳房可以裸露，无用而颓废，借光，借风，借祖国之一隅，借农历之一日，醉生梦死。人文的节日，如春节（当然也可以纳入自然的节日），在一个背井离乡的时代，春节是全家人团聚的时刻，人们感受着血缘亲情，如同回到母体子宫，汲取巨大的情感能量。

③整合，通过休闲过程中的整合和转化，从孩子的父亲、妻子的老公、公司的领导、协会的理事等诸如此类的角色，从赚了多少钱、开什么品牌的车、身高体重几何、智商情商指数、飞行里程等诸如此类身份的单向度的人，从这些碎片化的"身心马赛克"，从作为一个属性的、功能的、概念的什么样的人（就像度假地产项目龙湖·小院青城的主张——做不是自己的自己，这其实就是从被异化的、碎片的人生角色中抽身出来，遇见另外一个自然的、灵性的自己），返璞归真，回到一个存在，回到一个真性情的自己，回到一个真正的完整的人，如冯友兰所说：使人作为人能够成为人，而不是成为

某种人。哲学家罗素说：能否聪明地休闲，是对人类文明的终极考验。所言极是，要不然，人类就崩溃了，彻底地崩溃。

"停下来，享受美丽"

美即面膜的品牌功能就是滋养皮肤，原则上应该归于健康活力的类别，但美即品牌的功能诉求跳过了大家熟知的滋润功能（这是品类的功能价值，无须多说），主打让人放松，调子上似乎更加温情一些——尽管时间能摧枯拉朽，但时间也能润物无声，你只需，停下来，进入美即时刻，闭着眼睛，听着唱片，静静地，放松。

雅哈咖啡与美即面膜有点类似，其诉求也是放松，但雅哈品牌的性格更锋利、更叛逆一些："存钱，付首付，存钱，还房贷，存钱，把自己关在一个小房间里，不如，花3平方米的钱，玩遍960万平方公里""赶第一班公交车，赶最后一班地铁，赶工，赶稿，赶deadline，花一辈子时间，赶时间？不如花点时间，让时间休息一下""《追风筝的人》看到第7页，《小姨多鹤》看到第13页，看邮件，看报告，看老板脸色，不如，看完一本好书"，最后，落到自己的品牌主张——雅哈一下，轻松一下。

雅哈轻松的概念，就像它们的新标识——逗号，如同一直在打字，打到一个逗号时，正好来一杯雅哈，放松一下，享受片刻的悠闲。逗号比喻马不停蹄的生活中的一个停顿，生活乐章的一个休止符，急着赶路时思考为什么出发的片刻逗留，如同将紧张的生活重压暂时放下来，在树荫里喝口泉水，小憩一下。

"快！让一部分人先懒起来"

"每一间"作为山海边上的房子，其诉求就是这儿的环境让人放松，放松到可以懒起来。这个重点是懒，过去的万恶之首，贬义词"懒"，如今摇身一变成为文明的代表，成为物质文明的赞美诗。

譬如，品牌广告语中的"遥控器之颂"：遥控器诞生的那一天，人类随之诞生。从前，凡是从沙发上抬起屁股，一路跋涉到电视机前换频道的都不能称之为人。那是原始、野蛮、毫无智商可言的行为！现在，我们用拇指操纵地球……这，才是人类做的事。快！让一部分人先懒起来。无论是遥控器，还是电梯、沙发、洗衣机，凡是让人懒起来的事物都值得称颂，山和海更不例外。因为，在山海边住着，怎么懒都不过分。

"向电梯致敬"：直到电梯的出现，人类才真正告别原始时代！在这之前，我们不得不靠蛮力去完成一个如此简单的动作——向上走。有了电梯，终于，终于，终于！我们用无与伦比的科技解决了这一初级和终极问题……向人类的智慧表示敬意！向电梯蜂拥而去！

快！让一部分人先懒起来。向电梯敬礼！向沙发敬礼！向遥控器敬礼！向所有一切让人懒起来的事物敬礼！尤其向山和海敬礼！因为，在山海边住着，怎么懒都不过分。

类似的还有"沙发在上"系列，在这些广告里，品牌毫不吝啬地赞美让现代生活变得舒适、让人放松的一切事物，不仅敬之，更歌颂之，膜拜之——如同每一间房子（可以让人放松下来，懒起来）一样，值得脱帽致敬。这些当代的物质文明，在今天获得的礼遇，如同昔日的神灵、菩萨、伟人，充满了拜物教的意味。

"天生就是快消化"

每益添作为一种活性乳酸菌饮品，和养乐多其实差不多，功能就是促进消化，快速消化。如果只是如此，那把它放在健康活力功能类别可能更合适。不过在这个品牌案例中，快速消化功能被升华了，消化不只是消化食物，消化还可以是消化任何让人不爽的事情："快

消化掉工作，快消化掉旧爱，
快消化掉焦虑，快消化掉悲
伤，快消化掉压力，快消化
掉阻碍，把一切都消化掉。"
乳酸菌，负责消化食物，而
每益添，还可以负责消化掉

一切让人不愉快的事物，让你放松下来，享受精神和物质的双重宴饮。

"弹性让生活更美"

百雀羚的功能是让你的皮肤变得更有弹性。不过在百雀羚品牌这里，
弹性被升华为一种放松的、张弛有度的心理弹性，它的对立面是紧
绷、紧张的心理状态。在百雀羚看来，现代女性普遍面临很多压力，
应该保持一定的弹性，因为弹性可以避免自己过度焦虑，避免心态
彻底崩了。比如，"剩女不一定是剩下的人，也可以是剩下的时间
等合适的人""独处不一定酸楚，也可以和自己相处"，等等，这

一系列"弹性"的心灵抚慰，化解了很多人内心的焦虑和冲突。弹性，既是百雀羚肌肤保养的标准，也是百雀羚倡导的具有东方智慧的处世方式。

"何以解忧，唯有杜康"

"对酒当歌，人生几何！譬如朝露，去日苦多。"曹操的《短歌行》，咏出了人生诸多烦忧愁苦。到底该如何排解呢？作为远古的广告人，曹操推荐了一个解决方案，那就是酒，而且指名道姓是杜康酒，因为酒可以让神经暂时麻痹，可以让人飘浮起来，让人放松。人类对酒的意义赋予，从未停歇，解忧尚属于贴地飞行，而现代女作家玛格丽特·杜拉斯则认为，酒具有上帝也不具备的那种功能，这就有点像星际遨游了。要是让我做酒的广告的话，我只会说：人长大了，就需要酒了。

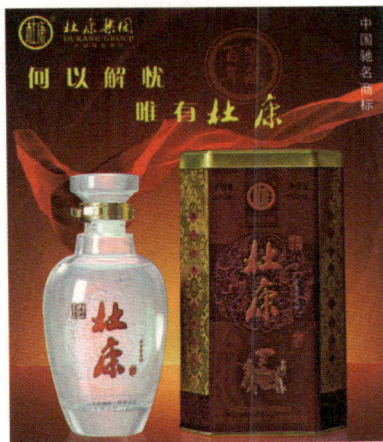

"成长难免有创伤"

创可贴的功能是治愈创伤，让人恢复健康，但在邦迪创可贴这个案

例里，"治愈创伤"的概念升华了，"创伤"指的是成长过程中的委屈，比如，爸妈不给买玩具，小学同学拉帮结派不带自己玩儿，准备表白的女生和别人恋爱了……这些悲伤的往事都是创伤。邦迪表示：没事儿，我懂你，我相信没有愈合不了的伤口。除了介入个人情感修复，邦迪品牌的企图心和此前的统一润滑油一样（"多一些润滑，少一些摩擦"），期待从更大的层面表达自己，比如，国家之间、政党之间的伤口修复。

"没事儿就吃溜溜梅"

作为一个零食品牌，溜溜梅的功能就是打发时间，让人享受片刻轻松。不过，让人印象深刻的，还是"没事儿"的戏剧性，零食的没事儿，指的是闲的时候，没事情做的时候；是日常口语间的"你没事儿吧""你没有什么问题吧"。在溜溜梅的品牌广告里，一直重复"你没事儿吧"，特别像魔性的"are are you OK"，特容易让人上头，上头得让人想吃两颗溜溜梅。

"嘴闲着，特危险"

猫哆哩品牌定义为堵嘴食品，和溜溜梅差不多，都是零食，其功能就是让你打发时间、休闲放松。不过猫哆哩在表达上更好玩、更幽默一些，他们把零食当成堵嘴的工具，因为祸从口出，说错话有时候还挺危险的。比如，"我发誓皇帝真的穿着衣服""她男朋友长相多寒碜，你也不能叫人家车祸现场""你知道得太多了""为什么小白兔爱吃萝卜，因为小白兔买不起肉"……所以，没事儿就吃点猫哆哩，嘴里有吃的，不好说话，这也就避开了危险。

管不住自己的嘴
别人会来管你

我发誓
皇帝真的穿着衣服

咱们是小孩
总要给大人们
一点面子

"多喝水没事，没事多喝水"

多喝水是台湾地区的一个饮用水品牌，品牌上，它没有诉诸水的纯净、天然的特点，也没有诉诸老一代健康活力的常规功能，而是瞄准了年轻一代，诉诸让人放松的功能（和"没事儿就吃溜溜梅"差不多），表达上多是幽默的、酷酷的（和猫哆哩很像，也很有自己的品牌个性）。比如，"多喝水可以抬起头，防止从天而降的花盆、篮球、闪电，甚至卫星""多喝水可以让春心萌动的少男少女，通过分享一瓶水，间接接吻""多喝水可以矫正不良姿势，抬头挺胸""多喝水，需要嘴嘟嘟起来，这样双唇会变得越来越好看"……"多喝水没事，没事多喝水"，像小和尚念经一样，循环往复，余音绕梁，魔性十足。

"让心灵去旅行"

利群是浙江的一个香烟品牌，诉求的是"抽利群牌香烟，你可以获得平和从容、轻松满足"。在城市日常的生活里，身体被圈养在摩天大楼中，寄居在格子间中，很少有机会在真实的场域中实现所谓的逃跑计划。对于那些向往诗和远方的人，如果不能真的去，至少可以在白日梦里去，比如，打开网

易云音乐，听一段音乐，让心灵"小野"一下，或者抽根利群烟，抽不了在曹营的身，至少可以抽空片刻，让心灵去神游。

"到湖边走走"

大公馆作为湖边的一个地产项目，核心就是湖，但品牌上没有简单地提出离阳澄湖200米，也没有比附世界湖居，而是提出湖的一个好玩的功能——解压、放松的疗效，正如先生的湖的广告，"要看真相吗？撕开先生的燕尾服，满心都是伤痕"。湖边的视野开阔，就像宇宙、天地、生死、历史、天涯这些大的意象，都是拉开距离，

放大空间，那些小小的焦虑、烦恼都被无限地稀释了。"儿子玩iPad上瘾了""应酬又喝多了""又和老婆吵架了"等烦恼，都可以在开阔的湖边得以稀释，得以消散。散散心的"散"可能正是此意。正如逍遥游，逍就是越变越小，遥就是遥远，在辽阔的空间，在遥远的距离，自然就能逍遥自在，所以我们经常能听到这样的说法：目光放远，万事皆空，除了生死，都是小事。

"被治愈物语"

钱皇蚕丝被品牌，没有诉求蚕丝被温暖、柔软、真丝等产品特点，而是将被子的"被"升华到"被治愈"，因为好的被子能让人睡个好觉，而睡个好觉能缓解很多生活的压力，被子因此有了慰藉、放松身心的功能。如失恋的，"三年的爱情扑了空，但愿一觉醒来就能往事随风"；如职场的，"一千五百方的办公室压得喘不过气，摔进被子里才松一口气"；如焦虑的，"重返职场竟比十年前还忐忑，

好在软软的被子让我安心入睡"……这和邦迪创可贴的广告很像，修复且治愈。

"全南京，从容点"

万科的这个地产项目，定位为事事有多选的大都会生活，比如，公园有很多选择，商业有很多选择，出行有很多选择，户型有很多选择……配套丰富，带来的就是生活的从容，这是项目的功能，不像《无间道》里那样"我没的选"。推广上，品牌也做了很多外延，比如，"老婆和老妈同时掉进水里，先救谁？老婆。老妈不高兴。人生无完美，哪有事事能多选——万科 LEO PARK 样样能多选，事事特从容"。

"多喝拿铁"

这是瑞幸咖啡"多喝拿铁季"的阶段广告，品牌上没有诉求巴黎左岸，没有诉求美味香醇，也没有诉求解困，而是围绕着职场可能会

面临的诸多问题,把拿铁作为很多不如意的解决方案(喝杯拿铁,放松点儿)。比如,为工作烦心时,还要辅导儿子做数学题,想开点,人生无解,多喝拿铁;开会时吐槽老板却不小心被听到,哎,最好是,不动声色,多喝拿铁;老板画大饼,灌心灵鸡汤,完全没有实际的,哎,少喝鸡汤,多喝拿铁。

"吃点好的,很有必要"

三全水饺在品牌上没有说鲜美,也没有说营养,而是更往前一步,基于对大都市里的通勤族和白领精英的洞察——他们总是加班、开会、应酬、奔波,生活中有很多不易,三全

水饺理解他们,希望以美味犒赏和慰藉他们。在地铁上,针对特定的场景,品牌输出了很多创意内容:"一有座,就睡过站""无论多挤,身边的也不是美女""单身坐地铁,总见情侣在缠绵"……

所以"吃点好的，很有必要"。这个案例，我以前在 TED 上讲过，那时候我说这句主张如同地铁里拂过的微风，如同圣母或者观音，用悲悯的眼光拥抱着苦海中的善男信女。

"你要喝果汁"

味全纯果汁品牌跳脱了常规的健康活力的功能诉求，转向放松犒赏的功能诉求，因为在生活中，不如意事十有八九。"电脑 8 小时""你不爱吃菜""加班辛苦了""不爱晒太阳""夜归人""你不会削苹果""你不爱运动""昨晚没睡好"——你要喝果汁，不爽要安慰，开心要犒劳，总之就是要喝果汁。这个品牌的闪光之处就在于产品的媒介化（猫哆哩就是早期的案例，将产品包装成品牌投放的媒介，就如同投放到货架上的广告一样，后来的江小白玩到了极致），人们在便利店的货架上看到了这些走心的文案，觉得好好玩、好感动，那就买一瓶"小关爱"吧。

"今晚，睡好一点"

慕斯床垫作为中国高端睡眠品牌，广告针对这个"急之国"的时代，大家都急急忙忙，每个人都打满鸡血，每个人都在透支自己，唯恐进步得还不够快，唯恐被时代抛弃，"生前何必久睡，死后自会长眠"。大家熬夜加班，熬夜应酬，熬夜报复性放纵，就像萧敬腾唱的"夜太美，尽管再危险，总有人黑着眼眶熬着夜"，真正要去睡了，又丢失了睡眠，做梦，睡眠浅，睡不好。

慕斯希望自己不只是一个好床垫，更希望让大家重视睡眠这件事情，就像重视成功、重视责任一样，因为"你不会把睡觉带到重要场合，那你也不该把白天的烦恼带到床上，好好睡觉是一件负责的事"。睡个好觉，让紧张的神经松弛下来，让身心得到充分的放松，睡好了才能更好地面对明天的来临。今晚，是明天的开始，为了自己，也为了珍惜和爱你的人，安心向城市道个晚安，今晚，睡好一点。

"春天来了"

北国之春是长春的一个地产项目，在广告上没有诉求自己的位置怎样、环境怎样，而是围绕着客群的刚性需求，诉诸房子对他们的重要性——房子能让他们的各种痛点得以解决，并洞察到在春天房子的重要性，比如，"春天来了，那个黑中介……他跑路了"。春天里的种种不如意，有套自己的房子就解决了，一年之计在于春，趁着大好春光，买个自己的房子，开个好头。

"春天来了"这个开头，和"大过年的"一样，后面接什么建议似乎都是对的，比如，春天来了，必须得换个大房子；春天来了，得换一个新工作；大过年的，肯定要买一件贵的衣服；大过年的，吃好一点嘛。像是要庆祝，像是脆弱需要抚慰。

"下个十年，住好一点"

建发·央著，品牌上没有基于产品特点，诉诸新中式卧湖别墅，或者比附世界湖居别墅，而是从客户的购买角度出发，诉诸叠墅的犒赏功能。叠墅作为改善型需求，并非刚需，

推广的核心就是要唤起客户的需求——不是我多好，而是你需要。但就像牛顿第一定律所表明的，如果没有外力作用，物体将保持静

止或匀速直线运动，人们也一般都习惯于原来的生活，很难改变。

这个项目当时有一个特别好的时机，就是 2020 年要来了，又一个新的十年即将开启，不管对于国家，还是之于人生，十年都是一个很大的节点，是一股强大的力量，是除旧迎新的新契机，是唤醒需求、促进改变最柔软的一击。比如，"21 世纪第二个十年过去了""第一批'80 后'已经四十岁了""十二生肖之首鼠年来了，又一个轮回"，生活日复一日，时光匆匆飞逝，很多人对此完全没有感知，恍然间被建发·央著猛地提醒了一下，是得做出点改变了，换个别墅，住好一点，犒赏自己，犒赏家人。

"挣钱不易，住好点"

九悦在品牌上没有诉求地段，没有说品质，而是基于对现代都市人的理解和洞察——他们忙碌奔波，为稻粱谋，普遍缺少睡眠，整天

哈欠连天（广告视觉上，这些动物打哈欠的形象也很有趣），有个称心如意的好房子，睡个好觉，人生尽管苦，但也可以苦中作乐，挣钱虽然不易，但还是要住好点。就像前面的"春天来了""大过年的"一样，似乎在所有行动主张的前面加上"世界残酷""人生苦短""城市特苦""挣钱不易"，似乎吃顿好的、住好一点，等等，都顺理成章，因为理解，因为脆弱，因为压力需要释放，因为苦海需要有希望。

"人生的大事件都在这里"

华润·小径湾，这个惠州的文旅度假项目主要的客群都来自深圳，拜这个时代所赐，这些人和深圳一起飞速成长，享受了30年城市发展带来的功名和财富，但也有很多无奈，比如，对家人的亏欠，心灵上的焦虑和空虚，人与之间的隔阂冷漠……小径湾是华润滨海综合体，融合了城市和自然资源，提供了深圳下一个30年的生活指导。那些曾经向往的，那些曾经亏欠的，那些曾经忽略的，都可以在这里找回来，比如，陪孩子从小勇敢长大，不让爸妈害怕独处，给爱人每年不同的纪念日，和朋友重温当年的友情，独自放空的一个下午……人生的大事件，犒赏的、纪念的、慰藉的，都在这里。

"贡献给全家人的院子"

贡院这个地产项目诉求的也是犒赏的功能，因为院子能够满足所有家庭成员的不同需求，比如，外婆的庭院、爷爷的花园、小姨的花厅、外公的园林、太太的茶亭、家族的堂院、奶奶的院落、丈夫的园圃、孩子的乐园……因为院子承载着对孩子的爱——"为什么你家小孩总被叫成'小皇帝'？因为九岁之前你要为他贡献一切"；因为院子承载着对爱人的一生之约——"是时候实现承诺，为一直守在背后的女人"；因为院子能平衡各种关系——"妈要种菜，丈母娘要晾尿布，我们需要一个院子"……

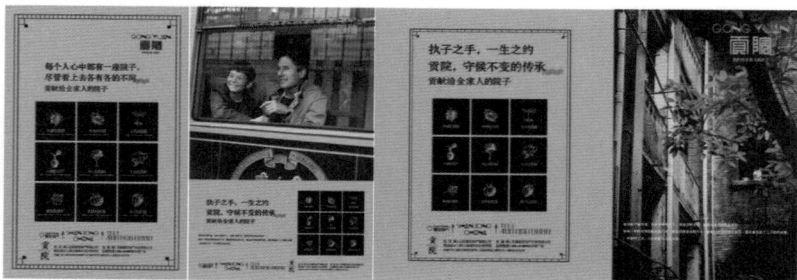

而有些项目只想犒赏自己一个人，比如，有一个叫"私寓"的项目，作为江边的精装公寓产品，提出了"我想一个人待会儿"的主张，将公寓完全作为个人消遣、独处放空的空间——"又醉了，江边的风真爽""没认真读一本书，已经很久了""又开了一家分公司"，哎，就想一个人待会儿。

自我效能

在牛气层次，第一种类型是自我效能。自我效能，有点儿类似赋能的意思，简单地说，就是品牌帮助客户强化自我认知、增加正面情感、积极地自我暗示，如自信、勇敢等，让客户觉得自己是可以的。类似后面将提到的客户自我的个性、地位，也近乎品牌大我的精神、价值观，但在这里，自我效能主要还是从产品端切入，和产品联系得更紧密些。

"一杯喜茶，激发一份灵感"

喜茶作为新式茶饮品牌，诉求的是激发灵感，这个功能有点儿类似活力，像此前的"脉动回来"。但很明显，灵感比活力更抽象，更形而上一些，更具情感和精神，体现了喜茶品牌的自我赋能——喝了喜茶，自我感觉会很棒。类似的还有武汉红金龙香烟的"思想有多远，我们就能走多远"，诉求的是灵感，还有马爹利 XO 的"激昂跃升"，诉求的也是灵感，但马爹利加了一些勇敢的酒神精神，因为"每个人都有腾飞之翼，唯有出类拔萃者才能翱翔天际"。

"有家，更勇敢"

这个地产广告中的"家"更像是房子，房子承载很多功能，让人住得更舒适，可以落户，方便孩子上学，分享城市红利，等等。除了这些之外，在中国，房子还和很多东西捆绑在一起，比如，是不是融入了城市（故乡眼中的骄子，不该是城市的游子），是不是成功（喜欢回家过年，更喜欢被人谈论）。房子似乎是自尊的基石，是说话

的底气，是自我效能很重要的物证（因为人对自己的价值始终是不那么确定的，需要物证）。

"没有隔阂，才有融合"

孔雀海这个项目在北京非常偏远的郊区，已经快超出北京的范围了，项目面对的客户都是想留在北京的人，也就是所谓的"北漂"。对于这样一群人而言，他们寄居在北京，却好像游离于北京之外，其实并没有归属感，似乎只有在北京有一个家，才能算是真正融入这个城市。"北京欢迎你，可还是有点不自在，既然来了，就要留下来""七

大姑八大姨说要来北京看我，总觉得有点不自在，住得合适，才无惧各种拜访""半夜两点，她问我住哪里，突然有点不自在，住得更合适，关系更亲密""吃着北京最地道的炸酱面，还是有点不自在"——房子成了他们提升自我效能、缓解脆弱很重要的一个物证，因为没有隔阂，才有融合。

"房子！房子！"

北京公园这个项目在品牌诉求上也瞄准了客户的脆弱，赋予房子和自我效能的强联结。"从何时起，我们见面时开始问候，你是哪里人？你来北京几年了？""在那个橱窗下，我望着那件最美的婚纱，你说：在北京，一定为你安个家""从何时起，我们笑着向家里报平安，放下电话，却默默地哭了""那时，我们曾豪言壮语，要在这里一起打天下！今天，兄弟，你在异乡还好吗？"——就像汪峰在《北京北京》中唱的"我在这里祈祷，我在这里迷惘，我在这里寻找，也在这儿失去"，把结尾换成"房子！房子！"似乎一点儿都不违和。

"照亮你的美"

vivo X9S（Plus）定位为拍
摄手机，2000 万柔光双摄，
这是产品特点；逆光也能够
把你拍得很清晰，媲美大光
圈单反，这是产品特点比附；
而"照亮你的美"则上升为
一种自我感受，增强了自我效能。沿着"照亮"的思路，vivo 还推
出了一波"照亮你的心里话"，这是从客户的角度出发，更偏重于
品牌个性（类似于 OPPO Reno5 最新的品牌主张"在我眼里你会发
光"）。通过这个案例，大家可以清楚地认识到，品牌的核心诉求
可以从产品特色、产品功能、客群自我，甚至人文大我等方面，按
照品牌的策略需求做出调整。

"清新口气，你我更亲近"

清新口气，这是绿箭口香糖的健康（口
腔健康）功能，但诉诸"你我更亲近"
则无疑是自我效能了——口气清新，可
以避免社交中遭遇的各种尴尬，嚼几颗
绿箭，无论恋人之间表达亲密，还是朋
友聚会之间谈笑自如，抑或是陌生人之
间搭讪，你都可以自信、自在地表达自己。

"让你离李敏镐更近一点"

苏菲尔高跟鞋在品牌诉求上从高跟鞋的产品特色出发，因为鞋跟高，你可以离你心中的男神更近一点，这里的"近"是物理上的，更是心理上的，是自信，是自我效能，是感觉自己更有魅力，值得被爱。

这让我想起一个寓言故事：小镇上有个非常穷困的女孩子，她失去了父亲，跟妈妈相依为命，靠做手工维持生活。她非常自卑，因为从来没穿戴过漂亮的衣服和首饰。在她 18 岁那年的圣诞节，妈妈给了她 20 美元，让她用这些钱给自己买一份圣诞礼物。她非常开心，但是没有勇气从大路上大大方方地走过。她捏着这点钱，绕开人群，贴着墙角朝商店走。一路上她看见所有人的生活都比自己好，心中不无遗憾地想：我是这个小镇上最抬不起头、最寒碜的女孩子。看到自己特别心仪的小伙子，她又酸溜溜地想：今天晚上盛大的舞会上，不知道谁会成为他的舞伴呢？

她就这样一路嘀嘀咕咕躲着人群来到了商店。一进门，她感觉自己的眼睛都被刺痛了，她看到柜台上摆着一批特别漂亮的缎子做的发饰。正当她站在那里发呆的时候，售货员对她说：小姑娘，你的亚麻色的头发真漂亮！如果配上一朵淡绿色的头花，肯定美极了。她看到价签上写着 16 美元，就说我买不起，还是不试了。但这个时候售货员已经把头花戴在了她的头上。售货员拿起镜子让她看看自己。当这个姑娘看到镜子里的自己时，突然惊呆了，她从来没看到过自己这个样子，她觉得这一朵头花使她变得像天使一样容光焕发。她不再迟疑，掏出钱来买下了这朵头花。

她的内心无比陶醉、无比激动，接过售货员找回的 4 美元后，转身就往外跑，结果撞到了一个刚刚进门的老绅士。她仿佛听到那个老人叫她，但她已经顾不上这些，一路飘飘忽忽地往前跑。她不知不觉就跑到了小镇最中间的大路上，她看到所有人都向她投去惊讶的目光。她听到人们在议论，没想到这个镇子上还有如此漂亮的女孩子，她是谁家的孩子呢？她又一次遇到了自己暗暗喜欢的那个男孩，那个男孩竟然叫住她说：不知今天晚上我是否有幸能请你做我圣诞舞会的舞伴？这个女孩子简直心花怒放！她想，我索性就奢侈一回，用剩下的这 4 美元回去再给自己买点东西吧。于是她又一路飘飘然地回到了小店。刚一进门，那个老绅士就微笑着对她说：孩子，我就知道你会回来的，你刚才撞到我的时候，这个头花也掉下来了，我一直在等着你来取。

在这个故事里，真的是一朵头花——16 美元的头花，弥补了这个女孩生命中的缺憾吗？其实，真正弥补缺憾的是她自信心的回归，这其实就是产品自我效能的意义。

"知识使你更有魅力"

《中国时报》在品牌上没有诉求信息的鲜活，没有诉求一个时代的脉搏，也没有说一个阶层的生意和生活，而是诉求魅力，增强受众的自我效能。"你倾斜45度看报的姿势有形而上学的气息，从北爱和平协议，到基因复制，到圣婴现象，你关注世界的程度令人嫉妒，在超文本的网络社会，你是欲望的解放者，在混乱的现实中，你的言语带着拘谨的魅力，看你阅读时的专注让人恨不得变成文字，你觉得思考就是一种性感，而学习才是你永远青春的秘密。我爱你。——聪明人用知性保持致命的吸引力。"在《中国时报》的宣传语里，除了"腹有诗书气自华"的自我效能之外，也有吸引人的、性感的人际的影响功能，此外，睿智的个性这一人设也很明显。

"释放心中虎"

虎牌啤酒，在产品功能上，希望能让消费者更有能量，更有活力，不过在表达上更进一步。释放你内心的猛虎有着强烈的自我暗示，如同郎牌特曲的"让勇敢充满自己"一样，激发你内在的勇敢，鼓励突破自己，把潜能变成能，把能变成无所不能。

"助您更黑"

中铁·子悦臺的三晒项目地处三亚，但是不临海，除了阳光充足这个全三亚地产项目都有的特点之外，没什么独特之处，那么诉求上如何做出差异化就很关键了。三晒基于阳光充足的特点，巧妙地提出了一个全新的品牌主张——让你变黑一点儿。黑，看上去是健康活力，但更多的还是自我效能，黑意味着爷们儿、自信、性感，等等（当然也有有钱有闲的身份感）。譬如，"阮经理常常在会议桌上拍案而起，怒目圆睁，气势逼人，啧啧，就是太白""王太太反对化妆和整容。她认为，那是对自己的美不够自信，她是受过外国文化熏陶的……王太太和其他太太一起去美容院美白，一白遮百丑，因此，王太太一贯是极美的，也是极自信的。最近，她身边多了不

少自然主义者……然而，她们小麦色、饱满而厚实的臀部，让王太太有些自信不足。"——三晒，助你更黑，其实就是助你更自信一点儿，自我感觉更好一点儿。

"学琴的孩子不会变坏"

学琴能陶冶情操，这是自我效能，和阅读让人更有魅力差不多，不过这里采用的是反向诉求，不是增加正面的自我效能，而是减少负面情

感。像恐惧、愤怒、悲伤、厌恶、尴尬等很多负面感受，都需要品牌来予以关照，比如，《南方周末》的"让无力者有力，让悲观者前行"便是如此。此外，在正面诉求和反向诉求上，反面的效果更猛烈一些，因为根据"损失厌恶"原理，同量的损失带来的负效用为同量收益的正效用的 2~2.5 倍，人更怕痛。

"看过世界的孩子更强大"

Jeep 越野车在品牌上没有诉求越野性能好，没有诉求品牌的狂野个性，而是围绕着父母在孩子成长中的影响，温情地诉求苦着孩子出去走走，开开眼界，这样能让孩子更勇敢、更自信、更有主见。"想让孩子不怕黑，就带他在漆黑的夜里看最亮的星；想让他更有主见，就带他发现世界比课堂大得多；想让他比同龄人更爱问为什么，那就早早地为他打开好奇的大门。我希望未来的他勇敢无畏，抵得住风雨的侵袭，探索世界的边界；未来的他心里住着远方，冲出山川湖海的栅栏，领略万物生灵的神奇；未来的他好奇心不灭，对未知的一切保有热忱，直到寻到答案，因为——现在的他正随你踏上旅程看最美好的世界。"这个诉求有点像《国家地理》，有探索新知的功能，也很像品牌中父母职责的伦理角色，但在 Jeep 这个案例里，父母和孩子的自我效能感、自我暗示感似乎更胜一筹。

"壹千栋，定制别墅主场"

壹千栋在品牌诉求上，围绕别墅定制，诉求助长个人意志和家庭意志，传承家族记忆，等等，核心就是尽管世界多是千篇一律的，削天下之足来适乌合之众之履，但至少房子这事儿，我能说了算，"我想咋样，就能咋样""听我的，我来定"，特别有舒展真性情的自由感，畅快淋漓，自我效能感爆棚。"你确定要这种风格的餐厅吗？好的。""你确定需要 12 间儿童房吗？好的。""你确定要那么大的卧室吗？好的。"

"人头马一开，好事自然来"

人头马 XO 酒在品牌上诉求的就是自我效能的功效——讨个好彩头。古人也有一个类似的概念叫作"冲喜"，指家中有病人久病不愈，通过举办喜事来冲掉不好的运气，虽然在今天被称为迷信，但是我觉得这种做法会起到一定的效果（未必是直接作用在病人身上）。

当家庭陷入某种负面的能量中，恐惧、绝望、抱怨等挥之不去，每个家庭成员都觉得很无力、很悲观，生活似乎没有希望，也没有盼头时，人们很需要一次洗礼、一个仪式来冲散笼罩在家庭上空的乌云。于是，节日就是最好的方式，杀鸡宰牛的物质丰盛、亲朋好友的情感祝福、觥筹交错的欢喜，在苦海无边的世界中，人们似乎找到了一个避难所，似乎有了一个天堂，那些久违的温暖、希望、爱、勇气都被召唤回来了。

尽管曲终人散后，还是要面对残酷的生活，新的一天会有新的难过，但是这人逢喜事精神爽的信心，这负阴而抱阳的蓬勃生命力，这人头马一开，好事自然来的积极暗示，仍然会在很长的时间里，鼓舞着沐浴了节日和仪式洗礼的所有人。

"成都，都成"

这是英特尔 2003 年落户成都后，
推出的品牌中文口号，很有效能
感的一句口号——成都，都成，
什么事儿都干得成。这不仅激励
着英特尔公司在成都勇敢地开疆
拓土，更成了成都这个城市的精
神（自我效能）。这句口号在招
商引资的时候，吸引人才落户的时候，就可以引用，有点儿"今天
是个好日子，心想的事儿都能成"的感觉。

人际影响

在产品功能的牛气层次（社会舒适）中，第二种类型是人际影响，
此时的产品功能不是客户社会身份与地位层面的，也不是客户伦理
角色层面的，更多的是产品作为人和人之间的中介存在，因为人处
在社会关系中的，人在社会交往中需要通过物来表达情感，表达彼
此的关系。

"爱，用味道表达吧"

李锦记，作为著名的调味品品牌，没有诉求鲜美、晒够 180 天等产
品特点，而是基于对华人情感世界的洞察，诉诸人际影响。据调查，

将近70%的人对身边的亲友表达关爱从不直接说出来，而是通过日常生活中的行动细节含蓄地表达，比如，用味道表达爱。李锦记希望味道成为父女间、夫妻间、情侣间，以及游子和家人间的情感连接，比如，沉默的父亲为晚归的女儿下的一碗面，是爱；深情的少女为他精心做的便当，是爱……也因此，李锦记品牌不只是食物的调味剂，更是情感的调味剂、爱的催化剂。

"爱她，就请她吃哈根达斯"

这句大家耳熟能详的广告语，让哈根达斯成为情感表达最好的载体，享誉世界。作为零食的冰激凌，通过品牌塑造，被赋予了人际影响功能，冰激凌不再只是美味的食品，也不再只是放松愉悦的享受，更重要的是有了物语（爱语）：全心全意，只为你融化——不只是冰激凌融化了，更是整颗心都融化了。尽管价格很贵，但为了追求这份浪漫，为了拉近彼此之间的距离，表达爱意，贵一点儿也值了。就像 ROSEONLY 品牌，客户一生只能给一个女生赠送这个品牌的玫瑰花，这时候，ROSEONLY 的玫瑰花不再是表达普通爱意的玫瑰花，更代表着坚贞不渝的爱情。

"让爱人融化的住区"

湘域熙岸三期，湖南长沙的一个地产项目，定位为有爱的、甜蜜的社区，包装上提出晚安计划，因为"晚安"的拼音（WAN AN）有"我爱你爱你"的意思。这时候，房子不再是物理属性上的了（比如，花园的美、周边的浏阳河婚庆园配套——当然这也是一个切入点），而是上升为人际影响的功能——表达爱的载体。

在这样一个世故的、粗糙的、不浪漫的时代，湘域熙岸三期高举爱

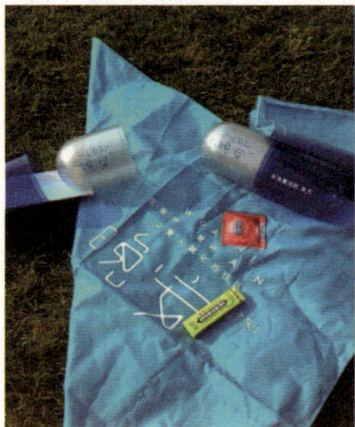

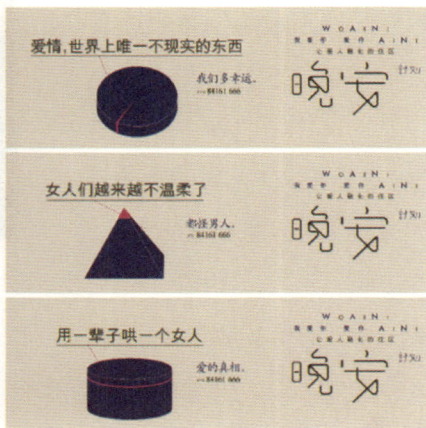

的旗帜，希望社区能够让爱人融化，譬如，"爱情，世界上唯一不现实的东西——我们多幸运""女人们越来越不温柔了——都怪男人""用一辈子哄一个女人——爱的真相"，等等，不同于伦理的角色绑架，房子在这里是主动的亲密联结。

除了爱情的亲密联结，在亲情的表达上也需要这样一个载体。北京永定河孔雀城三期叫作沃土，他们提出了"分享上个世纪的童年"的理念，并通过系列的场景演绎，"爷爷，你的枪法真差，把弹弓给我""邻居家的丝瓜更好吃，粪浇的"……希望在周末、在院子里、在放松的环境里，和孩子们一起玩游戏，分享父母们、爷爷奶奶们的童年生活场景，培育亲情，"种植"一些美好的家庭记忆。

"汇仁肾宝，他好我也好"

汇仁肾宝，从补肾的功能出发，可以改善腰腿酸疼、精神不振、夜尿频多的情况，吃肾宝片让人恢复健康活力。但如果只是如此，那就是"怕上火，喝王老吉"这类常规的产品功能模式，但汇仁肾宝诉求的是人际影响（夫妻之间），从女人的视角提出了汇仁肾宝之于亲密关系的重要性——补肾不是你一个人的事，对你妻子也很重要，这样一来，肾虚的你就被裹挟进来，有了更多的行动力。此外，这句口号也很暧昧，基于饮食男女的本能，很有记忆度和传播性。

"兄弟，就要喝雪津""一对老朋友，两杯好啤酒"

不论雪津啤酒还是朝日啤酒，在品牌诉求上都不再只是解忧或者开心的功效，啤酒在这里更多地承载着兄弟之间、老友之间的浓烈情感——一句话，一辈子，一生情，一杯酒，也因此，酒成为大家聚在一起，出现在彼此之间时，才有意义的事物。

以前总有人问我："老马，你喝过最好喝的酒是什么？"我的回答一贯是："和好朋友一起喝的酒。"

"只款待心中最重要的人"

王品牛排，大家印象中的品牌诉求是"一头牛仅供六客"的产品特点（类似于小罐茶——不是所有的茶都能装进这个罐子），但真正让人感动和行动的一定是王品的人际影响诉求——宴请，款待心中最重要的人，如自己、父亲、爱人、重要的合作伙伴，等等。"真难搞·喜怒无常·没谱·挑剔到死·不可理喻，以上是你对你的客户 100 个常见抱怨中的 5 个，你该为你的成长说声：谢谢""我在开会·明天出差·在忙·有时间再说·你先睡，以上是她丈夫 100 个常见回复中的 5 个，她只有一件事最重要：等你""台资企业高管·15 年行业经验·年薪 20 万·MBA·内环有房，以上是他儿子 100 个标签中的 5 个，他只有一个标签：父亲"——王品牛排，只款待心中最重要的人。王品的这个品牌诉求有点犒赏的意味，也有点伦理角色感，但更多的还是侧重人际关系的表达，是表达感激，是让和你一起吃王品的人感觉自己受到了重视，这是王品在人际之间起到的作用。

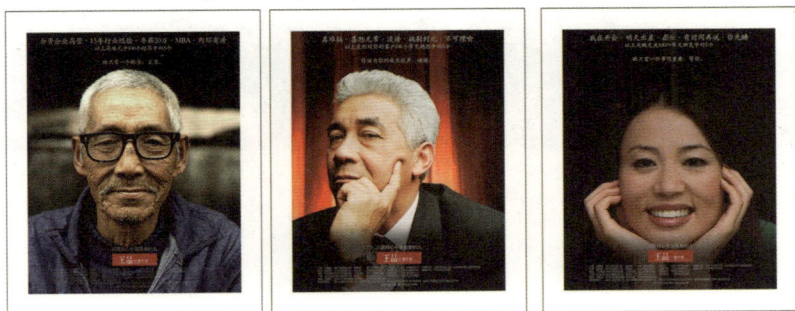

"贵客到，小罐茶"

对于小罐茶，大家熟悉的是"小罐茶，大师造""8 位大师，敬你一杯中国好茶"这些围绕着产品端的诉求,但作为营销老手的杜国楹,也就是背背佳、好记星、E人E本、8848手机的创始者,招数可不止于此,像"贵客到,小罐茶"就深谙中国这个关系社会的运转法则,围绕着人际影响——小罐茶之于客人,让他们感受到了尊敬;之于主人,拿小罐茶招待也很有面子。

"收礼还收脑白金"

脑白金回马枪洗脑式的广告,让人讨厌了很多年(连续十几年被评为最差广告),但打造它的史玉柱不以为意,坚持使用了十几年,原因就是的确有效,能带来超级销量——2000年巅峰期一个月销售收入就高达2.1亿元。在品牌推广上,脑白金没有诉求"改善老年人睡眠、肠胃"等健康活力的需求，而是切入一个更大的市场——礼品市场，也就是介入人际层面，发挥功能。这是史玉柱从和老大爷老大妈们的聊天中得出的结论：老年人其实并不愿意把钱花在自己的身上；保健品大多是子女为父母购买的——这意味着购买者和使用者是分离的，要增进销量，必须从不在老人身边的人群下手，送礼就成了最好的诉求方式。这有点像在伦理角色层面，子女角色满足孝敬的行为期待，但根本上送礼还是品牌的人际影响——代表我重视你。

精彩刺激

刺激层次的第一种类型是精彩刺激。叔本华有句名言：人生其实就在痛苦和无聊之间像钟摆一样，不停地来回摆动，不是无聊，就是痛苦。远古社会，在狩猎时代，生存本身就是一件刺激惊险的事情，但到了现代社会，比如，2020 年中国人均 GDP 超过了 10 000 美元，温饱问题几乎完全解决了，生存当中的刺激少了，空虚和无聊却骤然激增，但人在本能上还是需要刺激的，否则人容易萎靡不振，提不起精神来。

"让欲望不再失望"

淘宝商城 2011 年的品牌广告，诉求的就是购物带来的刺激。以前大家在线下实体店逛街，但商场受限于城市作息，会有打烊的时候，然而欲望从来没有打烊、不景气的时候，那些不满足的人会无聊、会失望。随着淘宝商城的出现，这一切都将成为过去式，淘宝网上商城永远不打烊——没人上街，不代表没人逛街，淘宝 24 小时开放，一切购物的欲望都可以被满足。

正如中兴百货的广告："人生是一张不断繁殖的购物单——没有禁欲的消费者，只有太过清教徒的百货公司；没有不会放电的眼睛，只有抓不到重点的墨镜；没有平凡的表情，只有无法聚焦的化妆品；

没有平庸的身体，只有不懂挑逗的服装；没有不冲动的本能，只有迟到的感官刺激。"过去孔子在川上曰："逝者如斯夫，不舍昼夜。"现在我们不禁感慨：欲望如斯夫，亦不舍昼夜。

在淘宝的广告中，产生快感的不只是诉求的内容，诉求的形式本身也很有快感，"让欲望不再失望"，在欲望和失望之间，本身就有文本的断裂和碰撞的快感，这不同于那种喋喋不休、絮絮叨叨的语言泡沫，这个文本形式也是现代的，是充满速度与激情的，是会让肾上腺素水平飙升的，如同把头脑中两列即将相撞的火车改道，如同跳伞速降失重后被打开的伞缓缓接住，刺激极了。

"城市中间，不慌特忙"

这个城市综合体地处工人体育场和三里屯之间，所以取名为世茂·工三，在品牌输出上，围绕的是地段上的特点，因为周边有三里屯各色酒吧、三里屯太古里、三里屯外交使馆、工人体育场等国际都会配套，所以诉求

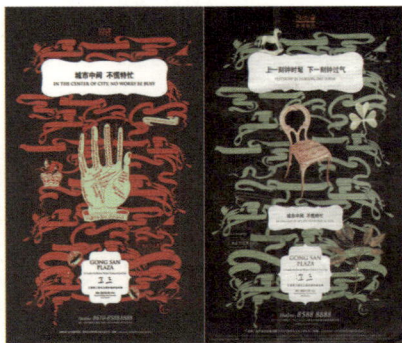

的就是中心地段带来的生活丰富性——不慌却特忙，超刺激的生活。譬如，"上一秒宿醉，下一秒开会""上一秒时髦，下一秒过气""本

地的、外地的、外国的夜猫子都在这片儿转悠，所以白天开盘，晚上也开盘""因为这片儿凌晨 3 点还堵车，所以，白天开盘，晚上也开盘""这片儿白天清醒的人多，晚上不清醒的人更多，所以，白天开盘，晚上也开盘"。

"去哪儿，开始你的故事"

作为在线旅游服务和旅游搜索品牌，去哪儿 2018 年发起了这轮广告运动，诉求的重点是精彩刺激的需求。当然，旅游有放松、有发现新知的功效，但更多的还是"世界那么大，我得去看看"，是探险，是猎奇，是晒朋友圈，是解决无聊的方案，是从自己活腻的地方到别人活腻的地方——去哪儿做梦，去哪儿放空，去哪儿遇见他 / 她，去哪儿爱上他 / 她，去哪儿逃离，去哪儿做自己，去哪儿不做自己，去哪儿重新认识自己，去哪儿开始伟大的冒险。就像作家杰克·凯

鲁亚克写的：在你面前，黄金般的土地和各种未曾预料的趣事，都在那里静静地等待着你，令你大吃一惊，使你因为活着看到这一切而感到快乐；就像拉斯维加斯那句著名的广告语"What happens in Vegas，stay in Vegas！"（在拉斯维加斯发生的事，只会留在拉斯维加斯！）——这感觉是不是有点儿上头？上头就对了。

"与喜欢的音乐不期而遇"

不同于其他音乐播放类应用，豆瓣 FM 最大的特点是随机性，这带来的好处就是惊喜，是不期而遇，是突然的眼前一亮。如果生活的一切都是在日程表中的，一切都是预先计划好的，那得有多么无趣，多让人厌倦！我们要的就是转角遇见爱，要的就是"我遇见谁会有怎样的对白"，要的就是成为天网恢恢的漏网之鱼，这才浪漫，才够有故事，才值得期待。

探索新知

刺激层次的第二种类型是探索新知，这也是人的本能。就像《国家地理》的经典广告"IF"所说的：如果你活着，你呼吸，如果你呼吸，你说话，如果你说话，你询问，如果你询问，你思考，如果你思考，你探索，如果你探索，你体验，如果你体验，你学习，如果你学习，你成长，如果你成长，你期许，如果你期许，你发现，如果你发现，你质疑，如果你质疑，你提问，如果你提问，你理解，如果你理解，你知道，如果你知道，你想知道更多，如果你想知道更多，你活着。

"Dirt Is Good"

"有污渍，是好事"（Dirt Is Good），这是奥妙的品牌诉求。对于洗涤用品，常规的诉求一般都是去污能力强，能使衣服干净、柔顺、无菌。但在奥妙这里，去污功能强的特点无须强调，重要的是要让孩子们在体验中成长，去自然中探索，去天地中冒险。在奥妙的官网上，他们是这样说的：污渍是好的，我们相信污渍有益于孩子们，为什么？因为每次孩子们衣服上沾满灰尘和污渍，你就知道他们经历了一次冒险。通过脏兮兮地玩耍进行体验式学习，对孩子的成长至关重要。

在奥妙看来，现在的小孩要么在看手机，要么在玩电子游戏，这对孩子们很不好。孩子们应该走出房间，远离电子屏，去户外，去探索，去冒险。脏兮兮不是淘气，不是不听话，不是不文明，而是探索兴趣，是健康地成长，是与世界互动的真实经验。就像奔驰"重返骑士精神"的广告中说到的：世界上最脏的服装，是伪装，脱掉！只有赤裸的灵魂，才配得上这泥沙。奥妙的品牌诉求有探索新知，探索更大世界的产品功能，也上升到价值观层面——好奇改变世界的精神。

"百度一下，你就知道"

作为全球领先的中文搜索引擎，百度品牌诉求的就是探索新知的功能需求，这和"脉动回来"一样，是名词活用成动词的典范。在日常生活中，提到问题，我们会下意识地拿出手机搜索，当别人问你一个问题时，如果你不会，可能会下意识地脱口而出"百度一下"，这已然成为搜索、寻找答案的代名词。

"有问题，上知乎"

作为知识问答社区，在百度备受诟病之后，知乎迅速崛起。品牌诉求上也很明确——探索新知，发现一个更大的世界。"有问题，上知乎"的口号也很精彩。广告大师大卫·奥格威在《一个广告人的自白》中提到的传奇博士盖普洛的一项调研："一开始就提出问题，继而推出产品来解决问题，然后用示范来证明问题的解决"的广告，推销力是简单诉求产品功能的广告的 4 倍。例如，现在的男生，为什么不追女生了？如何花更少的钱提升出租房的格调？如何通过衣着、发型，快速判断一个人的职业？女人有哪些心口不一的话……这些问题都很抓人，想知道，想探索，那就上知乎。

2019 年的时候，知乎做了一轮宣传——"我们都是有问题的人"："没有谁的一天会过得毫无问题，我们问自己，问别人，正是这些问题，让每件事变得有意思""懂得很多，也有很多不懂，用问题刷新世界，再用回答刷新世界观，当我们走到一起，分享彼此的知识、经验和见解，问题就不再是问题"，这个宣传毫无疑问是从客群端切入的。

知乎在一年一度的品牌盛典"新知青年大会"上提出这个主题，就是想要给使用知乎的客群贴上一个充满好奇心、热爱生活、有料有趣的个性标签，以情感来驱动品牌。

2021年，知乎成立十周年，推出了全新的品牌主张"有问题，就会有答案"，表面上看上去还是在强调作为知识分享平台的属性，事实上这个主张完全超越了"有问题，上知乎"的产品功能，也超越了"我们都是有问题的人"的客群个性，它成为一种强大的信念，成为驱动时代前进的坚定信心——每当我们走到了知识的无人区，或者遇到了前所未有的挑战的时候，总有人站起来创造历史，给出答案。比如，"有人举手发问，谁能帮中国拿一个诺贝尔文学奖？莫言举手，做了回答""有人举手发问，盐碱地里能不能种出水稻？袁隆平举手，做了回答""很多人举手发问，除了京剧、功夫和中餐，我们还有什么可以分享给全世界？刘慈欣举手，做了回答"……在这个世界上，有人提问，就一定有人回答，如同有人发问："这个世界会好吗？"你铿锵有力地回答："会！"知乎的回答也是："会！一定会！"

"答案，就在第一财经"

这是一个财经的时代，经济发展是中国的第一主题，创造财富成为全民信仰，金融成为人们的日常生活；这也是一个信息爆炸的时代，伴随着信息泛滥而来的，是很多让我们窒息的垃圾信息，是很多让人误入歧途的虚假信息，是很多纯属浪费时间的无用信息；在这个时代，每个人都是专家，看法都有道理，每个人都是媒体，言语都很华丽，但是真正有用的，帮助人们实现财富梦想的信息，少之又少。

作为全媒体财经平台，《第一财经》针对大家对财经资讯的需求，力求提供明确、直接的信息。这个品牌的功能诉求是探索新知，也是提供直接利益（知识就是力量，资讯带来价值），就像他们在广告中说到的："有人说，这是最好的时代，信息让每个人获得平等的机会，每一分，每一秒，信息就像空气，在我们身边流淌，无论达官贵人，还是普通人，信息面前，一视同仁。再机密的内幕，也会很快水落石出，最有见地的专家，成为我们的智囊，更重要的是，发达的信息滋养了发达的大脑，只要努力，我们就可能获得梦想的财富。财富，从未距离我们如此之近。有人说这是最好的时代，每个人，都可以更富有，你认为呢？——答案，就在第一财经。"

实在利益

刺激层次的第三种类型是实在利益。这个简单地说，就是品牌带给消费者实实在在的好处，比如，提供更多的经济基础，比如，让他们赚更多的钱，而这一切都是生存的保障，是对于安全感的人性需求。

"上智联，你更值"

作为招聘类网络服务平台,此前智联招聘诉求"好工作,上智联招聘",更多的是围绕招聘的品类特点,智联能够提供很多工作岗位的优势,进行产品端诉求。而这一句"你更值"，毫无疑问就是产品功能诉求在刺激层次的实在利益了：在广告中，"你值高薪职位""你值更快升值""你值名企青睐"；在很多场景广告中，如地铁公交候车站的"这里的下一站固定不变，你的下一站值得更好"，地铁通道的"总排队？你值一步到位的升职"，个人价值到底如何，去人才市场会一会，升值加薪，出任 CEO，走上人生巅峰，刺激极了。

"让理财给生活多一次机会"

这是支付宝理财业务的品牌诉求，核心是让你能获得直接利益。年轻时，社会宽容你——莫欺少年穷，因为年轻有无限可能；但随着年龄的增长，你的可能性就越来越小，社会对你越来越不宽容，如果你这时候还是贫穷的话，你的一生可能就惨了，真的是这样吗？人生能不能改变？

为了让大众有理财的认知、学会理财，支付宝不惜用刺痛、扎心、毒鸡汤的方式动之以"钱"，晓之以理："年纪越大，越没有人会原谅你的穷。"（这里有客群的切入，也有人际影响。）"你每天都很困，只因为你被生活所困。""每天都在用六位数的密码，保护着两位数的存款。""全世界都在催你早点，却没人在意你，还

没吃早点。""世界那么大，你真的能随便去看看吗？""对所有大牌下的每个系列化妆品都如数家珍，但你绝不会透露自己用的只是赠品小样。""在家心疼电费，在公司心疼房租。""小时候总骗爸妈自己没钱了，现在总骗爸妈：没事，我还有钱。"……

这些狠毒的、扎心的话语，让人不禁手心出汗，内心慌张，尽管很真实地曝光了这个时代的残酷，也成功地通过恐惧营销的方式改变了大家的认知和行为，但过度讽刺了贫穷，完全不给人们的努力、坚持以鼓励，完全是迎合"有钱是王道"的单一价值观，让穷忙族更加无力，这股负能量空有工具价值观，没有人文价值观，虽然对行为改变有利，但对企业品牌和社会还是有害的。

"肥铺"

壹海广场的商铺诉求的是回报好的直接利益（肥铺，看上去像产品特色，实则还是产品功能—刺激层级—直接利益），不过在表达上

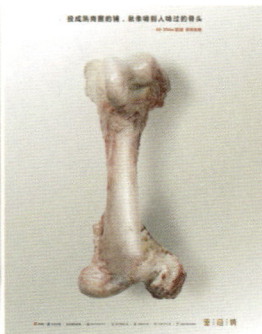

做了形象化包装，收益好就像一块肥肉，肥得流油："对商铺投资老手而言，壹海广场就是一块肥肉""投成熟商圈的铺，就像啃别人啃过的骨头""铺肥，量少！人多，速来！"

"以小博大"

协信·阿卡迪亚（高档生态复合社区）围绕着无敌大栋距的产品特点，以及一线大太湖的配套特点，在诉求上没有说"大"的特点(因为"大"拆分开来，还是产品特点)，而是把"大"的优势打包起来，变成一揽子的大收益，而这么多好处，只需要小小的代价，买一个精致湖居就能拥有，是真正的 "以小博大"。一如"怎样才能做成大买卖？喝酒"，这就是以小博大在创意表达中的异中求同了。

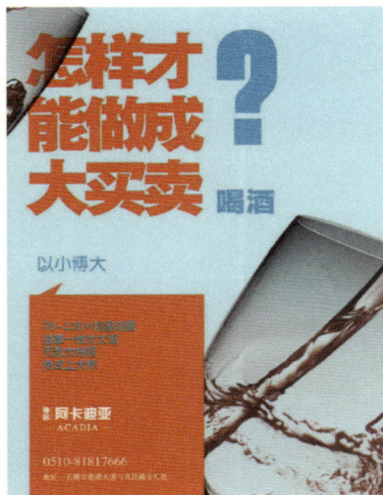

"允许部分艺术家先富起来"

二手玫瑰说："允许部分艺术家先富起来。"朴树在《别，千万别》里唱道："快别迷恋远方，看看你家的米缸，生活不在风花月，而是碗里酱醋盐，去面对那些生存的硝烟，你可知人情冷暖，你可知世事艰险，天真是一种罪，在你成人的世界，生活不在风花月，而是你辛辛苦苦从别人手里赚来的钱。"钱，货币，有实在的好处，过去人们还遮遮掩掩，如今都大大方方，因为人们不再追求所谓的乌托邦式的自由，而是竞相追逐财务上的自由——这是现代性的自由，是货币生活为人的个体性和内在独立感带来的广阔空间，不管是小确幸，还是大欢喜。

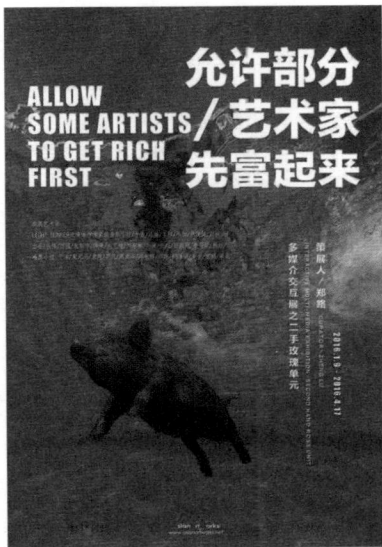

客群　　　　
群　　　　
自我　　　　
我

说完了产品小我，我们再来聊聊第二个大的层级——客群自我。我们知道，饿了要吃饭，渴了要喝水，消费者对此是相对明确的。但是，对于如何去获得他人的尊重，如何才能表现和实现自我，如何去满足这些高级层次的精神和情感需要，以何种方式去满足，消费者并不完全清楚。这就意味着，越是涉及消费者的高级需求，就越能创造不同满足物之间的差异。

随着竞争的日趋激烈，从产品端通过 USP（独特的卖点）理论、产品戏剧性、产品定位来创造差异化越来越难，从人的自我角度切入，就成了品牌新的驱动力——这时候商品和消费者的关系，不再是以产品特色和产品功能为核心，自我概念成了商品和消费者新的交集。

自我概念，在社会心理学中是指"个人自我知觉的组织系统和看待自身的方式"，换言之，就是回答"我是谁"的问题，包括希望别人如何看待自己，还有希望自己如何看待自己，用现在流行的说法，就是"人设"。

在内容层面，按照著名社会心理学家乔纳森·布朗在《自我》中的划分，自我概念从独立到依存，可以解构为个人的、关系的、社会的、集体的四个维度：

①个人的，意味着私有的，是个人特质、价值和能力，譬如，"我是一个敏感的人"，个人的抱负和标准很重要。
②关系的，意味着亲密的，是和我们有直接接触的他人，譬如，"我是爱义的好朋友"，互相关照及亲密的人给予的荣誉和确认很重要。

③社会的，意味着人际的，是社会角色和地位，譬如，"我是受欢迎的教授"，公众认可及他人的表扬很重要。

④集体的，意味着公有的，是我们所属的社会类别，譬如，"我是爱尔兰人"，民族自豪感及个人的群体自豪感很重要。

自我的层次和结构

观众的水平	方　向	描　述	样　例	自我关注的基础	文化差异	个体差异
个人的	私有的	特质/价值和能力	"我是一个敏感的人"	个人的抱负和标准	独立的/个人主义	个人的同一性定向 Rosenberg自尊量表 私有的自我意识 个人主义量表
关系的	亲密的	我们有直接接触的他人	"我是爱米的好朋友"	互相关照；亲密他人给予的荣誉和确认		包含他人的自我量化表 相互作用量化表 相互依存的自我建构量化表 内部工作模式
社会的	人际的	社会角色和地位	"我是受欢迎的教授"	公众认可；他人的表扬		社会同一性定向 公众自我意识量表 社会自信（对害羞）
集体的	公有的	我们所处的社会类别	"我是爱尔兰人"	民族自豪感；个人的群体自豪感	依存的/集体主义	集体同一性定向 集体自尊量表 包含他人的群体量表 集体主义量表

基于自我概念的理论范式，我把品牌从客群端的切入，也就是品牌的客群自我分为四个层面：

①个性层面，对应自我的个人维度，在这个层面，消费者和商品的关系是"交情"。

②身份层面，对应自我的社会维度，在这个层面，消费者和商品的关系是"交势"。

③伦理层面，对应自我的关系维度，在这个层面，消费者和商品的关系是"交礼"（关系维度被我做了细分，其中物的人际影响放在了产品功能层面，这里的交礼特指家庭伦理关系）。

④归属层面，对应集体层面，在这个层面，消费者和商品的关系是"交圈"。

客群个性——交情

"我是不一样的烟火"

客群自我的第一种类型是客群个性。在这个层面，消费者和商品的关系是"交情"。交情，指的是因交往而产生感情，有了情绪和情感的交融，就像罗伊·克里夫特在诗歌《爱》中写的："我爱你，不光因为你的样子，还因为，和你在一起时，我的样子。"我喜欢这个品牌，不只是因为产品的特性，更多的是因为产品呈现出的自我个性（商品人格化）。我们消费这个商品，不只是为了物理的功能，更是为了心理的自我表达。

客群个性层面包含着两个方面：第一，品牌很好，让人喜欢，让人偏爱，让人信任，这是站在客户端（生产商品的企业）的个性（有点像产品特色中的比拟系，不同的是，这是品牌或者企业的人格化，不是产品的人格化）；第二，品牌很有个性魅力，让消费者产生向往，消费者希望自己也能拥有这样的个性魅力，或者，希望别人觉得自己拥有这种个性，这是站在消费者端的个性，两者侧重点不同，一般而言，后者更为普遍，即希望别人觉得自己拥有某种个性——就像哈佛大学教授扬米·穆恩的观点：当整个世界变成了一个大舞台时，人们就只做"印象管理"这一件事情，现代人做的所有事情都是在回答"我希望这个世界怎样看待我"这个问题。

在这种方式的交集中，人和物、消费者和商品交织卷入的动因是商品和物外在的东西——个性。本质上，这是因为人需要自我表达，我们作为个体被抛到这个世界中，一方面，死亡虎视眈眈；另一方面，独立的个人有责任去实现自我价值。人们害怕无意义，害怕自我价值的缺失，害怕荒诞，于是人们需要通过表达去发现生活的意义，但是在今天这个消费社会中，似乎只有当你消费时，你才存在，通过消费建构自我、表达个性成了当代社会的常态。

关于品牌个性，有些企业和品牌会基于"归属—独立，征服—稳定"的动机理论，从荣格的原型理论发展出的 12 种品牌个性的原型中选择一种，包括创造者、统治者、照顾者、凡夫俗子、情人、弄臣、英雄、智者、探险家、天真者、魔法师、亡命之徒。由于原型理论较为繁杂，而且和中国传统的集体人格，如儒家的君子、和儒家互补的道家的真人，以及佛家的觉者的文化原型有些出入，所以，在品牌个性部分，我没有沿袭荣格集体人格原型的路径，而是参考加利福尼亚大学伯克利分校哈斯商学院营销学教授戴维·阿克的品牌个性理论。阿克教授根据人格理论，提出了品牌个性的五个维度，即真诚、刺激、能力、教养、野性，后来，中国学者黄胜兵和卢泰宏基于中国传统文化，并根据汉语的特点，构建了中国本土的品牌个性维度，即"仁、乐、雅、智、勇"，与戴维·阿克模型中的五大维度基本对应。

基于戴维·阿克和中国学者的品牌个性理论，本着与时俱进和本土化的理念，我把"仁、乐、雅、智、勇"做了一些修正："仁"太传统了，太有距离感，可以换成更有感知的"暖"，就像暖男，很真诚；"乐"太泛，太绵柔，可以换成更有态度、更刺激一点儿的"酷"；"雅"和"智"这两个词力道不错，好解释，保留；"勇"用得太多了，可以换成更外放、更有棱角的词语"硬"。

品牌个性的五个维度，有点儿像音乐的类型：硬的个性，类似于重金属、摇滚；暖的个性，类似于民谣、乡村；酷的个性，类似于流行、嘻哈；雅的个性，类似于爵士；而智的个性，类似于古典。

硬

客群个性的第一种类型是"硬"。电影《让子弹飞》里，张麻子和黄四郎之间的台词："不就是个小小的张麻子吗？办他。""硬！""硬吗？""够硬。""硬不硬以后再说。"几句台词，彪悍十足，棱角分明，这就是硬气。上海万科翡翠别墅的广告，"城市有成群的野兔，但有些鹰却在郊外打盹儿"，也是霸气十足。通常而言，硬气都是充满雄性荷尔蒙的，但并不意味着硬的性格只属于男性。在现代社会，越来越多的女性从家庭空间中解放出来，融入各行各业，她们像男人一样去战斗，甚至在竞争中超过男人，很多品牌也迎合了这样的趋势，赋予女性超燃的、气场十足的、硬派的个性。

"衡水老白干，喝出男人味"

这句广告语不是从产品端出发，而更多的是从客群个性切入，通过胡军（影视作品中塑造的形象多为硬汉，如萧峰）的演绎，加之在央视投放的广告广为人知，"行多久，方为执着，思多久，方为远见，时间给了男人味道"，短短几句台词，就把衡水老白干的品牌个性——历经沧桑、沉稳大气、义薄云天的江湖侠气呈现了出来。不过在 2018 年，衡水老白干换了新的广告语"喝老白干，不上头"，回到了产品端，强化"不上头"这个功能和"好酒不上头"的联系，另外也没有强调衡水老白干，直接占领老白干品类，很是大胆。不过在 2020 年，衡水老白干投资者也开始操心起广告语了，他们建议做一个结合——"衡水老白干，喝出男人味，不上头"，希望能兼顾过去的品牌个性和新的产品定位。

"人有压力，特显爷们"

光耀·三张是山东临沂的一个刚需地产项目，瞄准的是三十岁左右

的客户，案名"三张"因此得名。项目定位为中场休憩区，针对的也是这群上有老下有小，事业家庭都得兼顾的顶梁柱——生活不易，都得挺着。就像足球、篮球比赛，上半场打完休息片刻，就得接着迎接下半场的挑战，压力很大；就像快手上特别火的段子"我太难了，老铁，我最近压力有点大"的集体情绪，"小确丧"之后仍然得斗志昂扬，他们没有逃避，扛住压力，迎难而上，品牌方通过赞美他们特爷们儿的个性，和客户之间建立了强烈的情感交集。

"闻起来很男人"

过去都说闻香识女人，现在是闻香识男人，欧仕派男士沐浴露，在定位上强化了沐浴露的性别，并加强了个性的部分，广告中戏剧地演绎了沐浴露味道的重要性——别和女上司，别和女友的闺蜜，别和黑衣人的老婆用同一款香味的沐浴露，因为那很危险，容易让人产生误解，特别是会显得不那么爷们儿，这对男人来说都是致命的评价，也成为改变行为的致命一击。很多年前，纳爱斯推出过一个

概念——牙膏分男女，不过后来没有了，因为口气不如身上的味道这么外化，如同海飞丝的去屑诉求就比清扬男士诉求更明显一些，也更容易占领人的认知并改变行为。

"雄性的退化，是这个时代的悲哀，好在有凯迪拉克"

作为美式文化的代表，凯迪拉克汽车棱角分明（钻石切割的设计语言），就像散发着雄性荷尔蒙的钢铁坐骑。品牌诉求看上去是产品端的升华或比拟，但侧重点更多的还是从客群的角度，从社会文化冲突的角度出发，在如今这个时代，爷们儿、硬气的个性是时代的需求，是客群向往的人设，这个特点被赋予了凯迪拉克。正如广告输出中，雄性动物的角，包括犀牛角、鹿角、羚羊角等，和凯迪拉克的汽车交相辉映，物我合一，惺惺相惜——不是所有的锋芒，都会因成功而钝化；不是所有的意志，都会因尊贵而退化；不是所有的刚毅，都会因奢华而老化；不是所有的雄心，都会因财富而老化——我是凯迪拉克，你有问题吗？

"活出棱角"

Jeep 全新指南者汽车，继承了 Jeep 家族式的 7 孔格栅，并将大切诺基的设计风格融入其中，使这款车不只拥有时尚的风格，更多了越野运动家勇猛的个性，因而品牌邀请邓超作为代言人，通过其俊朗的外表和有棱角的人设，演绎出指南者澎湃的品牌个性，不妥协，拒绝平庸——是男人就要活出棱角。

"说一不二"

定江洋，长沙一线滨江豪宅，不是二线，没有和江隔着一条马路，这么说来，"说一不二"便有了产品的物理属性支撑。但这句主张更多的还是从客群的角度，从湖南人的性格出发，赋予定江洋项目硬气、霸气的品牌个性。"春来我不先张嘴，看哪个虫儿敢作声""不爱就是不爱，没有但是""我最爱的运动是，高尔夫，没有之一""车水马龙是形容道路的词，和江水没有任何关系"——就是这么势不两立，爱憎分明，十四是十四，四十是四十。

"活彻底"

牧马人作为专业四驱SUV，凭借超强的越野性能，可以去很多人迹罕至的禁区，正如那些向往活得淋漓尽致的人一样，没有拖泥带水，没有扭扭捏捏，一切都是酣畅淋漓，不在意他人的风言风语，听从自己的内心，做自己想做的事情，彻底地爱，彻底地欢笑，彻底地创造，彻底地投入。"因为时光，不许你走回头路""或者在梦里去，或者和牧马人一起去""向往远方的人们，我就是远方""再强劲的渴望，也比不上实现它的力量"，没有回头路，只此一生，不随波逐流，彻底地活！

这让我想到了费尔南多·佩索阿的诗："阿童尼花园里的玫瑰，是我所热爱的，莉迪娅，那些来去匆匆的玫瑰，就在那一天它们诞生，又在那一天，死灭。对它们来说光明是不朽的，因为它们在太阳初升后诞生，在阿波罗离去前消殒，他有一个看得见的路程。让我们把我们的一生也变成一天，像它们一样，莉迪亚，浑然不知，我们活过的刹那，前后皆是暗夜。"——其实呀，我想和你深入这天地，一去不复返。

"众所周知，你并不善于服从"

摩天石地产项目位于太原临汾河畔，是 300~800 平方米超大面积的豪宅，拥有 3.5 米的层高、7 米高的空中私家花园、8.4 米宽的主卧室。此外，每户的户型都支持自定义，可以根据客户的个人喜好调整，这完全不同于市场上普通的豪宅，体现了客户个人的主见和强烈的个人意志，因而品牌也更多地从客群角度切入，演绎了摩天石品牌有主见、硬气、不服从的故事——"25 年前，没有人看好你的这个男朋友。你，仍然自己定下了终身。众所周知，你并不善于服从。""10 年前，你孤注一掷，借钱投资扩张，他们都等着看笑话。

你，仍然自己做出了决定，众所周知，你并不善于服从。""20 年前，你要下海，他们都说这不安全。你，仍然自己做出了决定，众所周知，你并不善于服从。"

"去征服"

曼哈顿中心是郑州的一个 5A 级的商务写字楼，品牌方洞悉到那些伟大的企业之所以优秀和卓越，就在于企业文化和创始人的精神。比如，万科之所以优秀，就在于创始人王石能不断创新，不断超越自我；微软之所以成功，也是因为老板比尔·盖茨和他的员工们拥有不断创新的思想和毅力，善于完成一个又一个不可能的任务。不断挑战、不断创新、不断攀登一个又一个新高、永不止步的意志品质，是一个企业之所以成功的秘诀和主导因素，也正是一些发展型企业缺少的却应当具备的精神品质，这就是去征服的力量。

因而，品牌在输出上围绕着这种个性，做了很多外延——"虎跳峡，全长 15 公里，最近处 30 米，流量 1000 米^3/ 秒——去征服""梅里雪山，卡瓦博格峰，海拔 6740 米，北纬 22 度 33 分——去征服""雅砻江，全长 1571 公里，落差 3180 米——去征服""曼德拉、切·格瓦拉、阿拉法特、甘地，在他们的民族，他们被尊为领袖，不仅仅是因为他们的个人魅力，更是因为他们拥有征服世界的力量""莫奈、塞尚、凡·高、马奈，在他们的世界，他们被誉为大师，不仅是因为他们的天赋，更是因为他们拥有征服世界的力量""李嘉诚、巴菲特、比尔·盖茨、默多克，在他们的王国，他们被称为王者，不仅仅是因为他们的财富，更是因为他们拥有征服世界的力量""乔丹、舒马赫、伍兹、贝利，在他们的领域，他们被敬为英雄，不仅仅是因为他们的英伟战绩，更是因为他们拥有征服世界的力量"……通过这一系列的广告演绎，曼哈顿中心不再只是物质的、钢筋混凝土的存在，也不再只有 5A 标签、大堂挑高多少米、电梯品牌等特点，而是具有了一种神秘的气质——积极向上、开拓进取、永不服输的品牌个性。

曾担任北京揽胜广告创意总监的"秋爽"把神的定义稍做修改，为品牌做了定义，结果发现毫不违和："品牌（神）是什么？品牌（神）是人类用语言创造的存在。人类用语言塑造了一个产品之上的存在，这个存在有血有肉，有灵魂有性格。另外，创造这个品牌（神）的时候，用的不是某种专业的语言，而是每一个创作者身边的人可以听得懂的口语。品牌（神）就这样，在一个又一个的广告（故事）里，被赋予了身体、精神、魅力以及权力。而这些品牌（神）反过来，为人类提供信念，以及信念指导下的生活方式。"

"真是踢不烂"

户外品牌 Timberland 的大黄靴，估计很多人都有一双，过去品牌主要的诉求都是质量好、户外防水之类的，或者时尚百搭，但产品的确是太沉了，也缺乏品牌个性。2018 年，Timberland 通过全新的品牌输出，不仅有了属于自己的中文名，更有了属于自己不屈服、勇敢无畏、硬气的品牌灵魂："真实的爱是踢不烂的；真实的向往是

踢不烂的；真实的勇气是踢不烂的；真实的坚定是踢不烂的。""我的偏还远远未完成，我的烈还远远未完成，我的野还远远未完成——踢不烂，用一辈子去完成。""我走的时候，叫 Timberland，回来时，才叫踢不烂。"

"敢做敢当当"

2014 年，当当网成立 15 周年，品牌做了全面升级，更名为当当，形式上更加简洁，正如京东、百度一样，同时当当听起来像铃铛，有品牌独有的声音识别符号。另外，在品牌上，从过去的"网上购物享当当"侧重于功能的定位，基于消费者的需求趋势，升级为全新的品牌口号"敢做敢当当"，一方面体现了当当的用户勇于活出自我、敢做敢为的态度，另一方面也体现了当当品牌敢做敢言、敢于承担的企业责任感。

品牌在输出上，通过很多 KOL（关键意见领袖）证言的方式，生动地演绎了何谓敢做敢当。比如，治疗埃博拉病毒感染者的医生"我怕被感染，但我敢与埃博拉战斗"，外企高管孟云"我怕没有女人味，但我敢与众不同"。

"气场特强"

尚东区是福州东区王庄旁的一个地产项目,由首开和融侨合作开发。这个项目没有按照常规的基于地段、配套、产品得出项目定位,也没有用案名"尚东区"去比附美国的上东区,而是更进了一步,从客群的角度切入。这是因为项目的客群大多数是周边做生意的人,他们精明霸气,有主见,对地段价值、品牌价值非常了解,且眼光独到,心中自有一本账。基于客群气场强、霸气的个性,项目做了以点带面的整合:品牌上,首都房企老大和闽都房企老大,一南一北强强联合,如同万科和万达强强联合,大匠品牌气场很强;地段上,绝对中心,王庄,王的庄,气场强大,三大城市综合体环绕本案,如同首都是中国的中心一样,如同条条大路通罗马一样,如同地球绕着太阳转一样，中心地段气场自然强大；产品上，颠覆式创新的户型，超高的赠送率，还把运动场搬到屋顶，楼顶设有沙龙交流空间，负一层设有创客空间，有 24 小时书吧，敢领时代风潮，打破常规，气场自然强大。总而言之，气场强大的品牌、气场强大的地段、气场强大的产品、气场强大的客群，气味相投，气场相符，英雄所见略同，英雄识英雄——这样一来，尚东区成了屹立中心的奢尚住区，气场自然特强。

"海洋文明治下的城市特区"

这是远洋地产在大连钻石湾的一个项目，"海洋文明治下的城市特区"看上去像是从产品端切入的（海边的项目，一方水土养一方人），但事实上，品牌更多的是做了一重跳跃，比如，大海从来不自私，大海从来不消极，大海从来不自负，等等，这看上去像是产品的拟

人化（大海像是一个人）。但在这个案例中，切入点更加侧重于项目品牌或客群的个性——自强的，积极的，自律的，硬派的（客群希望自己也有这样的个性或者人格）。广告输出上，比如"随地吐痰，自私的人认为这很方便——大海从不自私""电梯里吸烟的人，缺乏克制力——大海的力量使人克制""怯懦的人只剩下山寨的勇气——大海从不怯懦""在人堆里大喊大叫，也许只是担心自己被无视——大海从不被无视""过马路的信号灯，自负的人闯，自律的人等——大海从不自负""青春期，消极的人视之为猛兽，积极的人唯恐天下不乱——大海从不消极"，等等，棱角分明，演绎了一个自强不息的硬派精英的形象。

"技术硬汉，想干就干"

这是在《罗辑思维》"甲方闭嘴"的活动中，小马宋为猎豹手机清理大师做的品牌定位，这完全是从品牌个性角度切入的（不是从消费者的角度）。在小马宋团队看来，猎豹手机清理大师在国外仗剑江湖，杀尽寇仇，打败各路英雄，求一敌而不可得，在国内手机清理领域也是大哥一样的人物，早就加入了亿万用户俱乐部。猎豹手机清理大师如同一个快意恩仇的侠客、硬汉，不废话，不磨叽，直接干（不管什么垃圾，猎豹都会清理干净），于是团队提出了"技术硬汉，想干就干"的主张。

广告上，瞄准日常生活或社会热点中大家愤怒讨厌的事情，做了一系列输出——"偷猎犀牛的人应该被判刑吗？不，应该直接被干掉！""在地铁上发现色狼骚扰美女应该报警吗？不，应该拖出去暴打！"这些内容都演绎了猎豹手机清理大师格杀勿论的清理速度和剽悍的品牌个性。在这个案例中，消费者未必有这种个性，也不一定希望自己的人设如此，但对于有这种个性的品牌是会更偏爱的。

"欢迎来到万宝路的世界"

这是从客群的角度切入，赋予万宝路香烟硬气的品牌个性，这是消费者希望自己拥有的人设——抽万宝路，特别爷们儿；抽万宝路，特别有英雄气概。其实，最早的万宝路是女士香烟，但是因为销量不好濒临倒闭，于是他们找到了李奥·贝纳，后者大胆地对万宝路进行了变革，将万宝路改为男子汉香烟，增重口味，并且将诉求从女性变成浑身散发着粗狂、豪迈和英雄气概的美国西部牛仔的形象。这是迄今为止最为成功和伟大的营销策划之一，这一改变彻底地拯救了这家烟草公司，并且让万宝路成为世界销量领先的香烟品牌。

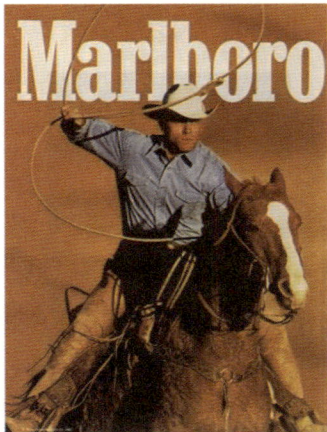

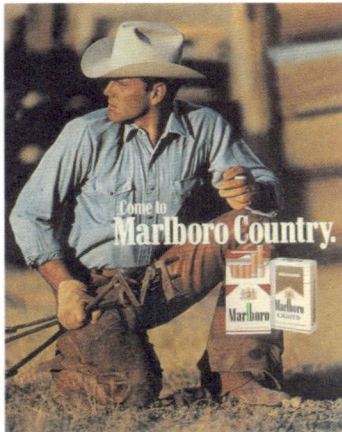

"是时候，顶天立地了"

路劲·上海院子，这个名字听起来像是高端的品牌，但这个项目在距离市中心非常远的上海郊区，其目标客群大都是新上海人，他们渴望被尊重，渴望顶天立地，出人头地。一个

有天有地、顶天立地的院子正是他们内心的渴望，于是，项目提出了"是时候，顶天立地"的品牌主张，和目标客群对位（看上去顶天立地是有天有地的产品升华，但这里的侧重点还是在客群端）。

广告输出上用了很多刺激性的言语，比如"今天，你不能成为当事人，明天，你就有可能是个旁观者——是时候，顶天立地了""今天，你仅仅懂得说 YES，明天，你就可能不会说 NO——是时候，顶天立地了"，等等。

"不到长城非好汉"

出自毛主席 1935 年写的《清平乐·六盘山》的诗句，这无疑是长城最好的广告语了。不登上长城关口别说自己是英雄，一下子给你将了一军，似乎所有好汉、所有英雄都要来此一游，这让长城的品牌个性，甚至民族个性都得以彰显，颇有《好汉歌》的性格，"路见不平一声吼，该出手时就出手，风风火火闯九州"。后来，北汽的一款 SUV 也借用了这个文本，提出了"不跃非好汉"，其实这个文本可能更适合长城哈弗 SUV 使用，那样似乎更加名副其实。

"有脑，有种"

尖子班，北京亦庄的小型办公空间，没有诉求 MINI（小型）办公，或者挑高的空间这些产品端的价值，而是从客群端切入，瞄准的是那些没有特别多的原始积累，没有什么社会资源，希望在这个时代

凭借知识和勇敢去创业、获得成功的新青年。他们争强好胜，敢闯敢拼，因此，尖子班提出了"硬

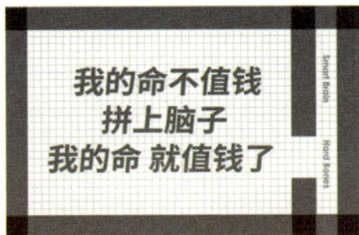

派知识青年的小办公"的定位，以及"有脑，有种"的品牌主张（不同于《罗辑思维》"有种有趣有料"这种雨露均沾的主张）。在广告输出上，对那些过来人和在位者的压迫，以及既得利益者的轻视提出了挑战——"我的命不值钱，拼上脑子，我的命，就值钱了""等我成功了，再跟你讲道理，再见""不争，就不会输，同样也不会赢""当你意识到收买我时，已经太晚了"，颇有"王侯将相，宁有种乎"的揭竿而起之意。

"超能女人用超能"

超能洗衣液在品牌定位上，没有从洁净、柔顺等角度诉求产品特点或产品功能，而是从客户端切入，针对在这个女性独立的"她时代"，社会对女性与日俱增的期待——上得厅堂，下得厨房，驰骋职场，追逐梦想，家庭栋梁……超能女人的提出，就是要让新时代的女性相信自己比想象中的更加强大。广告中邀请了五位不同领域的超能女性KOL证言，以"能……能……能……能……能超乎所能"造句：比如，演员孙俪的"能隐忍，能绽放，能繁花似锦，能纯净如一，

能超乎所能"；比如，作家蒋方舟的"能传统，能新锐，能妙笔生花，能浑然天成，能超乎所能"；比如，奥运冠军许安琪"能攻，能守，能屈，能伸，能超乎所能"……演绎出新时代女性强大的自我个性。

如果在无所不能这个阶段的表达，品牌除了刚硬的一面，还藏着柔情的一面，那在"没有你应该，只有我应该"的阶段，超能品牌的棱角就非常分明了——独立、霸气。比如，"他们说，你应该把吉他扔掉，你应该离开酒吧，你应该听从父母的安排——没有你应该，只有我应该，我应该坚信最初的梦想""他们说，你应该放下，别太拼，你应该躲在角落，让男人去扛，你应该不要冒险，安于现状——没有你应该，只有我应该，我应该坚信希望就在下一秒"……无不是硬气十足，有种"不要你觉得，我要我觉得"的霸道女总裁的气势。

"记住这个男人"

很多年前，在那个北漂、下海、打工改变命运的年代，劲霸的广告"混不好，我就不回来了——给你这样的男人"让人印象深刻，当初喊出这句话的男人，现在在哪里？时隔多年，劲霸携手中国当代摄影大师肖全，把镜头对准了那些家世平凡、出身草莽、性格坚毅的劲霸消费者。他们不是资本雄厚的企业家，不是各个行业的领导者，大多数是中小企业主，大多身负重任，不善言辞，却为了家庭，为了一起奋斗的兄弟能有更美好的生活，咬牙扛住了所有的压力和困难。他们是如果不去闯，就觉得白活一场的男人；是别人靠关系、靠家底，他只靠不认命的男人；是没有选择权，被生活推着向前的男人；是因为不服气，才有好运气的男人——这群男人从未被聚光灯照射，却仍在舞台一角起舞，但是，让我们记住这个男人、这些男人。

暖

客群个性的第二种类型是"暖"。就像苏打绿在《小情歌》中唱的,"就算大雨让整座城市颠倒,我会给你怀抱"一样,这个抱抱会让人在心里生出一股暖流,感到自己被这个世界温柔对待。廖一梅在话剧《柔软》中写道:"每个人都很孤独,在我们的一生中,遇到爱,遇到性,都不稀罕,稀罕的是遇到了解。"在这个苦难重重的世界,在这个冷漠的城市,人们都渴望被理解,被真诚对待。表达对消费者真诚之关怀,建立更紧密的情感纽带,这是品牌应有之义。而对消费者而言,他们希望内心柔软,葆有赤子之心,希望"经历了人生百态、世间的冷暖,这笑容依然温暖纯真"。

"相知多年,值得托付"

中国人寿,作为中国历史最悠久的保险公司之一,前身可以追溯到

相知多年 值得托付
在微小处耕耘,为每一份承诺坚守
在你看不到的地方,我们始终为你做更多

保险·投资·银行

1949 年成立的原中国人民保险公司所经办的人身保险业务，因而提出"相知多年"，这似乎是从产品端出发的，但"相知""托付"这些表达，满怀温度和信任，把自己交付给对方，完全是从品牌的个性角度出发，像知心的恋人、深情共白头的伴侣，完美地诠释了"时间是最美的情书，陪伴是最长情的告白"。

"这个朋友肯借钱"

宜信普惠，一家普惠金融和互联网金融公司，其早期的诉求是"急用钱，找宜信普惠"，强调的是产品特点——借钱快，这和电线杆上、厕所里贴的各种狗皮膏药似的

广告差不多，类似的产品还有诉求安全的、方便的、收益牞，等等，鱼龙混杂、泥沙俱下，完全分辨不出谁是谁。宜信普惠肯定也意识到了这一点，于是把过去从产品端的切入，换成从品牌个性角度切入，提出了全新的品牌主张——这个朋友肯借钱，拉近了距离，像朋友一样愿意借钱给你，一下子就体现出了差异化。

在创意表达上，除了发布中国城市居民肯借钱排行榜、拍 TVC（电视广告片）之外，特别好玩的是在北京金融街（传统金融巨头扎堆的场所）的刷墙广告，特别有戏剧性，特别接地气，与那种高高在上的品牌不同，强调自己真诚、温暖的品牌个性，这和罗永浩的"交

个朋友"直播间一样,当没有什么特别的优势的时候,至少我有一颗真诚的心。

"了解年青人的生活,不只是嘴上说说"

橡树里,一个面向刚需群体的地产项目,定位上没有从地段、产品上诉求,而是从客群角度切入。这些青年人在日常生活中有着诸多喜怒哀乐,橡树里试图从一个朋友、一个长者的角度去理解,去关怀,不是高高在上,而是俯下身来,感受着他们的感受,高兴着他们的高兴,悲伤着他们的悲伤——"一到周一,很多人还没精打采""老板主动给员工加薪的几率和中彩票是一样的""一到周四,很多人开始想周末怎么过了""怕迟到的时候一定堵车"……这一系列充满情绪的内容输出,释放着品牌极大的诚意和理解,很容易和消费者建立起深切的情感认同和内心共鸣,继而产生联结——这是我的品牌，我想去了解这个产品，在性价比这种理性层面相差不多的时候，我会选择这个"不只是浮夸地嘴上说说，而是真心地用行动来表达关心"的挚爱品牌。

"每个认真生活的人，都值得被认真对待"

蚂蚁金服，阿里巴巴旗下的小微金融服务集团，因为从事小额金融服务，所以主要服务的都是小型企业主和个人。在品牌上，蚂蚁金服没有从自己的产品特色或产品功能切入，而是以小人物为切入点，找到了百余个真实的人物原型，用普通人做代言，生动地诠释草根的力量，小人物的伟大。这些人凭借一己之力在这个巨大的世界中安身立命，每个人都有一个直击人心的故事，比如，养蜂人，"他花光勇气，贷款买了辆二手车，因为更甜的槐花只在北方盛开"，比如，退休老师，"她教会姐妹们跳舞又教会她们理财，很高兴，55岁又做回自己"，比如，销售主管，"再累，他也要张罗兄弟们聚聚，出出汗，觉得日子又能往前了"……广告中的每一个人，我们都看不到脸，只能看到背影，就像人潮汹涌中那些匆匆掠过的身影，那些生活里的平凡人——蚂蚁金服理解他们，希望默默地在背后给予他们支持，希望他们被世界认真对待。

"好朋友，好丽友"

好丽友是韩国的一家食品公司，20世纪90年代进入中国市场，在品牌上把中国传统价值观儒家的"仁爱"提了出来。仁者安仁，以仁心与朋友们相处，去赢得真正的好朋友——这超越了产品上的好吃或者营养的特点（当然如果"脑洞"大开一点儿，"仁"似乎也可

以是夹心果仁），以真诚之心与人相处，很容易让中国的顾客产生情感的共通和品牌共情。

"Live young"

依云，来自法国的高端矿泉水，没有诉求 27 层净化、纯净、有点甜，或者产地来自阿尔卑斯山，而是从客群角度切入，他们希望自己"活出年轻，永葆童真"，这个年轻不仅仅指年龄，更是一种心态与个性表达。随着年龄的增长，人最容易松懈的是心气儿，自以为什么都见过了、经历了，不再有好奇心，喜欢说教，好为人师，凭借经验和惯性往前走，就像富兰克林说的，"很多人 25 岁已经死了，直到 75 岁才埋进土里"。活出年轻意味着充满好奇心，以"求知若饥，虚心若愚"（Stay Hungry，Stay Foolish）的心态享受每一天。

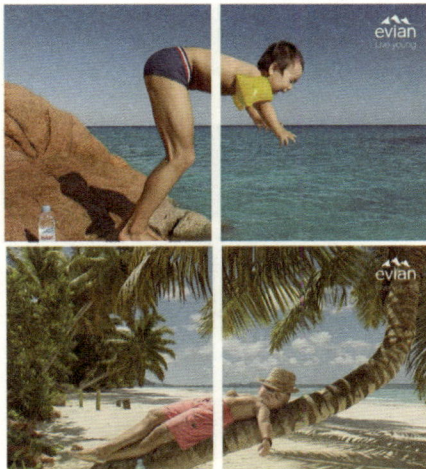

这里的品牌个性有温暖、可爱、调皮的一面，也有帅气、酷酷的一面。用品牌个性的五个维度细分完全是为了区分，但千万不能认为个性非黑即白，就像有些人的太阳星座是巨蟹座，上升星座是狮子座一样。另外，"Live young"这句主张似乎也暗含依云水的神秘功能——不老泉，能够让人永葆活力，青春永驻，像小孩子一样，但这种功能无法承诺，只能作为品牌画外音了。

"一个懂你的青春驻区"

莱茵·知己，杭州（副城临平）的一个地产项目，定位为面向年轻人的刚需社区，品牌定位上没有从产品端切入，而是瞄准了青年人的痛点，以"懂你、知己"为情感按钮。在广告输

出上，"听你倾诉的叫好友，懂你沉默的才是知己""通讯录里的人越多，可以说话的人越少"；父亲节的时候，"你的每一次成长，最终都长成了爸爸的鱼尾纹"；六一儿童节的时候，"小时候那些牛哄哄的梦想，长大后全都成了买房"，这一切都释放着理解青年人的真诚。此外，这个项目还站在客户角度，以"懂你"为核心，整合了红线内外的价值——懂你对便捷出行的期待，懂你对孩子未

来成长的在意，懂你对城市繁华的向往，懂你对建筑品质的关注，等等，充满了换位思考的品牌温度。

"弹指间，心无间"

腾讯 QQ 12 周年的品牌主张，作为即时通信软件，弹指间，哪怕远隔山水，都能互相沟通，如果只是体现产品技术的快就缺乏人文温度了，关键是"快"带来的人际的亲密无间——是使用的人，是温暖，是人文的温暖（温暖的品牌人设）。"她，是我最亲近的人，但也许，正因为相距太近，反而有了距离，那个时候，我好想逃开，我终于实现了这个愿望，有一天，她竟然在 QQ 上出现，当与她隔在地球两端，我才读懂生活，读懂她，对她的思念，因为距离而不断放大，对她的偏见，因为距离而消失不见，距离远了，心却近了，爱，突然变得清晰；唠叨，变得动听，无论母亲离我有多远，弹指间，我觉得，她就在身边。"——弹指间，心无间。

"好东西，迟早会有的"

金地·扑满花园，定位为高性价比的少壮别墅，看上去"性价比"是产品端的切入，但核心其实是"少壮派"（出自"少壮不努力，老大徒伤悲"），也就是比其他人先拼一步，也先享受的客群——"他们在工作，我在拼命工作，他们在拼命工作，我在拼命玩。"少壮派客群比同龄人更快成功，更早享受别墅生活，当然也付出了很多代价，他们以过来人的姿态，对那些暂时没有住上别墅的客群说："有理想，有道德，有欲望，有订单，有可承受的负债率，有可承受的体重，没有别墅，也没关系，好东西，迟早会有的。""有知识，有文化，有手段，有底线，有可爱的女儿，有豁达的丈母娘，没有别墅，也没关系，好东西，迟早会有的。""有追求，有想法，有饭局，有腹肌，有健康的爸妈，有精明的生意对手，没有别墅，也没关系，好东西，迟早会有的。"……这些都是真诚的品牌和客户人设，没有那么高傲（富贵逼人，感觉有个别墅多了不起），但也有些许骄傲（凭借自己的努力，让自己和家人过上更好的生活）。

"一直耕耘，一串收获"

葡萄街区，是昆明市区一个由相对独立的住宅，以及商业组团串联而成的现代开放式街区，就像一串葡萄一样（产品的形象化）。除了地段、面积的产品定位，品牌上更多的还是侧重于客群，他们是城市里的积极分子，一直在耕耘打拼，靠自己的不懈努力，成家立业，结婚生子，终于结出了一点儿成果——"不及格—请家长—名次上升—中考—名次下降—又请家长—熬夜—名次上升—家访—高考—考四级—考四级—考六级—考研—考公务员—公务员""恋爱—失恋—恋爱—毕业—失恋—恋爱—结婚—儿子—爸妈—爸妈—家庭—又一个女儿""公用电话—寻呼机—电话—电话本—大哥大—电脑—手机—800个联系人—笔记本电脑——一部又一部3G手机—iPad——一台又一台笔记本电脑"……一步一步，岁月如歌，饱含人情，走心暖心。

"别 2 了，奔 3 了"

时代·糖果社区作为广州亲民的刚需楼盘，客群大都是"80后"人群，他们陆续进入而立之年（推广的时候是2012年，现在"80后"奔4了），各种压力接踵而来，他们在工作与亲情之间抉择，在兴趣和职业之间徘徊，在享受和奋斗之间游离，在孩子气和大人之间犹豫，他们需要被鼓励，需要被理解，特别是对于年龄，因此，品牌心有戚戚，开了个"你可别哭"的玩笑——别2了，奔3了。"自己还是孩子，一不留神，有了自己的孩子；我们是八九点钟的太阳，加班到八九点钟才看到太阳；小时候，我哭着哭着就笑了，长大后我笑着笑着就哭了；都说世界是我们的，为什么30岁了，还不把世界还给我——别2了，奔3了。"（当然，这个也有一些产品上的戏剧性，当时刚好是2期收官，该奔向3期了。）

"少年不识愁滋味"

嘀嗒，天津老城厢的一个刚需地产项目，主力客群都是新青年，品牌策略上没有就产品聊产品，而是与客群对位，了解新青年群体在长大、独立过程中可能产生的冲突和脆弱，并与之沟通，提出了"少年不识愁滋味"的沟通语，暗含着如今识尽愁滋味，欲说还休，却道出买房是刚性的需求。广告上，一方面是理解新青年的脆弱（这是真诚的品牌形象），譬如，"长大成人就是从周末离开家，变成周末回趟家"，另一方面也是给他们足够的酷"不是我不困，是我不想睡""不是我不怕冷，是我怕不帅气"……特别是这小叛逆、耍酷的部分，让购买的客户避免被贴上"屌丝"的标签（刚需就是便宜）。在嘀嗒这个案例中，有真诚、温暖的品牌性格（是时候要面对压力了），更重要的是还有新青年酷酷的个性（人设）。

王尔德说，当一个东西被认为是邪恶的时候，就永远有魅力，只有当它被认为是庸俗、低能和失败的时候，才不流行。这也是有些人宁愿大冬天穿得少，宁愿晚睡觉的原因，虽然这很"邪恶"，但是

很酷啊。如果你和他们讲养生，讲如何过健康的生活，很有可能会迎来他们鄙夷的目光。其实大家在社会中生活，就意味着活在各种标准中间，活在各种套路中间，把晚睡和养生、衰老连接在一起，的确有点不符合年轻人的时尚，但是如果把晚睡和失败者混合在一起，成为新的意识形态，也许是条路，或许能改变现状。

在美国，有个地方犯罪率居高不下，犯罪的都是一些年轻的男孩子。他们犯的罪一般都不大，只不过是希望被抓起来，蹲个把星期的监狱，因为他们觉得很酷，如同伤疤是男人的勋章一样，这也很受一些女孩子喜欢，因为够有男子汉气质，够勇敢，够酷。这让当地警方很头疼，当局为此想了很多方法，包括增加街道摄像头、去学校宣传法律等，但是都收效甚微。后来，一位广告人给警方出了个主意，就是让那些犯罪的年轻人用婴儿的餐具，吃各种婴儿的食物，然后通过媒体摄影、纪录片报道，塑造这些犯罪的年轻人其实很幼稚，一点儿都不酷的形象。于是，棘手的情况很快就有了很大的好转。

"谈何容易"

云南经典地产有一个项目，其案名叫甘蔗，定位为刚需的群体（给城市里辛苦的你），在品牌输出上是苦尽甘来的感觉（案名"甘蔗"就是如此）——"小章……章憨包……小章……章哥……老章……章总……一步一步，谈何容易""特喜欢星期五，星期六和星期日过得实在太快，上班上班，谈何容易""（3782+5360）×12，柴米，水电，汽油，孩子，父母，朋友……存款，存款，谈何容易"，这

个案例和前文昆明的葡萄街区"一直耕耘,一串收获"的路数差不多,但都很真诚。

"自强不息者的必然收获"

这个华润·橡树湾的广告语,完全跳脱了过去橡树湾那种主打教育资源或者学院风格的路数,从客群切入,提出了自强不息者的奋斗历程、那些拼搏路上的故事——"毕业在秋天,你要出国,她要留校,你知道,诺言有多脆弱,她也知道,所以沉默,此刻,你暗自许下承诺""刚来北京的前三个春节,你都没有回过家,在公司看春晚直播,吃速冻饺子,和境遇相同的同事心不在焉地说笑,此刻,你暗自许下承诺""作为服务生的时候,有个老板,挺待见你,赏你一笔小费,足足一千块,当时,你暗自许下承诺"。这些自强不息者通过自己的努力打拼,一步一个脚印,在城市里终于有所收获,兑现了曾经暗下决心对自己许下的诺言，而那些难忘的人和那些往事都留在了心底，也无须和人言说。

酷

客群个性的第三种类型是"酷"。酷是个外来音译词，是对"cool"的巧译，《好奇心日报》曾经总结广告片里的酷：多少尬几句嘻哈；表情主打眼神睥睨、目空一切；快节奏音乐＋快闪剪辑；墨镜、文身、脏辫；跑酷、滑板；挥汗、咬牙、打拳击；赛博朋克风或者复古胶片风——似乎酷是几种元素的组合，或者是某种标准。但"酷"的真正意思，在社会学家看来，是"积极正面的反叛"，是"对不合理的主流的一次正当打破"。"酷"不只是那些外在的符号，更多地体现为一种独立自由的精神、一种反叛的精神，意味着能感知到真实的自己，不被固有的观念裹挟，不受外力影响，不会为了某种标准或者社会的期待而改变自己。

"i am what i am"

"i am what i am"的意思是"我就是我",有时候也可以翻译成"我行我素",这是 2005 年锐步的品牌口号,充满了自我独立的个性,做自己想做的事,说自己想说的话,按照自己的意愿规划自己的未来,大声说出自己的主张,大步迈向自己的道路,大胆秀出自我的风格。在广告输出中,那些自如操控篮球的少年、充满创意的独立音乐人、在街舞中迸射活力的年轻人,他们用无限的青春活力,诠释着品牌酷酷的个性。

早年,张国荣在歌曲《我就是我》中也演绎了什么是"我就是我":我永远都爱这样的我……谁都是造物者的光荣,不用闪躲,为我喜欢的生活而活……我就是我,是颜色不一样的烟火……孤独的沙漠里,一样盛放得赤裸裸。歌里的"我就是我",一方面有类似于锐步的个性表达,另一方面还有点类似于《圣经》里的典故:摩西问上帝的名字,上帝回答"I am who I am",这里的"我"是无须借助外物而证明自身存在的,"我"就是存在本身,我是过去,是现在,也是未来,我是永远存在。

阿迪达斯三叶草系列 2014 年的品牌推广，邀请了陈奕迅等人，也用过这个概念"# 这就是我 #"——他们说：太粉了，太粗放，太浮夸（陈奕迅的标签）……众说纷纭，你只需要回一句，太不巧，这就是我，希望借此传递出年轻人要勇于展现自己，无畏周围质疑的目光和声音，做原本的自己。

"酷公司，用钉钉"

钉钉，阿里巴巴旗下 to B 端的智能移动办公平台，不管是用于公司团队的协作，还是用于学校和家长学生的管理，都能极大地减少由沟通产生的时间成本。作为一个新的商业物种，钉钉不仅改变了人的连接和协作方式，同时也让公司有了全新的进化——更扁平灵活、更透明高效、更协同有序、更敢于创新，等等，这不同于过去那种依靠标签，如五百强、独角兽、年度公司、新三板等而存在的公司。因此，在品牌定位上，钉钉没有从产品端诉求效率或者方便，而是从使用钉钉的企业和员工的角度切入，给他们戴上一顶人设的帽子，诉诸这些使用钉钉的公司和人是酷的。这是敢于脱离旧的束缚、敢于尝试新的工作方式、敢于拥抱新事物的一群人，他们很酷，不同于那些老旧、传统、低效、官僚主义的人。找到了敌人，自然就找到了自己。围绕着酷，广告从很多角度进行输出，比如，区隔性的"成为酷公司，或者随波逐流"，鄙视那些传统公司的"上个班而已，怎么那么多戏"，鼓励那些坚持变革的酷公司"创业很苦，坚持很酷"，等等。

"年轻！就去SUV"

在那个SUV以大为尊的时代，上海通用别克逆市而行，推出紧凑型SUV昂科拉，瞄准了年轻群体，因为无法诉求空间大、底盘高、越野性能好、有面子之类的特征，也不可能诉求性价比高，因为这会让人觉得是"屌丝车"，于是他们从客群出发，给品牌贴上了酷酷的个性标签。"循规蹈矩是多数人的方式，结果就碌碌无为，拒绝老套，自由是好的，更何况我们有追求自由的能力，因为年轻""从小到大，身边总是有个什么都比我好的人，那就是——别人家的谁谁谁，你看，别人家那谁去了清华，你看，别人家那谁进了世界500强，我才不要呢，我才不要成为那谁谁谁！前进的方向由我自己决定，跟着别人走，没门！""计划聚餐，结果突然要加班；计划出游，结果碰上台风天；计划以后，结果她决定和你分手；没有比计划更不靠谱的东西，也没人知道下一步会发生什么……想到什么，就去做咯！我要一个能到处跑的家，开始一次说走就走的旅行""老爸说起目的地，都是左拐右拐再左拐，最后右拐。老妈说起恋爱经，都是先做同事，再做朋友，最后做好朋友，拐弯抹角，早就过时了！换我说，两点一线，直线最短，马路牙子也挡不住我，喜欢一个人，就该立刻马上冲过去，做人要直接，婉转不适合我！路见不平？你就一脚踩到底！"——"80后"，年轻，就去 SUV!

"假发，真我"

Rebecca 假发品牌，没有诉求假发的品质、设计感或者颜色的多样性，而是从消费者的角度出发，为他们戴上一顶很酷的人设帽子，那就是真我。因为在现代都市生活中，大家在各种压力之下，很多人都

压抑着自己，戴着面具生活，把那个真实的、自信的自己，那个不伪装的自己给隐藏了起来。Rebecca鼓励现代女性勇敢表达，自信地说，唤醒心底的真我。真假之间，真道是"假作真时真亦假"，真作假时假亦真，后来他们品牌推出"假发，真爱"，也依然是利用真假的戏剧性。

"百威，敬真我"

百威啤酒，没有诉求口味的清爽，或者功能的放松，而是从客群角度切入，敬自己，敬朋友，敬一种酷酷的个性，敬真性情的人生——真我。在这个世界上，多是随波逐流的人，所以找到自己、坚守真我显得尤为珍贵，不退而求其次，不走捷径，不忘初心，认定自我。有自由的灵魂，也有万钧之力，敢说不，敢真我。尽管这个词很多时候不过是自我中心主义、自私、自大、自恋，但既然叫真我，就有道德制高点的意味了，毕竟，谁能说"真"不好呢？

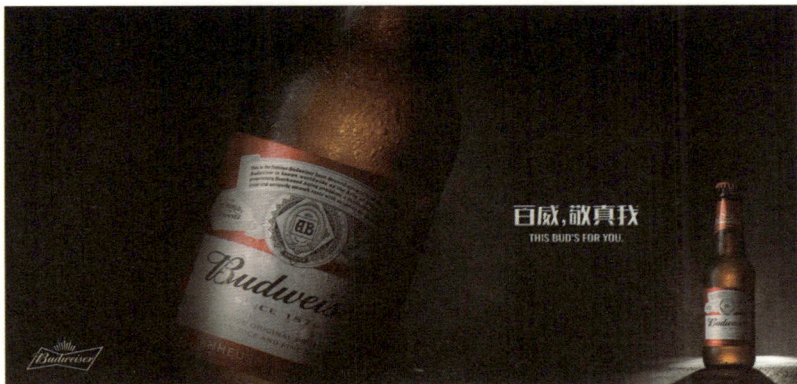

"穿什么就是什么"

森马（Semir）定位为年轻人的时尚服装品牌，诉求上也完全是从年轻人的期待出发，穿什么就是什么，Semir 的谐音与"什么"相近，除此之外，这句广告语像句口头禅，又有点无厘头（穿什么？穿森马），外加一点儿不羁（管我穿什么），突显了他们强烈的自我意识，他们希望通过服装表达自己与众不同、酷酷的个性。

"穿什么就是什么"，这种观念不只介入了性格的细分，更是介入了性别的细分。在今天的服装艺术界，性别流动、性别自由化成为个性酷的新趋势。在新的定义下，性别不再是天生不变、非男即女的，比如，Facebook 有 56 个性别选项；2019 年纽约时装周把无性别/非二元作为其中一个类别加入日程，无性别服装商店也纷纷登场——一个新兴的"酷经济"的超大市场正在孕育，不管是自然决定的形态，还是意识决定的形态，真的是解放思想，就能解放生产力啊。

"不羁"

雷克萨斯新 GS 车系上市，推出了全新的品牌主张"不羁"，这种不羁不同于年轻人的那种小叛逆。代言人山本耀司诠释了什么才是骨子里的不羁——他 40 岁开始学习跆拳道，一路练到黑带；48 岁想重拾少年的音乐梦，发行了自己的首张专辑《整装待发》；65 岁拿到了伦敦大学的博士学位……永远整装待发，永远正当年少，很多人会觉得这是一种离经叛道，是老夫聊发少年狂，但是他身上那股看似放荡不羁的劲儿，实则是忠于自己的执着。

通过山本耀司的极致演绎，人格和产品的性格"斯司入扣"——浮华易逝，风格和品位得以永生，真正的时尚是忠于自我，人生也是如此，千人一面的"完美"是无趣的，如果大家都一样，就太无聊了，不破不立，看似离经叛道，其实只是不做"活在别人眼中"的我，就像雷克萨斯 GS 独树一帜的"性感而凶猛"的设计理念，就像拥有雷克萨斯 GS 的客户，他们希望自己的人生亦是如此。

"为发烧而生"

小米手机刚推出的时候，作为智能手机市场上的后来者，它以极致的性价比作为颠覆性的竞争力。小米无法像苹果或三星那样诉求身份之类的需求，也因此很容易被认为是买不起其他手机之后的选择，这对于购买的客群而言是不利的。如何巧妙地转换这种观念？品牌方给小米的手机用户贴上了一个酷的标签——发烧友，这是一群为某件事情痴迷的人，他们对手机的软硬件配置要求非常高，小米恰好满足了这群人的需求，这样就跳脱了性价比"屌丝"的认知，名正言顺，更有专业和行家的味道，有真性情，很酷。

"有态度"

这是 2012 年网易门户发布的全新品牌主张，以"激发每个人思考，态度就在你身上"为核心理念，在广告输出上，由"良心篇、慎言篇、人心篇、肩膀篇、脊梁篇"构成，在人物裸露的身体部位上，用文身刺青的形式，表达了"扛得住压力，顶得起真相"，"有态度的新闻门户""慎言多思"等内容，充满着宣言的锐利态度和满屏汹涌的性感气息。

后来，网易围绕着"态度"的品牌核心，做了很多内容的延伸，包括"有态度人物盛典"、人物证言的"态度封面"系列、"态度公开课"等。2017 年，网易新闻换了口号，叫"各有态度"，新加了一个"各"字，代表网易从自己生产内容到客户生产内容，从自上而下到扁平化的转变，特别是网易评论区的跟帖盖楼，已然成为年轻人表达对好奇心、独立性和笃定态度的阵地——＃萌宠："多少爱都填不满的心，萌一点就能治好"，＃食谈："常常索然无味的日子，也料理好承诺自己的人生"，＃二次元："努力活在四处碰壁的世界，直到在次元壁碰到自己"……态度更温和了，各凭态度乘风浪，有酷和暖的个性。

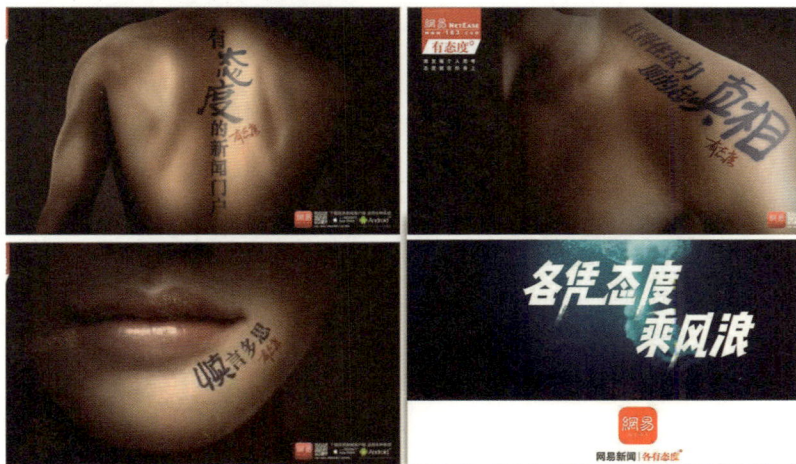

"可以城市，绝不程式"

相较于此前"活出棱角"的硬气，作为城市 SUV 的 Jeep 指南者在"绝不程式"中演绎了 Jeep 酷的一面。《schedule 上，没有你》讲述了一个精英"剩斗士"的故事：她，29 岁，被现实折磨，漫长的 schedule（日程表）压得她喘不过气，程式化的生活节奏让她无暇顾及情感生活，敷衍地相亲，从容地享受孤独的风景，可面对男下属的默默关心，却再也无法放弃城市中拥抱爱情的机会，一朵鲜红的玫瑰就可以打动芳心，一双温暖的手掌就可以搭建温暖的家，再也不是玻璃墙后的决绝身影，原来爱情没有教程和公式，用心就能收获感动，追求"绝不程式"的爱情，追求"绝不程式"的人生——我就是想给自己留点不现实，schedule 上没有你，所以真好。

"特步，特不服"

早期横空出世的时候，特步邀请谢霆锋代言，"非一般的感觉"让特步风靡一时。随着时间的推移，品牌逐渐老化，曾经的酷帅也退化为"便宜、土"的标签——有一则新闻说"阿里程序员因穿特步相亲而被拒绝"，这绝对是特步被"黑"得最惨的一次。如何绝地反击，找回曾经酷酷的个性标签？2018年，特步带着"不服就要说，不服就要唱，特步特不服"的全新口号和《中国新说唱》推出的联名款潮品，通过热狗和呆宝静的说唱演绎，让特步重新有了"很炸"的酷炫个性——年轻就该随心所欲，打破老套世俗规律，我从来不怕谁的威胁，也随时准备和强者对决，用一腔热血和勇敢无畏，让潮流世界换换口味！年轻就是特不服！热狗的"有人说我的八卦比我的歌还辣，我不服"，呆宝静的"有人说女rapper（说唱歌手）没什么战斗力，我不服"——你说我不行，我就要迎面反击，我不在乎，我要把所有嘲笑都踩在脚底……

"BE STUPID"

DIESEL 是意大利的时尚服装品牌,倡导大家"保持愚蠢"(Be stupid),这和乔布斯的"Stay Foolish"有异曲同工之妙。为什么要 Be stupid?因为你会放下顾虑,你会创造更多,你会交到更多的朋友——"精明的人可能有脑,但傻瓜绝对有种""精明的人只会批判,但傻瓜创造"。DIESEL 挑战那些世故、精明的主流文化,号召大家加入大智若愚的傻瓜行列——放手去做,有种,去创造,去奋不顾身地追寻梦想,淡看结果,这些反叛主流的文化,让品牌有了生生不息的酷帅个性。

"干你所赞"

在这个随手点赞的时代，作为亚文化潮牌的代表，匡威倡导大家不只是"点"到为止，更要去干。在匡威看来，人生有两种态度，要么墨守成规，周而复始；要么冲破规矩，创造精彩。换句话说，横竖都要付诸行动，那不如干点值得赞的！任由思想天马行空，让灵感闪现，无聊的事也会变得有趣。别再唧唧歪歪、畏畏缩缩，干点冒险的，为自己点赞，想到了就去行动，从现在开始，干你所赞。垃圾也能变成各种乐器，谁还敢说垃圾很垃圾？三轮车也能成为移动的 live（现场表演）舞台，拉风极了……老铁没毛病，干就完了。

"OFF THE WALL"

这句口号的原意大概是"怪诞的，突破传统"的意思。20 世纪 70 年代，在被视为异类的滑板圈里，OFF THE WALL 代表着滑板玩家在抽干水的游泳池里，练习从游泳池壁上滑下来的动作——过墙。不过这句口号后来有了很多外延，在极限运动品牌 VANS 的官网上，他们是这样表述的：OFF THE WALL 源于对自我表达的强烈诉求，这些来自艺术、音乐、滑板、冲浪领域的人们用创意、真实和激情鼓舞着我们，他们代表了 VANS，这也是 VANS 的故事，这就是 OFF THE WALL——总而言之，这就是一种打破常规、自由自在的街头精神。通过品牌的持续运作，VANS 成为亚文化的先锋符号，于是有了这样的说法：什么是潮？什么是酷？ VANS 就完事儿了。

"活出敢性"

2011 年，雀巢咖啡没有继续沿用"味道好极了"这一产品特点的诉求，或者诉诸让人放松、让人清醒的产品功能，而是从客群的角度切入，这群新青年需要挣脱固有的观念束缚，想要勇敢地去争取和实现心中的梦想。雀巢咖啡鼓励他们拿出勇气，跟随自己的内心，为了梦想，活出自己的"敢性"人生。作为年轻人的偶像，韩寒是他们的"敢性"代表，雀巢咖啡力邀他来代言，通过其对"敢性"的诠释，消费者很容易受到他的鼓舞。如此一来，雀巢咖啡和消费者之间有了很强的情感交集，彼此照亮，就像韩寒在广告中说的：只需你敢，总会有光芒指引你。

"此刻，做自己的主"

航班管家，创立于 2009 年，早期只有机票信息查询功能，到后来逐步增加了机票、火车票、酒店预订等一系列服务。与其他在线旅游商围绕着产品端诉求低价促销不一样，航班管家完全是从客群角度出发——他们身处城市里，在各种角色里，在格子间里，生而自由但无不在枷锁之中、在重重的压力之下，有些时候几乎处在失控的边缘，更多的时候也往往都身不由己、不由自主，这时候，他们迫切需要重新夺回人生的主动权，拿回意志的自主权。"一时兴起，飞去又如何？""一言不合，飞走又如何？""你有权，飞来飞去""我又错过了午饭，外卖的汉堡让我整个下午异常暴躁，令人生厌，可我真的十分想吃东京筑地市场那家鲔鱼脸颊肉排饭，我记得他家24小时营业，我掏出手机，用25秒买了往返东京的机票——此刻，做自己的主。""三年前，张勇跟女朋友的爸爸说：'三年以后，我带100万来娶她。'昨天，他收到了女友，是前女友的喜帖，他觉得也没什么可惜的，他一点儿也不想去，然后，他掏出手机，用41秒，买了一张飞去婚礼的机票——此刻，做自己的主"。

也许生活依然是被"锤"，是窒息，但这片刻的逃窜、逃离（后来航班管家联合新世相做了微博话题＃逃离北上广的事件），让人如同收复了被时代掠夺的一部分人生城池，如同从水下浮上来，深吸一口气——自由的空气，这让人觉得命运还有一部分掌握在自己手里，人生仍然值得一过。就像罗曼·罗兰说的，世界上只有一种理想主义，就是认清生活真相之后，依然热爱生活，这很酷。

"活，该快乐"

东风标致 3008 车型，没有诉求产品的特点或功能优势，而是从客群角度出发——那些被困在钢筋混凝土的城市里，无奈应对办公室的各种议程，公司家里两点一线的人，真的活该如此吗？不！生活不该如此。活，该快乐！通过解构的方式，东风标致 3008 把日复一日的生活惯性、千篇一律的死循环逐个击碎。生活脱轨了、断裂了，出现了可能，这断裂的空间指向了新的意思和意义，生活被抢救了回来。逐乐一族，就要、偏要、必须、活该快乐，毕竟，人不快乐，天诛地灭。

"表里如一"

欧式·臻城，福建莆田城东的一个纯居住项目，是莆田首个采用钻石切割工艺打造全玻璃幕墙的项目，特别摩登、现代。从玻璃幕墙通透的角度看来，似乎"表里如一"的主张是产品特点的升华，但在这个案例里，它更多的还是从客群角度切入，赋予这个客群更新贵、更新潮、更酷的品牌人设。房如其人，房子泄露品位，房子泄露个性——"如果选择石材涂料的房子，又何必心怀一颗璀璨钻石的向往""白天开兰博基尼的人，晚上住欧洲古典豪宅里，就不协调""对一个男人来讲，住什么样的房子和娶什么样的夫人同等重要"……通过 diss（批判）老一派，成功树立了新腔调。

"近墨者黑"

上海墅完全是从客群角度切入。在品牌输出的平面广告上，模特的脖子上拴着皮带，似乎都被驯化成了听话的动物，被命运扼住了喉咙。

"如果习惯了屈服，就会为屈服辩护""如果习惯了妥协，就会为妥协辩护""如果习惯了麻木，就会为麻木辩护"——你本该是我们中的一员，拒绝平庸，改变使人进步。

通过找到对立面，找到敌人，找到目标客户反对的，品牌成功地为目标客户设定了一个"近朱者赤"的高级人设，那是不屈服、不妥协、敏感又勇敢的个性。就像毛主席所说的："谁是我们的敌人，谁是我们的朋友？这个问题是革命的首要问题。"这句话值得广告从业者反复思考。

"我要的，现在就要"

这是 2014 年 QQ 浏览器的品牌主张，基于产品速度快、一触即达的特点，但在诉求上，侧重点却是围绕客群的。不同于"70 后"的安全主义和集体主义，这群崛起的"80 后""90 后"是伴随着快节奏的网络时代成长起来的年轻一代，他们追求快速致富、快速成名、快速生活，他们希望成为新世界的主角，希望能快速得到社会的尊重，认同"出名要趁早"。"能帅则帅，废话不说，废事不做，废时不候，我不耐烦——我要的，现在就要""我忙着急，急着成长，急着尝试，急着证明，我不耐烦——我要的，现在就要""梦想哪来时间打盹，我争着活出色彩，追着每个瞬间，我不耐烦——我要的现在就要"……毕竟对这群年轻人来说，20 岁买得起 10 岁那年喜欢的玩具，又有什么意思呢？

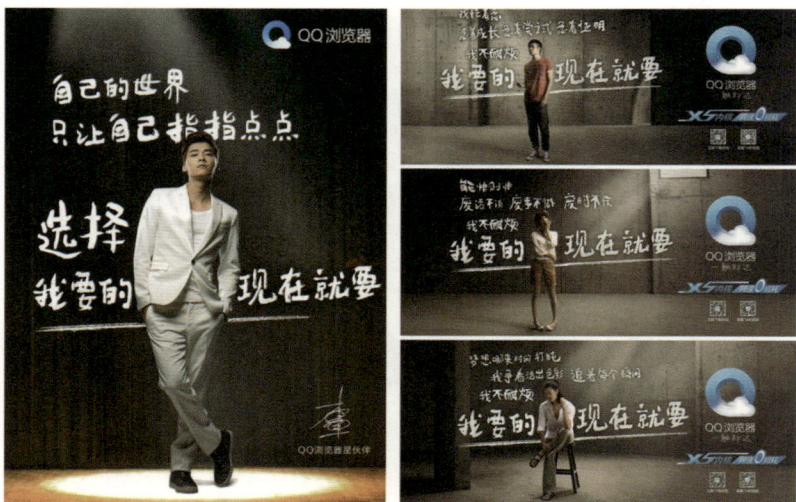

"亮出你的牙来先"

51Talk，在线英语培训网站，没有诉求平价、外教的专业等产品特点，而是从客群角度出发，诉诸学英语最重要的就是要"有勇气大胆开口说"，先亮出你的牙，咬住梦想不松口，快速提升自己，让自己酷起来，让自己光芒十足，让其他人各种羡慕嫉妒恨。这一系列操作，干得漂亮！

"就这么活着吧"

陌陌早期诉求的"总有新奇在身边"，更多的是从产品特点，基于地理位置的社交属性出发，而"就这样活着吧"完全是从客群角度出发，给使用陌陌的客户一个很酷的人设标签，让品牌和客群产生强烈共鸣。在广告表达上，配音和画面是相反的（这种冲突和反差，本身就是叛逆的表达），别和陌生人说话，别做新鲜事，继续过平常的生活，胆小一点儿，别好奇，就玩你会的，离冒险远远的，有些事想想就好，待在熟悉的地方，听一样的音乐，重复同样的话题，梦想要实际……有种你们就按照配音这样活着吧，而我要按照画面精彩地、好奇地、鲜活地活着。你们是你们，我是我，泾渭分明，就像英国电影《猜火车》里经典的台词："选择生活，选择工作，

选择事业，选大电视，选洗衣机，选择低息贷款，选择房子，选择你的未来……我选择，不选择！"

"何必长大"

大众的跨界小型休旅 T-CROSS 车，没有从休闲旅游跨界的品类或者车本身的性能出发，而是针对 30 到 40 岁左右的消费者，这群人其实年龄上已经长大了，但他们似乎不想成为那种世俗意义上的人，他们更倾向于追求自我，对精神生活要求较高，对长辈、过来人的各种"老生常谈"感到有点烦。站在目标客户的角度，品牌对过来人予以了巧妙的回击，赢得了目标客群的共鸣，为品牌树立了真诚而且酷的形象。"还没预算买房，你打算付房租一辈子——今天山边，明天海边，我打算自由一阵子——何必长大""早点定下来，比较没有后顾之忧——顾好自己，比顾好两个人容易——何必长大""结婚多久了，什么时候才要生小孩——两人世界，不急着有第三者——何必长大""在你这个年纪，我都是两个孩子的妈了——传宗接代，不急着现在——何必长大""创业太辛苦，待公司，有升迁有保障——不被安排，自己的未来自己来——何必长大""这么爱出国，有钱付房贷——比起背房贷，当背包客我比较爱——何必长大""俊男美女，不生小孩，多浪费——生命就该浪费在美好的事物上——何必长大""你单身，应该很有空吧——我享受放空，不急着填空——何必长大"……

"BE MINI"

和奔驰SMART、大众甲壳虫一样，作为小型豪华车的代表，宝马MINI汽车在品牌上，没有从产品的产地、发动机或者操控性切入，也没有针对客群的身份地位进行诉求，而是赋予了品牌一种酷酷的个性——BE MINI，本质就是BE ME，做最真的自己，展现本原的自我，做如 MINI 一样纯粹的自己。这句主张，跳脱了产品端，作为一种情感的寄托，很好地整合了旗下的四个车系，无论始于原创，终于原创（MINI ONE），还是好戏在后头（MINICOOPER CLUBMAN），无论君子坦荡荡（MINI COOPER CABRIO），还是心宽志广（MINI COOPER COUNTRYMAN）。另外，不管哪一种车型，每一支 MINI 车的广告，都是对 BE MINI 个性的极致演绎——"议程如山，不如同我开溜进山""了解世界的两种方式，翻墙或者 MINI""用不着打肉毒杆菌，偶尔打打蜡就行"——MINI 无关身份、职业、年龄，不论你是一个屠夫、一个设计师、一个舞蹈家，还是一个办公室的白领，从 MINI 里出来，都不突兀，只要内心够年轻，够有个性，都会喜欢 MINI，这是 MINI 最特别、最酷的地方。

"乐，不宜迟"

甲壳虫汽车 2012 年发布了全新的品牌主张"乐，不宜迟"，从客群的角度出发，诉求一种及时行乐、酷酷的品牌个性。但"及时行乐"这个词有点听腻了，效果自然也就失去了，而且也有点负面的意思。后来，品牌主张通过反向诉求，换成"乐，不宜迟"，诉求的是同一个意思，但意味就鲜活起来了，停顿的部分、否定的部分，就像是扳道——把日常惯性的火车，转到另一条铁轨上。TVC 没有像常规的汽车广告那样，出现年轻人玩各种酷的运动，而是以老年人为主角，他们不服老，老来疯，尝试了滑板、涂鸦、街舞、冲浪等一系列酷酷的运动，但你能明显感觉这些有点超出了他们身体的负荷，甚至有时候有点不那么合乎时宜；结尾处，老人手中的焰火黯淡下来，

乐，不宜迟

两个年轻人出现，驾驶着新款甲壳虫酷酷地驶过，羡煞老人。虽说永远不要低估了一颗年轻的心，老人也可以永远年轻，但终归有点"廉颇老矣，尚能'躁'否""欲买桂花同载酒，终不似，少年游"的意味，所以，每个人，趁现在，乐，不宜迟。

"别太当真，只要趣多多"

趣多多，卡夫旗下的饼干品牌，品牌上没有诉求奶油曲奇和巧克力的产品特点，而是围绕着客群的角度，诉求"乐趣至上"的品牌个性——乐趣的反面就是无聊、压力、烦恼，这是趣多多极力反对的，而在现实生活中，如果我们对人和事过分当真、较真，很容易陷入无尽的烦恼之中。所以，充盈的人生除了有"求真"的系统之外，还应该有一个"趣多多"的系统，这样才更酷嘛。

"只要时刻有趣着"

2017 年，土豆视频将用了近十年的经典口号"每个人都是生活的导演"，升级为"只要时刻有趣着"，打造了酷酷、有趣的品牌个性。因为在现代都市里，由于生活和工作的快节奏，人们的压力越来越大，很多人多是苦大仇深脸，这时急需有趣的补给。让人开心一下，正是土豆视频的初心——"生活不负责让你快乐，有趣是自己的事""只要时刻有趣着，每个路人都是行走的表情包""取悦别人很难，逗乐自己简单""只要时刻有趣着，单身就是单身，狗就是狗""只要时刻有趣着，一站地，就是一集番""只要时刻有趣着，你快乐，地铁就快了"……

"活出丰富的精神和面貌"

海伦范儿是海伦堡地产在惠州开发的一个地产项目。项目没有从产品端进行诉求，而是针对目标客群——告别青春的"80后"进行诉求。他们是城市的主流阶层，渴望自由，渴望交流，喜欢展示自己的个性，

与"70后"相比,这群"80后"有更多特别的想法、超强的玩心,他们不是一个利益群体,更多的是一个趣味群体。就像作家刘索拉所言,活着就是为了寻找同类,道不同,必被"拉黑"或取消关注,"80后"寻找的是想法相投、兴趣相投、审美相投、范儿相同的人,如文艺范儿、时尚范儿、街头范儿、摄影范儿。范儿是这群"80后"崇尚的行为模式。归根到底,范儿其实是一种趣味、一种风尚和一种美学,是活出丰富的精神和面貌——这是品牌的个性,也是品牌为意向客群戴上的一顶很有范儿、很酷的帽子,所谓同气相求,正是此理。

"趣活你的十年"

2017年,大悦城成立十周年,品牌上以"趣活"为主诉求,在城市综合体林立的市场里,突显出自己的品牌个性——年轻、有趣,而且很酷，这吸引了无数无聊、孤独的都市人，走出家门，来到这儿打发无聊，准确地说，应该是消灭无聊。在 TVC 里，大悦城号召大家消灭无趣，diss 无聊，为你的有趣打 call（加油）。当重复模仿毁灭你的理想，当喋喋不休禁锢你的激情，当异样眼光曲解你的爱好，当两点一线锁住你的脚步，够了！别让无趣继续蔓延，趣吧，别再垂头丧气，趣吧，躁出童话世界，趣吧，掀翻无聊屋顶，趣吧，穿越次元分享，大悦城，随时趣一下——就像《新世相》里说的一样，你大可以在不犯法的情况下，不择手段地让自己开心，的确如此。

"快耍慢活"

快和慢是源于成都远洋太古里的规划——"快里"以众多的国际品牌旗舰店为主，为人们提供了畅快淋漓的逛街享受，而"慢里"则以慢生活为主题，把值得把玩的生活趣味、大都会的休闲品位、林立的精致餐厅、历史文化等融合在一起，呈现了悠闲、安逸的生活方式。快要慢活，看上去是从产品端切入，但其实这句主张更多的还是从城市和客群的角度出发，因为成都除了大家熟知的闲适慢生活，也有激昂向前的大都市快节奏，这才是成都的脉搏和节拍。另外，成都人出了名的好耍、会生活，这是"快"与"慢"的核心。简短的几个字，一下子把成都人的心之向往、心潮澎湃全都表达了出来，既接地气又国际化，既本土又很酷，真是"太古"吐哺，"巴蜀"归心。

"认真你就输了"

AcFun（A 站），是中国第一家弹幕视频网站，是当代青年亚文化群体聚集的社区。在

同质化的视频网站市场中，A 站的个性还是很鲜明的，不同于腾讯视频的"不负好时光"、爱奇艺的"悦享品质"，A 站直接来了一句特别热血又洒脱、叛逆又佛系的"认真你就输了"，和"爱拼才会赢（认真你就赢了）"这种所谓的主流价值观截然相反，有点像"别太当真，只要趣多多"，还是很对味爱耍酷的年轻人的。不过后来，A 站因为经营得实在太不认真，被快手全资收购了。

"爱混敢嗲"

上海兴业太古里，地处上海最高端的南京西路商圈，周边的商场非常多，包括嘉里中心、恒隆广场、中信泰福广场，等等，品牌竞争十分激烈。兴业太古里如何突围？品牌如何实现差异化？结合上海

的在地性和国际化潮流，兴业太古里在品牌上提出"嗲"和"混"两重个性标签。嗲，是让上海老百姓最有共鸣的字眼之一，有点像一个说着吴侬软语的精致女郎；混，有点类似成都的"耍"，另外还有点混搭的意味，这有点儿像上海滩时尚浪潮里的嬉皮士和老克勒。爱混敢嗲，合在一起，新潮、"雅痞"，充满了活力。

"给福州更性感的生活"

滨海中心·梦露是福州东江滨的一个SOHO（家庭办公）产品。区别于市场上的其他SOHO产品，滨海中心的SOHO带有露台，这也是客户购买它的很重要的理由，所以，品牌包装上用"梦露"作为分案名——梦想中有露台的SOHO，简称"梦露"。虽然这个案例也可归为比拟系，就像前面的华润·考拉住区，但还是更偏向客群端。梦露是产品，更代表着真实、独立、性感的个性——"你无法接受我差的一面，就不配拥有我最好的一面""有没有注意到'管他呢'永远是正确的答案"。梦露个性鲜明，是性感和瑕的化身，这既是滨海中心 SOHO 的品牌个性，也是目标客群偏爱的个性。

"性感的救赎"

这是 2012 年麓湖生态城的比稿方案提出的主张，由深圳亲爱的广告和知鱼广告合作出品。品牌上没有提类似"起步即与世界同步"的产品创新和行业变革，完全是从社会和客群角度切入的，因为麓湖生态城作为"中国四大神盘"之一，在项目规划、建筑设计等很多方面做了极致的创新，完全不同于传统地产项目的千篇一律，很超前，很先锋，有点类似于航空领域的维珍、乔布斯时期的苹果，第一眼就让人怦然心动，很容易让人无法自拔地爱上。也因此，如何将麓湖生态城从过去的一个认知品牌打造成一个至爱品牌，是一个很重要的策略切入点，他们找到了"性感"这个品牌个性——性感意味着让消费者毫无理由地爱上一个产品，让消费者死心塌地痴迷于品牌背后的伟大理念。

所以，给这个无聊、常规、乏善可陈的世界来场性感革命吧！"成功人士？是指那种疯狂说英语，并格外擅长家暴的男人吗？""性感有关，多巴胺、肾上腺素与力比多。性感有关，愤怒、狂喜与偏见。""我就是，那些鼻孔朝天的精英。别说你不知道，我在仰望星空。"……挑战世俗、特立独行、寻求出位，性感的疯子创造了性感的麓湖——"世界欠我们一个 11 平方公里的疯人院，所以就有了麓湖""给大众审美的遗像镶上边框，然后，把它挂在墙上""给你一个水草丰美的办公室——咩……？"一切似乎都是超现实的，但超越的都是庸常的现实，因为这是麓湖的基因——创新、挑战、探寻极致、不同于常规，这很性感，很酷。

"一生，活出不止一生"

关于人头马，过去人们熟知的是"人头马一开，好事自然来"这句口号，这是产品功能—自我效能。2015 年，人头马推出全新的品牌主张——"一生，活出不止一生"的 SLASH 式生活哲学。SLASH 就是斜杠，一如人头马半人半马的独特形象，一如人头马的创始者保尔·埃米尔·雷米·马丁的身份：他是葡萄种植者、策略规划人、开拓者、首席酿酒大师、企业领袖。一脉相承的还有人头马的五代首席酿酒大师们：他们除了是酿酒大师以外，还是演说家、科学家、艺术家、

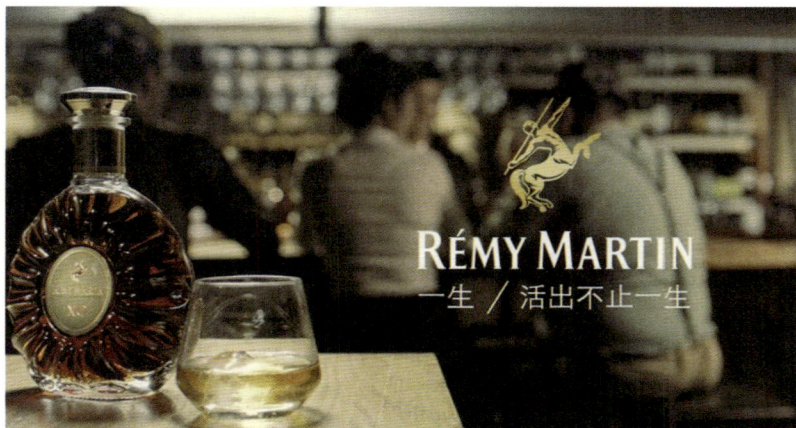

工程师、探险家、小说家……在他们的人生中，始终凭借创意和勇气，释放内在的潜能，包括人头马大中华区的代言人黄晓明：他是演员、歌手、主持人、环保主义者、世界爱心大使。他们都是在践行这种理念，让自己能体验更多的角色，让一生能活出不止一生。

在《第4消费时代》中，三浦展提到一个非常精彩的概念"多重自我"，因为在商品过剩的年代，商品本身的差异性越来越小，附着在商品之上的自我个性越来越多，追求真正自我的消费者，与能够满足消费者"多样的自我"的企业形成"共犯"关系。消费者接收到企业提供的关于"自我"的信息以后，会反馈到自己身上，所以，消费者经常会产生对自我的怀疑，从而更想找到真正的自己，于是这种寻找自我的循环范围就会不断扩大。但这种"共犯式"的循环不会在人们找到唯一的自我时终结，最终消费者的态度将会变成接受多个自我，而且不管怎样人们都无法获得全面的自我独特性。如果过度追求自我，人们就会使自己完全依附于宗教或国家这种绝对性的存在，如果不想变成那样，那么最终人们实现的只能是一部分自我。当人们知道了不存在完整的自我后，可以让一部分的自我和另一部分的自我相重叠，就算这两个部分相互矛盾，也只能把这两个面具当作真正的自我。至少这些面具是真实的，于是现代独特的自我意识"多重自我"诞生了（多么残忍的真相！）。

比如，有 100 万个消费者，他们每个人都拥有一个自我，如果他们每个人都能分裂成 4 个自我，那 100 万人的自我就变成了 400 万个，而其中的每一个自我都在通过消费寻找表达，那将给品牌带来无限的商业机会。当然，这对于消费者究竟是潜能的极致探索、个性的自由表达，还是个体身心的疯狂透支、欲望的无限泛滥，恐怕是这个消费社会、这个无神论时代最大的问题了。很明显，人头马意识到了"多重自我"营销的这种趋势，和早些年七匹狼的"男人不止一面"，后来锤子手机"漂亮得不像实力派"的诉求一样，围绕客群的自我进行细分，将自我分裂成多重，通过特立独行的酷，或者兼收并蓄的酷，实现和消费者的共鸣（"共犯"）。

雅

客群个性的第四种类型是"雅"。如果说"酷"是对常规的反叛，不破不立的重点在于"破"，那么"雅"就是对常规的提升和升华，不破不立的重点在于"立"。雅，应该是更美好的日常，是仪式感，是经典，是一种古老的传统——由时间沉淀而来，历久弥新，明亮而不刺眼（酷就会刺眼一些），这或许可以被称为教养或者修为。此外，"雅"很容易让人联想到身份地位——没有权势如何优雅？尽管在商业社会里，这是品牌经常借用的文化资本，但这绝对是大错特错的。不同于身份地位这些外在、社会的维度，"雅"更偏向于内在、自我的维度。

"不喧哗，自有声"

别克君越的这句口号，很多人最开始以为是产品的诉求——隔音效果好之类的，就像奥格威为劳斯莱斯写的广告，"这辆新款劳斯莱斯时速达到 96 公里时，车内最大的噪声来自电子钟"。随着《全新君越五部曲》系列微电影和广告的推出，人们感受到的不是产品，不是一辆车，而是一个人——一个谦谦君子的形象，这是别克君越的品牌个性，也是目标客群向往的人设——低调行事，却对很多人影响深远，平时并不引人瞩目，但总能在适当时刻成为被周围谈论的主角。

正如别克君越的广告中所说的，"这个时代，每个人都在大声说话，每个人都在争分夺秒，我们用最快的速度站上高度，但是也在瞬间失去态度，当喇叭声遮盖了引擎声，我们早已忘记，谦谦之道才是君子之道，你问我这个时代需要什么，在别人喧嚣的时候安静，在众人安静的时候发声。——别克君越，君子之道"。在这种品牌视角下，产品有了人的品格，譬如车灯——"灯光，是有情绪的，冷静时，它不错过任何有效信息，冷漠时，它谁也不放在眼里，有时候，这条路也因为它而温暖，谁说相逢的都是陌生人，用灯光 SAY HELLO——不喧哗，自有声"；譬如安全——"一开始，安全是为了防备万一，渐渐地，当我们开始炫耀，却成了马路上的威胁，其实，真正的安全，除了保护自己，也要将安全感给予一路同行的人——不喧哗，自有声"。

《不喧哗，自有声》品牌微电影系列播出后，在广告门的官方网站上，我看到这样一条留言："不错，广告目的是想让消费者，把自己的完美想象投射到男主角身上——对，我就是这样的人，我想当这样的人。这个时候，男主角的魅力塑造就相当重要了。在这一点上，这个广告无疑是成功的，我之前总在想象，如果能选，我要做怎样的人才完美。金城武？太花样；梁朝伟？太忧郁；陈道明？太端肃。这个广告中的男主角，懂局势，有城府，知进退，不轻浮，帅气幽

不喧哗 自有声

默又具备神秘感，有点接近我想找的那种形象了。在人格修炼的路上找到一个榜样，哪怕是虚幻的，也很重要。买这样的车，成为那样的人，等于在消费者心中种下了一颗种子。"毫无疑问，这就是品牌个性的魅力，不再囿于"物"的范畴，也跳脱了产品端的竞争格局，有了人格的光环。

"像绅士一样去征服"

相较于前面曼哈顿中心"去征服"的硬气个性，路虎的品牌广告也有"硬气"的部分，但在这个基础之上，更加侧重于"优雅"——像绅士一样。因为，过去路虎的品牌个性本来就很硬，随"硬的个性"而来的还有一些土豪气和土匪气，于是，路虎需要在硬的个性之外，纠偏粗暴的部分，重塑品牌形象，这不仅是时代的转变，也是这一代老板们的人设转变。路虎作为他们的人格投射，也在完成征服之后，玩起了优雅。

正如路虎在 TVC 里说的，"谁都渴望征服，重要的是以怎样的方式去征服，是心比天高，还是步履比谁都坚定；是披荆斩棘地到达，还是从容不迫，像赴一场盛宴；是追随他人方向，还是忠于自己的走向；是拼尽全力证明自己，还是只凭脚下的路，被人铭记；一切都在眼前，像绅士一样去征服"，无不是在为自己洗白（重塑）。作为发源于英国的豪华汽车品牌（后被印度的塔塔集团收购），路虎有英伦绅士的基因，这个逻辑说得通，因此在品牌重塑上，在"去征服"的硬气个性上，注入了绅士优雅的个性——"出于礼貌，很多事只需去做，无须去说""家族的意义，并非只是财富的延续，而在于令美德世代相传""不要为自我所限，世界很大；不要为世界所限，它再大也大不过你的心"——这是绅士的世界观，像绅士一样去征服。

"感性的南派别墅"

不同于很多市面上的别墅项目，以院、墅、湾、著收尾作为案名，陶朱公，作为山东临沂的一个别墅区，直接把中国的"商圣"范蠡的别称作为案名，一开始就跳脱了产品的逻辑，以人格为品牌的核心——这是一群能挣、会花、懂生活的中国商人，他们渴望在成功之外，葆有更多的真性情和生活爱好。

广告上，从最早的别人不懂你——"和中年人聊理想，有人说很矫情""儿孙自有儿孙福，那你呢？""客户说，放着手边的钱不挣，还真当自己是儒商？'呵呵，先试试我这支科伊巴雪茄。'""老

婆说，男人还是
要以事业为重。
'行行行，知道
了！'""朋友说，
咱们辛苦一辈子，
不就为了给孩子多
攒点儿家当嘛。
'来来来，喝酒喝
酒！'"到至少陶朱公懂你——"堵不上别人的嘴，干脆堵上自己
的耳朵""权力迟早是别人的，至少雪茄不会背叛你"，等等，多
少有点放松犒赏（何以解忧，买个别墅，管他春夏和秋冬）的产品
功能，还有点小叛逆、与众不同酷酷的品牌个性，但整体上，陶朱
公的幽默、自嘲、豁达、缓解压力的方式，更多地传递了一种成熟
优雅的气质。

"像赫本一样生活"

泰禾·红悦是福州高新区的一个地产项目，其最大的差异性来源于
建筑风格——褐石建筑，这是纽约非常典型的建筑——褐色的石材
及红砖、独特的铁艺灯影、山花坡顶、八角飘窗、咖啡街角、艺术
景观小品等，仿佛一幅文艺和奢雅的生活画卷。褐石建筑的高光时刻，
出现在电影《蒂凡尼的早餐》里，奥黛丽·赫本饰演的女主角霍莉·戈
莱特经常走过的街区正是美国纽约著名的褐石街区。这里的故事和

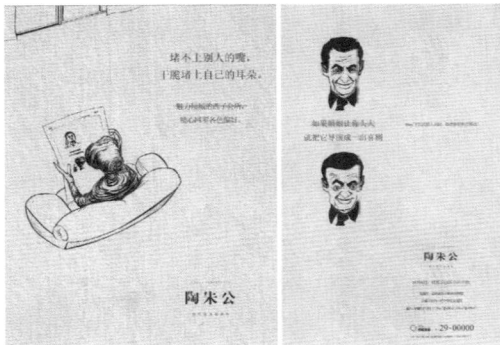

生活，给人留下了深刻的印象，让人心生向往。优雅、文艺、温暖，这是女主角的个性，自然也投射为赫本的个性和褐石建筑的个性，这也被援引到泰禾·红悦的品牌个性中——赫本免费成为项目的代言人，也使其从诸多项目中跳脱了出来。

"屹立的君子风度"

绿城·柳岸晓风是绿城在福州市区的一个地产项目，在推广上没有从产品端切入，而是从客户的个性角度切入。首先，从开发商品牌来说，绿城不像市面上很多其他的开发商，还是秉承着其创始人宋卫平先生一贯的儒雅，不做巨商，只做巨匠，很注重审美和修为；

其次，从客群来说，物以类聚，人以群分，志同者道合，同气者相求，喜欢绿城项目的客户还是很独特的，他们有自己独到的审美和趣味，不随波逐流，不跟风者自成风——不管是开发商的个性，还是目标客群的个性，都很像中国的君子。

从君子的角度看产品，产品也有了人格。绿城·柳岸晓风找到了代表君子的一个意象——竹子（"四君子"之一）。竹子有屹立挺拔的属性，和建筑的意志接近。竹子的能容、虚心、正直、有节，等等（和孔子说的君子比德如玉一样，这里是比德如竹），被赋予了产品——"在圆滑的时代，保持必要的棱角""有风骨的建筑，只向高处生长""会让步的房子，懂得把空间留给花园"，等等。人和物，形神合一，君子所见略同，这也是客群的品格，和别克君越"不喧哗，自有声"的君子之道很相似。

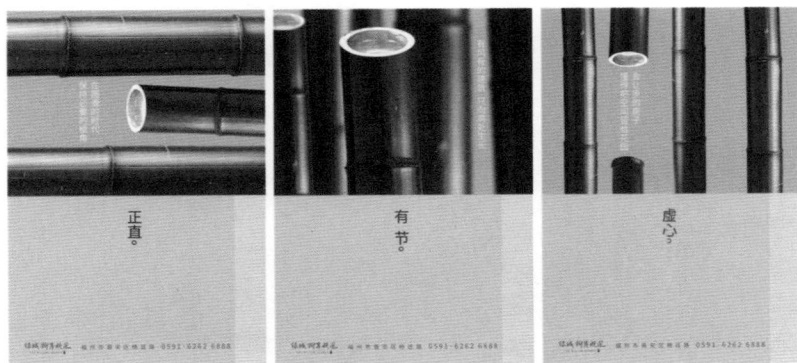

"活出骑士风范"

芝华士是苏格兰的威士忌品牌，也是世界上最早的调和威士忌品牌。它于 2019 年推出全新品牌推广主张——调和不平凡。这更多的是从产品的角度出发，赋予芝华士跨界混搭的意味，表达一生活出不止一生的酷酷的个性。但芝华士最让人印象深刻的，还是早期从客群的个性出发，推出的"活出骑士风范"——这是芝华士品牌的文化母体，是欧洲的骑士精神，有点类似于中国古代的侠客精神，也是现代的绅士风度。

"茫茫人海中，每个人都在为了自己而四处奔波，难道，这就是我们唯一前进的方向吗？不！让我们为荣耀干杯！为绅士风度得以长久流传，为心怀他人并乐于伸出援手，为恪守承诺干杯！为我们中的勇士，为真正懂得何为人生财富，为共同拥有这种行为方式，在世俗中脱颖而出干杯，为我们干杯，芝华士，活出骑士风范！"——如君子般坦荡优雅，如侠客般气宇轩昂，真性真情，这正是当代骑士风范。

"我能"

中国移动通信旗下的三款产品，每一款都个性鲜明。动感地带的"我的地盘，听我的"，瞄准年轻的客户，并邀请周杰伦代言，整个品牌形象很酷。神州行的"神州行，我看行"，针对普通大众市场，邀请葛优代言，用老百姓接地气的语言塑造特别温暖真诚的品牌形象——"就说这手机卡，有一说一啊，我不挑号，号好不好是虚的，我挑卡！神州行，是吧？用的人多，这就跟进饭馆儿一样，是啊，一条街上，哪家人多我进哪家，神州行，听说将近两亿人，我……相信群众。喂！神州行，我看行。"而作为旗下最高端的全球通，其客户多是各行各业的精英人士，他们富有进取心和超越自我的精神，因而在品牌形象上，全球通提出"我能"的主张，把"自信人生两百年"的豪迈信心作为品牌基石，仿若一位名士。正如代言人王石不仅登上地产事业的高峰，还曾勇攀世界最高的珠穆朗玛峰。他用实际行动告诉人们：我能。

"当局者清，旁观者迷"

世欧·王庄是福州市中心一个超大的城市综合体，早期的推广以新都市主义作为开发理念（许福州一个NUO——新都市主义共同体），接着以比附迪拜摩天大楼、王子塔、公主塔以及阿玛尼、范思哲样板间作为标签，树立了福州顶豪的形象，但是随着各种标签变得乱花渐欲迷人眼，再贴标签的效果就非常弱了，有点白天放焰火——白闹的意味。王庄未来推广的方向该何去何从？品牌想到了那些在世俗成功之外的领袖。他们在风云之后，笑看风云；他们从"别人怎么看我"的自我证明，到思考"我想活成什么样子"的自我实现；他们活着不是为了世俗的成功，不是为了成为符号，而是为了成为传奇，成为伟大——这是品牌在身份地位之外升华出的优雅。

正如王庄全新的品牌广告，住宅篇——"有人爬早高峰，有人在珠穆朗玛峰"；写字楼篇——"有人航机翻杂志，有人航海去垂钓"；商业篇——"有人股堆斗志昂扬，有人横渡大西洋"；慢街篇——"有人欧洲六国十日游，有人在慢街等一瓶红酒醒来"。同时，这种全

新的品牌个性也演绎为客户极致的人生体验："8：00，纽约的金融家，11：00，巴黎的鉴赏家，15：30，香港的美食家，20：30，福州，回自己的家""8：00，喝下第一杯马提尼，11：00，抬高100点道琼斯，15：30，拍下第一幅苏富比，20：30，在福州，做回自己"——世欧·王庄，当局者清，旁观者迷。

"跃升新优雅"

马爹利名士（Noblige），法国生产的干邑白兰地，级别类似于轩尼诗的VSOP，通常用陈酿四年以上的生命之水调配而成，Noblige是Noblesse Oblige的简写，意为贵族应该承担的义务。进入中国后，马爹利名士主打"新优雅"的品牌个性，旨在激励中国男士开启自我探索之旅，引领他们实现超越金钱和名利以外的成功，一同跃升至新优雅的境界。

这股风潮，由社会中强有力的影响者引领，因此，在品牌推广上邀请了很多意见领袖——当代的名士们，比如，《当代名士·黄金时代》微电影中的主演冯绍峰、郝蕾、王千源、田原、朱亚文、黄轩，以及著名的音乐人张亚东和时尚设计师张驰。这八位名士所展示的当代精英精神及他们对黄金时代的理解，与当代新名士精神产生了极大共鸣，成为消费者向往的人设。

随着近年来品牌年轻化的趋势，马爹利名士提出了全新的品牌主张"敢当出头鸟"，颠覆了传统优雅的个性，让品牌呈现出年轻无畏、大胆突破、酷酷的个性，同时也赋予了马爹利的标识——金燕的符号，不跟随、振翅高飞的全新态度。

"庄子的境界"

万科·莊子和陶朱公一样，也是用人名作为地产案名的项目。虽说这个名字与新东方建筑风格是一脉相承的，但品牌的侧重点已经跳脱了物，完全是从客群人格的角度切入，因为人们买的不是别墅的功能，而是别墅的精神价值。这群当代名士在获得了世俗意义上的成功之后，渴望找一个远离喧嚣的地方，构建一个属于自己的心灵

归宿。这种心灵渴望，超越了世俗的财富标签，有了人生的境界。这是在儒家世俗责任之外，有了道家的假我以羽翼，举重若轻，在纷繁的人世间自我超脱、心灵遨游的境界，这也是庄子的境界——功成名就之后，喧嚣之外，收拾名利河山，梳理心灵江山，淡泊世间雍容，进而，磅礴万物，乘物以游心。

"致敬风骨大家"

万科·大家是苏州的一个别墅地产项目。从案名开始，品牌几乎完全从客群端切入。何谓大家？"大"，是大象无形的大，是大美无言的大，是大音希声的大，是大方无隅的大，是大器之材的大，是天大地大人亦大的大，是集大成者的大。"大家"是各行各业杰出的大师们，比如，唐宋八大家，再比如，争鸣之诸子百家，他们思想独立，谈吐睿智，品位出众，又如魏晋时期的名士，自有风骨。

他们处思想之巅，立浪潮之端，不为时动，不为俗扰，而这正是当代社会精英们需要继承的伟大品格，也是万科·大家别墅所秉持的品格，于是，百栋别墅升华为百栋独立思想，"大家风骨"开唱，开启元年。

智

客群个性的第五种类型是"智"。智，很好理解，就是聪明，但是这种个性由于偏于理性，容易被放在产品特点里，如智能，譬如携程 App 的"聪明你的旅行"，不过携程的品牌侧重于产品和服务。智这种个性相较于酷和硬没有那么明显，略显平淡，但事实上，智的性格光谱也可以很丰富，比如，可以是有趣的、酷酷的，可以是偏执的，还可以是老谋深算的，像诸葛亮、司马懿那种，等等。

"智者，大成"

梅赛德斯 - 奔驰旗下的轿车品类，最有代表性的有三款，即 C 级、

S级、E级，品牌诉求各不相同——C级瞄准的是年轻有为的客户群体，他们希望成为人生主角，品牌个性以酷为主；S级车价格最贵，客户群体多是功成名就的领袖阶层，品牌诉求弱化个性，诉诸的多是王者、天下之类的话语（引领天下之势，定义领袖风范），核心就是突显地位的尊崇；而E级车，目标客群多是社会的中坚力量，在这个波澜壮阔的时代，他们通过知识改变了自己的命运，他们的人设是智者，当然，智和产品智能的联系也很紧密，比如，智能的设计、智能的操控、智能的互联等，但侧重点还是客户的个性。

"能挣会花"

围炉别墅是浙江绍兴的一个别墅项目，定位为精英客群的别墅，品牌从客群端出发，巧妙地恭维了这群精英人士——他们能挣钱，也不乱花钱，懂得什么时候该出手，不炫耀，不浮夸，务实又懂生活，与其说他们是精英，不如说他们很精明，精打细算才是他们的个性。

品牌在推广上，通过戏剧化的表达，演绎出精英客群机智的性格——"一年参加拍卖会 20 次，举牌 86 次，成交 0 次""一个月接到孩子的要钱电话 40 次，只给了 2 次"，等等。当然，这也和开发商的品牌个性有关，作为清华科技园下属的华清投资，作为理工科的代表，敏于行而讷于言，有点大智若愚，虽说这种个性没那么显眼，但找到了自己，世界就会找到你。

"全联经济美学"

全联福利中心是台湾地区的一个连锁超市品牌，和沃尔玛、家乐福差不多。企业品牌主打的就是帮助消费者省钱，如果从这个角度出发，那就是产品（服务）的功能化，这个实在利益的诉求策略的确有效，但副作用也很明显，那就是品牌的老化，变成了"阿姨们的超市"。因为随着"80 后"渐渐成为消费的主流，这群年轻人对"便宜、省钱"没有上一代人那么看重，甚至会觉得有点土，有点失败者的意味。

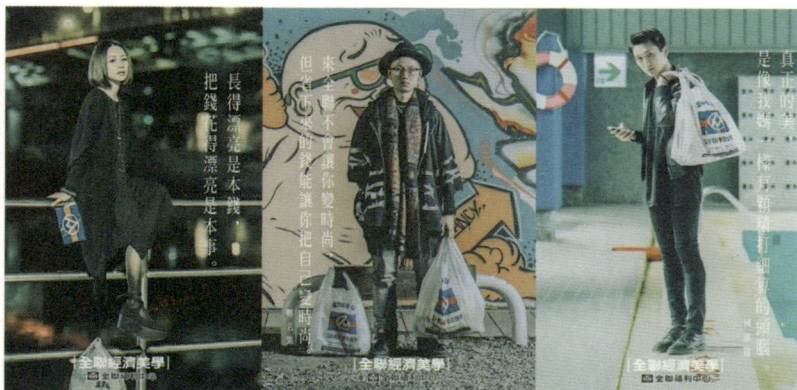

针对这个问题，2015 年，他们提出了"全联经济美学"的概念，把便宜、low（低端）转化为一种人生哲学、一种个性——酷酷的机智。"长得漂亮是本钱，把钱花得漂亮是本事""来全联不会让你变时尚，但省下来的钱能让你把自己变时尚""花很多钱我不会，但我真的很会花钱""养成好习惯很重要，我习惯去冰去糖去全联""真正的美，是像我妈一样有颗精打细算的头脑"……通过一系列年轻人的演绎，品牌实现了升级，这和后来淘宝进入台湾地区提的"淘宝折学"如出一辙。

"我们都是有问题的人"

知乎的这个品牌诉求，不同于"有问题上知乎"的产品视角，更多地从使用者的角度，赋予他们好奇、独立思考的人设（当然也有一些反叛、耍酷的个性）。"我们是什么样的人？我们好奇为什么仰

望星空会产生幸福感……我们好奇为什么下雨天和睡觉更配……我们都是有问题的人""为什么很多人到家楼下,还要在车里坐好久""婚纱必须是白色的吗",品牌在传播上试图纠正很多嘲笑混知乎的群体"人均985,最低百万,人在美国,刚下飞机,光鲜亮丽"的各种负面评价,回到知乎的初心,就像豆瓣回到文艺的个性,知乎就是爱智慧的人的社群——"没有谁的一天会过得毫无问题,我们问自己,问别人,正是这些问题,让每件事变得有意思"。

"凡事心中有数"

宝业·头家是泉州一个 CBD 里的精装公寓项目,品牌诉求的重点没有放在产品端(当然,从产品端出发,逻辑上也说得通,因为这个公寓产品在滨江 CBD 里只有一栋,数量稀缺,所以你要"心中有数"),更多的还是从客群端出发——"头家"在闽南话里的意思是老板。针对这群聪明的目标客户,品牌通过很多故事,塑造了有勇有谋的新一代老板形象(当然还有一些是有情有义、剽悍硬气的个性,但核心还是足智多谋的头家个性)。

学富五车篇,"说到底,有些事是危机感作祟。往前看,父辈们占了半壁江山;往后看,同辈正忙着摩拳擦掌。想做得聪明点?借别人经验长自己智慧,还真是有必要,这样,你才能比别人心中更有数";明察秋毫篇,"你怎么猜到她喜欢那种礼物的,年轻的助理肯定不知道,你背后花的心思,千方百计收集每个客户的资料和喜好,微信的朋友圈里,也满是关于他们的信息,不过迟早有一天他也会明白的，平时多下点功夫，不会错""有时，你必须正面拦路虎——遇上天敌，真是一场灾难，它只是为了一顿午餐，而你必须拼命，就像那些觊觎你的商场大鳄，你必须更善应变，懂得背叛过往经验，才能出奇制胜，愿头家们早做准备，心中有数""干脆点，先发制人——与其被别人当作食物惦记，不如勇敢地反将一军，想想倒下的柯达、黑莓、诺基亚，你有机会，但要聪明点，经验已不能信赖，新花样才有效，真正的头家们，或许早就心中有数"。

客群身份——交势

"感觉人生
到达了巅峰"

客群自我的第二种类型——客群身份，这个层面上消费者和商品的关系是交势。所谓的交势，就是以势利、权势、财势来交往，借用阿兰·德波顿《身份的焦虑》一书中的说法：势利是什么？势利是以一小部分的你，来判别你的全部价值；在《增广贤文》里也有类似的俗语，"贫居闹市无人问，富在深山有远亲"。这种情形在中国当代的品牌诉求中用得非常多，特别是房地产、汽车、奢侈品行业。这是客群自我的社会维度，是用社会角色来定义自我，用物品、品牌来证明（彰显）自我，比如，"有钱人分两种，住外滩，和想住外滩""曾经是帝王的家""出入皆人物"，身份和物品相互映衬——感觉人生到达了高潮，感觉人生到达了巅峰。

根据近代马克思的政治经济学理论，"人的本质是一切社会关系的总和"。中国人的自我证实，大都不是通过"认识自己"来厘清的，更多的是来源于社会维度。在一个成功学泛滥和功利价值观主导的时代，身份地位就成了自我价值实现最重要的途径。这种炫耀看上去有点非理性，或许源于被看不起的报复性证明（正如威廉·詹姆斯在《心理学原理》中所写的：如果可行，对一个人最残忍的惩罚莫过于如此——给他自由，让他在社会上逍遥，却又视之如无物，不给他丝毫的关注），或许是在光宗耀祖的梦中惊醒，或许是众生皆苦的饮鸩止渴，但感性的比例实际上远远要低于理性的算计，因为小孩才分对错，大人只讲利弊。

这种用象征身份地位的物或品牌武装自己的方式，实则会带来很多好处。这是因为在很多场合，由于信息的不对称，通过尊贵的物或品牌快速建立身份识别，是非常行之有效的方式。根据诺贝尔经济学奖获得者、博弈论学家迈克尔·斯宾塞的理论，传递信息很重要的一点是传递信息的成本要高，那些象征身份地位很高的物或品牌就是通行证，它能够给对方传递你很有实力、很有身份地位、值得交往合作的信息。因而，在品牌推广上，这也成为消费者和商家的共谋——给别人排场，就是给自己排面。

"水中贵族百岁山"

曾经名不见经传的百岁山，在竞争激烈的矿泉水市场中强势突围，连续多年都是国内天然矿泉水的老大，在出口方面也名列前茅，这让人非常意外，因为不管是相较于主打水源地的农夫山泉、昆仑山、恒大冰泉，还是比起有企业品牌强势背书的怡宝、娃哈哈、可口可乐的冰露，百岁山完全没有产品属性的优势。但就像泰戈尔说的，有一个夜晚我烧毁了所有的记忆，从此我的梦就透明了；有一个清晨我扔掉了所有的昨天，从此我的脚步就轻盈了。既然无产品优势，那正好无中生有——百岁山从客群角度出发，提出了"水中贵族"的概念，一下子将饮用水划分为"贵族"和"平民"两大种类，就像水中的劳斯莱斯、LV，或至少像水中的依云，握在手中，和握一瓶普通的矿泉水相比，那种体面和身份感是完全不一样的。尽管百岁山矿泉水和贵族一点儿关系都没有，但通过广告的强势洗脑，以及持续的品牌运营（如赞助澳大利亚网球公开赛等），倒也慢慢地坐实贵族这个虚名了。

"向成功的人生致敬"

2015 年，在疯狂的广告轰炸下，8848 钛金手机很快就广为人知。尽管被人吐槽、嘲讽，但中国市场就是这么多元而魔幻。2016 年，8848 硬是卖出了 10 万多部，年销售额超过了 10 亿。就像 X 博士说的，当你嘲笑 8848 时，8848 也在嘲笑你。从一开始 8848 玩的就不是产品逻辑，尽管一再强调"珍贵钛金属，奢华小牛皮，FBI 安全系统，巴黎进口螺丝"，但针对的完全不是手机行业看重的处理器、芯片、屏幕、摄像头这些硬性的技术指标，他们瞄准的是成功人士对身份和地位的追求，准确地向他们（和他们身边的人）发射了信号，如广告片中作为代言人的成功人士王石以及宾利、百达翡丽、上市敲钟等元素，还有这些"富贵逼人"的文案，"记住，你的名字叫作成功""这就是男人，你的世界，别人不懂""这才是 8848，这才是胸怀天下"……于是 8848 摇身一变，不再是一部手机，而成为一个阶级的象征，而这也正是其创始人笃信的大腕哲学——"什么是成功人士？成功人士就是只买最贵，不买最好。"

"之前，这里的主人姓爱新觉罗"

龙湖·颐和原著是北京颐和园隔壁的别墅项目，定位为传世府邸·国宝级私人收藏，其推广文案中最让人印象深刻的还是这句"之前，这里的主人姓爱新觉罗"。那个创造了康乾盛世的爱新觉罗家族，作为中国封建王朝历史上最后一个华丽的家族，他们的荣耀和优雅集中在京西"三山五园"这一特定区域，其中最闪耀的当属颐和园——这座保存最完整的皇家行宫御苑，被誉为"皇家园林博物馆"，并被列入《世界遗产名录》。

作为古代的皇家园林，这里曾经是帝王的家，现在也可以是你的家，昔日的皇家，如今也可以是私家，有点"旧时王谢堂前燕，飞入寻常百姓家"的意味。然而这并不寻常，颐和原著起价至少7000万，最贵的8亿。仿佛，曾经的爱新觉罗家族脱下了龙袍，交给了入主颐和原著的中国当代家族，有点加

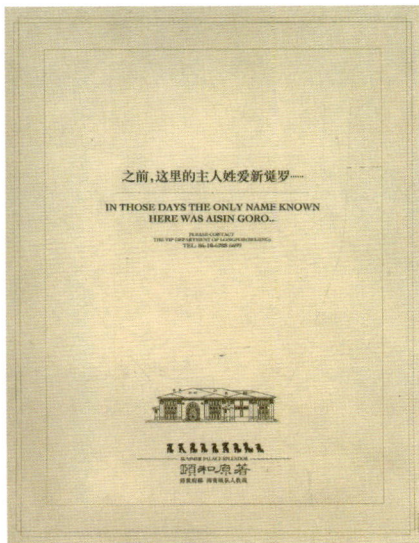

官晋爵的意味，地位重重叠影，身份交相辉映——"您哪儿住？""颐和园住（颐和原著）。"

"藏尽天下人杰"

庐山国际是江西九江的一个地产项目，虽然不在庐山风景区里，但北依长江，南向可以望见庐山，规划上依托原生坡地绘就庐山的山势，在产品上，也是师法庐山别墅的意境神韵。如果从这个角度切入，该案例使用的方式就像产品端的比附，或者客群端的城市归属感，但在品牌输出上，更多的还是从客群的身份出发。过去庐山出了很多厉害的人和精彩的故事，俱往矣，当今天下人杰，当归于庐山国

际——"太白, 东坡, 留诗赋词, 诗也庐山, 词也庐山, 文脉山藏""巨商, 政要, 位显居隐, 显也庐山, 隐也庐山, 尊贵山藏"。

"淡看故宫夕阳"

长安太和是北京东二环的一个地产项目, 听案名像在长安街上, 其实并不然, 项目坐落在建国门内大街 (长安街往东延伸一点儿) 与朝阳门南小街的交会处, 地段位

置非常好。品牌核心广告语中提出的"淡看故宫夕阳"这句主张, 的确是基于产品而来的, 类似于此前"对望中国尊"这种产品特色的直接输出, 也有点"陆家嘴尖"的产品戏剧性, 但在表达上是满

满的客户姿态。作为昔日帝国中央的故宫，今天依然是泱泱大国的中心，对于居住在长安太和的客户，有点儿"天空中的观礼台"的意味——故宫之于长安太和，不过是你平日窗外之景观，别人之非常，我之日常，别人到此一游，你游目骋怀，这种姿态彰显出的，不只是地段上的远近，更是身段上的高低。

"见证你的伟大"

融侨·外滩是福州闽江边上的豪宅项目，早期的品牌推广从案名开始就是产品的比附，完全对标上海外滩；中期从客群出发，给客户贴上身份地位的标签："外滩大亨"，提出"有钱人分两种，一种住外滩，一种想住外滩"。推广到最后阶段，产品端如果再提新概念，譬如湾区，也难以超越外滩，客户端再贴总裁、大鳄类似的身份地位标签，也很难驱动客群了，这时候品牌该如何跳脱出来？

项目想到了科特勒提出的人文驱动，也就是营销3.0的方式，从产品到客群，再到人文的进阶。这种切入，从大的方面说是从社会文化洞察出发，从小的方面说还是从客群的内心渴望出发，只不过描述的不是客群的当下进行时，而是即将发生的未来——很多人经济条件好了以后，希望完成由富及贵的身份转变，于是有些人选择再读书，有些人选择做公益慈善，有些人选择做环保，有些人选择开书院……他们都在用行为实践获得财富之后的人生理想和社会担当，就像从《国富论》到《道德情操论》的转变，就像从物质财富到精神财富的升华。因此，品牌提出了"见证你的伟大"的主张，输出"从有价，到无价""从富可敌国，到仁者无敌""从首富，到首善"……
期待完成这华丽的转变。

这样看来，品牌表达有点像客户个性的第四种——"雅"的意味，
但这正是我要强调的，从阴谋上说，这不过是在地位与身份这一单
向度上加一些文化（在物质、地位资本之上，加入布迪厄提出的"文
化资本"），或者融入一些个性，如同路虎的"像绅士一样去征服"，
捷豹的"很绅士但绝不好惹"；但从阳谋上说，这是品牌的人文理想，
是给个人完善、社会秩序重建指出的一条光明道路，是让世界变得
更美好。但到底孰是孰非，就仁者见仁，智者见智了，一如苏格拉
底所言："谁的路是对的，唯有神知道。"

"出将相，望中国"

正祥·望园是福州三坊七巷里的中式院墅，仅12栋。三坊七巷之于

福州，恰如紫禁城之于北京，作为中国十大历史名街、世界遗产预备名录项目、中国里坊制度的活化石、明清建筑博物馆，三坊七巷有着"半部中国近代史"的美誉，它毫无疑问是福州的第一城市名片，是世界看福州的第一眼。

在这些赫赫的外在声名背后，是无数家族和人物的传奇——千百年来，三坊七巷汇聚了无数钟鸣鼎食之家、翰墨诗书之族，既有"紫禁城中策马扬鞭"的一代帝师，又有"放眼世界又葆有纯正爱国心"的国学大师，亦有"五子登科六子科甲"的名门望族——这些胸怀天下的士大夫阶层，自觉维护着家国秩序和立德立功立言的人生价值取向。每一家，都影响一个国家，每一代，都风云一个时代，诗礼簪缨，或出将，或入相，这是三坊七巷文化的核心，也是正祥·望园的品牌核心。跳脱了产品，回到客群和文化上——出将入相，这是三坊七巷最大、最显性的文化标签，也象征着入主正祥·望园的客户亦如是，他们就是当代的将相家族，他们也将在中国享有声望。

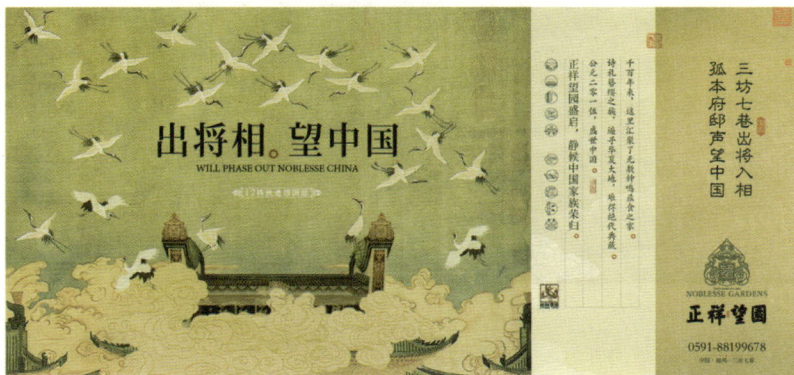

"丰功伟业穿喉过，杯酒沉浮江山定"

丰谷酒王的品牌广告，颇有"力拔山兮气盖世，大风起兮云飞扬"的霸气，侧漏出剽悍硬气的个性，然而所求的无外乎丰功伟业，突显的皆是身份与地位尊贵的社会自我，因而，我把这个案例也放在这一节中。这个文本出自宋太祖赵匡胤"杯酒释兵权"的故事，文本和品牌交融在一起，如同波德莱尔《恶之花》的《画框》：就像配上个美丽的框子，可以使任何画师的杰作，跟那无限的大自然隔绝，添上难言的奇妙和魅力，金属和镀金，家具和首饰，也如此适合她的稀世之美，一切都像是她的画框子，增强她美得完璧的光辉……这个文本框就是物的光环——谈笑间，樯橹灰飞烟灭，同饮千秋月，江山稳稳在。

"建筑泄露一切，比如：身份"

华新国际·天域是苏州的一座地中海风情的高层建筑，品牌推广上有点类似于芝华士威士忌早期的广告"假如你还需要知道它的价格，翻过这一页吧，年轻人"，也是诉诸客群的身份地位，"你能拥有它吗？努力吧，年轻人"，这句从鄙视链顶端投下来的轻蔑，很容易激发老百姓的不爽。但他们肯定知道，他们不必也不可能取悦所有人，与其不痛不痒，不如得罪一些人，这样也能够让一些人嘚瑟一下。

还有，"建筑泄露一切，比如：身份"，画面上红色的建筑尖顶，就像昔日的红顶商人。过去儒家用礼制规范这些地位身份象征，比如，明代规定了"百官第宅：公侯，门三间，五架，用金漆及兽面锡环；三品至五品，门三间，三架，黑油，锡环；六品至九品，门一间，三架，黑门，铁环"。而今天这些规范，通过广告的话术，成了新的权力雄辩术。

"一般人闹不动"

摩天石在太原临汾河畔，每栋面积在 480~880 平方米，是使用条件极高的毛坯豪宅。在品牌输出上深谙"从群众中来，到群众中去"的揽胜广告，在山西话里提炼出一个重要的字"闹"。这个字和东北话里的"整"意思差不多。在山西，万物皆可闹，闹套房，闹辆车，闹点钱，闹个老婆……在 CBA 的赛场上，山西队的看台上，"闹他"的标语随处可见，球迷们也会整齐划一地高喊"闹他"……对摩天石这种豪宅而言，一般人还真闹不动。这句口号，不与一般人见识，划清了与一般人的界限，身份和地位一下子就突显了出来。

"只为正在影响世界的人"

擎峰（北京城曾经最著名的烂尾项目，现在叫佳兆业广场·长安 8 号），这座坐落在长安街东 CBD，定位为"亚太坚峰寓所"的超级豪宅建筑，在品牌塑造上，无论反问"这世界还依然认为长安街的住宅之巅是紫禁城？"，还是系列文案"目前所知，有人耗时 114 年择屋，为求江山永固""目前所知，确实有人在客厅里养鲨鲸""目前所知，今年有一份双人早餐市值 4 500 000 000 美元"……无不是在古今中外，在那些能够彰显身份地位的领域，发掘各种极致的身份符号（紫禁城）和故事（客厅养鲨鲸，类似于梁朝伟喂鸽子的故事），作为擎峰身份、地位的背书。

事实上，关于擎峰，最让我印象深刻的还是"因思想的奢侈而无价"。这个主张跳脱了简单的奢侈品物质和产品的层面，洞察到思想才是奢侈和无价的——"大多数人看中的是创造财富和社会地位，而在社会上层之间的评判，推崇的则是思想。"这些人注定要开创大场面，根本上是因为他们拥有伟大的思想，而这群人正是擎峰要恭维的。如果从这个角度切入，擎峰的品牌更偏向"智"的个性，像运筹帷幄的智者。

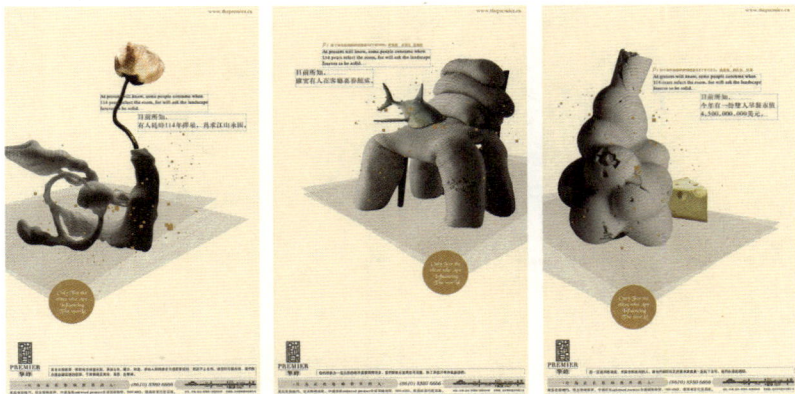

"53 位岛籍身份不公开"

梅江零号岛，地处天津第一个富人区——梅江。作为曾经的"地王"、天津环内唯一的独栋岛上行宫，无论自然环境（北方难得一见的湖心岛），还是江湖传说（业内和实力客户无数次垂涎，关于它的传说和想象一直是津门津津乐道的谈资），这块土地都是不折不扣的传奇。这样难得一见的土地，如何树立天津顶级豪宅的身份地位呢？

如果按照传统的方式，可能会从产品端贴标签、比附，如"世界级半岛""天津的加州"，或者从客群端去包装，如岛隐世界的中国家族。但是对于这种看不见的圈层来说，这种方式显得过于轻浮了，同时也弱化了自己本身传奇的价值。

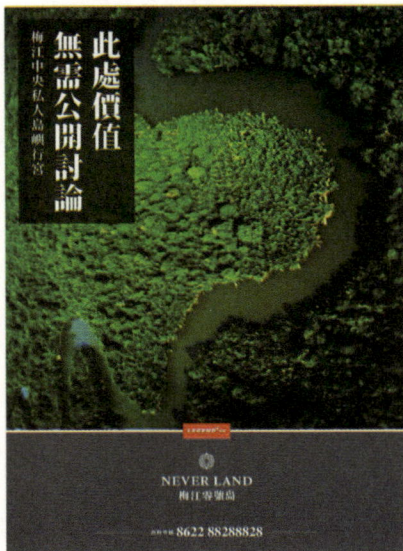

对顶级奢侈品牌而言，大道至简，就是回归本源，回归到事实本身，因为事实胜于修辞——"十年传说落定，收官者，后无来者""8000万一栋，不对外"。这么看起来，这种方式应该归为直说产品特点（类似于前面的"每一栋，世界仅一栋"），不过这个项目呈现的阶层感、距离感，特别是"53位岛籍身份，不公开""此处价值，无须公开讨论"，完全是突显客户无上的身份地位，似乎是在平铺直述事实，没有刻意的炫耀，但事实上处处都是炫耀，要的就是不经意间让众生仰望，要的就是胸有激雷而面如平湖。对于这种顶豪客群来说，这才是恭维他们身份的正确方式。

"同类更轻松"

山渐青是保利在广西南宁开发的一个别墅项目，离市区有15千米，为了弱化地段抗性，品牌方在区域板块上提出了中央别墅区的概念。如果按照传统的推广逻辑，肯定就是去比附世界上的中央别墅区（CVD），比如，洛杉矶的比弗利山庄、香港半山别墅区、上海佘山别墅区、北京潮白河别墅区，等等，然后为中央别墅区制定一套标准（如四大资源），进行系统的输出。但山渐青没有选择这条路径，他们从客群的角度出发，洞察到"物以类聚，人以群分"的重要性，提出同类在一起的好处——"螳螂和螳螂在一起更踏实""羊

和羊在一起更安心""兔子和兔子在一起更放心",等等,简单直接,表面上说的是归属感,实际上说的还是身份地位,虾米和虾米一起玩,大鱼和大鱼一起玩,不过是动物世界的丛林法则,"路渐好,山渐青,人渐分"。

"大事山上谈"

世茂·云上鼓岭是国家级旅游度假区福州鼓岭上的别墅区。在新产品的推广上,品牌上没有诉求"国家风景区",或者"国风"的产品,而是发掘这里的传奇故事——自1885年美国医生伍丁发现气候清爽宜人的鼓岭之后,众多中外人士慕名前来避暑,鼓岭也因此成为闻名中外的夏日避暑天堂,和庐山、莫干山、鸡公山一起被西方人誉为"四大避暑胜地"。每到夏季,歌舞酒会、园艺展览、狩猎赛马和下午茶等近代高端社交活动,就在山间的300多栋别墅之间展开。

到了当代，借由中美庄园外交的故事——一对美国夫妇对中国一个叫"kuliang"的地方充满了眷恋与向往，渴望故地重游而未能如愿——鼓岭也从坊间的风云传说，一下子走进了世人的视野，成为大时代下纵横捭阖的当代名山。在表达上，"正在争取的客户上山，合作中的伙伴上山，商学院的新同学轮番上山""海拔高，事好说""海拔低，收效低""海拔不同，圈子不同"……大事山上谈，推杯换盏间，尊贵极了！

"你值得拥有"

这是巴黎欧莱雅经典的广告语，在大中华区，先后有巩俐、李嘉欣等一线明星为其代言，最后都是以"你值得拥有"收尾。从社会公民的角度看，这句主张类似于"天生我材必有用"，宣扬的是每个人都有各自的价值，每个人都值得被爱，每个人都值得拥有更好的生活。但在另一个层面，这个品牌口号更多传递出的是无尽的优越和尊贵感——"你想像明星一样受人喜欢，有身份地位吗"，那么去买欧莱雅吧，或许，你也将拥有这一切。

品牌通过明星的光环诱惑着你，生动地演绎了这个消费社会的内在机制——个人的价值和物的价值紧密地联系在一起（个人的价值和物的价值，"值"字为其画上了等号）。在英文的品牌表达里"BECAUSE YOU'RE WORTH IT"，BECAUSE 更是把人文领域的情理，用科学领域的"因为—所以"斩钉截铁地公理化了。

Because you're worth it

L'ORÉAL
PARiS

"没有人能拥有百达翡丽，不过是替下一代保管而已"

百达翡丽，十大名表之首，作为世界顶级奢侈品，当然不能像巴黎欧莱雅的"你值得拥有"，必须要更胜几筹——拥有之上是什么？是无法拥有。什么东西你无法拥有呢？宇宙、上帝、永恒……还是什么别的东西？作为手表的品牌，核心要义是时间，你可以拥有一段时间，但你不能拥有时间本身，时间至大无外，本身就是永恒，你无法拥有永恒。正如博尔赫斯所言：你的肉体只是时光，不停流逝的时光，你不过是每一个孤独的瞬息。你可以拥有这一生，但你不能拥有永生。然而，你可以通过家族（为下一代保管），在生物血脉层面上延续时间；通过家风（开启你的家族传统），在精神情感层面传承时间——这些人文层面的意义，类似于中国的生儿育女、著书立说，让你超越有限的自己，臣服于更大的自己。

但在这层人文表象之下，尽是金玉其中的商业逻辑。百达翡丽凭什么把"你值得拥有"踩在脚下？因为它顶级昂贵，只有极少数人才能拥有。它必须给品牌找一个新的抓手（意义之锚），这个抓手不能是"有"，"有"太局限，太容易损耗了，它必须是"无"。无是什么？无是无限，是无法无天，正如《道德经》里的"天下万物生于有，有生于无"——找到了世界之外的支点，也就"无中生有"出了无法超越的品牌神力。

客群伦理——交礼

"礼为刀俎
　　我为鱼肉"

客群自我的第三种类型是伦理角色，在这个层面上，消费者和商品的关系是交礼。和"送礼就送脑白金"的产品功能—人际影响不同，在这儿"礼"特指家庭伦理关系，譬如，我是谁的女儿，我是谁的丈夫，我是谁的兄长，等等。伦理角色，指的就是通过与家庭成员的关系来定义我自己是谁。家庭亲情，这种本能的情感很温暖，诗人冯至在《几只初生的小狗》中描述了一个动人的场景："接连落了半月的雨，你们自从降生以来，就只知道潮湿阴郁，一天雨云忽然散开，太阳光照满了墙壁，我看见你们的母亲，把你们衔到阳光里，让你们用你们全身，第一次领受到光和暖……这份天然的情感是家庭伦理的根基。"《中庸》中引述孔子的话说："仁者，人也，亲亲为大。"前一个"亲"字为动词，爱的意思，后一个"亲"为亲人，爱自己的亲人是最根本的，本能的亲情自然而然地成为合乎于道的行为规范——孝。

但是随着时代的变迁、王朝的更迭，为了维护皇权专制，家庭伦理中的"孝"被外延和固化为各种纲常法典，诸如父为子纲，夫为妻纲……过去仁爱的关系，变为更加强调单方面统治和服从的权力结构。在鲁迅的杂文集《坟》中，有篇文章《我们现在怎样做父亲》，就严酷地批判了"父为子纲"：这离绝了交换关系、利害关系的爱，便是人伦的索子，便是所谓的"纲"，倘如旧说，抹杀掉了"爱"，一味说"恩"，又因此责望报偿，那便不但败坏了父子之间的道德，而且也大反于做父母的实际真情，播下乖刺的种子。虽说今天已经进入了 21 世纪，但这种"打着爱的名义，做伦理道德绑架"的事情还是经常发生，这也给一些品牌提供了可乘之机。

伦理角色，预设了一整套行为期待：怎样才是一个好妻子，怎样做才是一个好儿子，怎样称得上是一个好女婿，怎样称得上是孝顺，怎样才是一个家长应该有的样子——这些行为期待通过社会的教化，通过很多名人格言，譬如"不孝有三，无后为大""生而不养，不如鸟兽，养而不教，愧为父母"，等等，成为社会的规范和集体的共识，而这些规范和共识就是品牌强力介入的领域。品牌会通过伦理领域的内在动力学（符合伦理角色，大家就认同你、称赞你，不符合就会被排挤），巧妙地把商品和伦理义务联系起来。为了缓解内心的脆弱和社会的压力，你很可能会通过购买特定品牌的商品来寻求某种解脱（符合伦理角色的期待）。原本"善见其心"的伦理初心，经历仪式化的"行为举止"规范，如今变成更加形式化、更加物质化的"善见其行"。

"因为爱，不等待"

这是婚恋网站百合网在 2014 年春节期间推出的广告，讲述了一个美女和她外婆之间的故事。广告中，女主角回忆起，从大学时代开始，每次见到外婆，外婆都会殷切地问她："结婚了吧？"随着岁月的流逝，外婆慢慢变老，躺在病床上，最关心的还是外孙女的终身大事，这让她很歉疚，因此她发誓，为了外婆，一定要结婚，不再慢慢挑了，最后，就是在外婆的病床前，女主角穿着婚纱，挽着丈夫，含泪告诉外婆，"我结婚啦"，最后，以"因为爱，不等待"点题。

虽说过年亲人催婚也是一个现实问题，但打着亲情之爱的名义，对婚姻之爱进行道德绑架就有点过分了。"因为爱，不等待"的爱到底是什么爱？爱外婆，还是爱未婚夫？很明显，百合网认为是前者。借着资本购买的话语权，百合网给长辈们的逼婚、催婚行为撑腰，将那些没有找到心中所爱的单身青年置于不"孝"的道德砧板上，大过年的，完全是存心给他们添堵。

因此，这则广告播出之后，引发了极大的反感，后来遭到微博万人抵制，最后以道歉停播结束，从中我们能够清晰地看到传统的家庭伦理和新的恋爱自由之间的角力。如果再往深处挖，我们还能看到这样一个事实：很多品牌都希望捆绑上根深蒂固的传统伦理规范（寄生到这个价值母体上），进而捆绑和要挟消费者，希望能从中一劳永逸地获利，这个想法属实有点阴险。

"别漂了，留在父母身边"

每逢春节，各大地产开发商都会打出"返乡置业"牌，那些漂泊异乡的北漂、沪漂、广漂、深漂、杭漂，历经长途迁徙，回到故乡，回到父母身边，他们做回了故乡的孩子，也成了开发商眼中的客户——返乡客。如何让他们留在故乡买房呢？是告诉他们家乡这些年的发展势头，还是将故乡的房价和一线大城市做个对比呢？这些都挺好，但对这些游子而言，大城市里才有更多的机会、更大的舞台。

如何利用春节这个机会尽力留住他们呢？西安的东安·叁城就祭出了这一招——动之以情，晓之以理。情自不用说了，每逢佳节倍思亲，譬如，"每次打电话回家都说，爸妈，我在外面过得很好，这是几年来撒得最多的谎"。关键还是晓之以理，不是道理，而是伦理。作为儿女，古话说"父母在，不远游"，留在父母身边，就意味着尽责，意味着孝顺，"家里啥都不缺，你别折腾了，背后还有一句没说出来的话，就缺了个你"，这完全是用父母来将你的军，要求你回来。

这段文案里，一般人觉得"就缺了个你"是重点，是泪点，但是在我看来，"你别折腾了"才是这句里最猛的——仿佛在说"你在大城市里混了半天，也没混出个名堂来，而且孝顺也没有做到，你到底在折腾什么？既然这样，不如回来，至少还能报答父母的养育之恩，尽一下孝道"。设想这个漂泊异乡的青年人，在城市里看到 "来了就是深圳人""太忙了，记得他承诺带我环游世界，到现在我们也就去过世界之窗——留在深圳，给自己与爱的人一个家""别让这座城市留住了你的青春，却留不住你""故乡眼中的骄子，不应该是城市的游子"，他是多么脆弱！而他回到了故乡，看到的又是"别折腾了，别漂了，留在父母身边"，他又是怎样的百感交集！夹在中间，似乎前已无通路，后不见归途，如同悲伤被下载了两次。

"顾家的人，更成功"

万科·翡翠之光是福州海峡奥体中心旁的一个地产项目，品牌早期的诉求更多的是围绕着地段和产品价值，譬如，奥体半径生活圈、堂心户型、同等面积多一房。随着推广进入中期，有越来越多的客户样本出来，结果发现这些刚需、刚改的新中产客群格外重视家庭，这给品牌新诉求指出了方向。重视家庭，意味着他们对家长的角色很重视，意味着他们十分顾家——这种对家庭伦理角色的赞美，无疑是品牌新的驱动力，但对这群处于上升期的精英群体而言，他们不只是渴望顾家，也渴望"买翡翠之光是人生进阶、有面子"的赞美，所以品牌融合了"伦理角色"和"身份地位"两重自我，双轮驱动客户——"公司股票上涨很好，见证孩子的成长更好""上一刻别

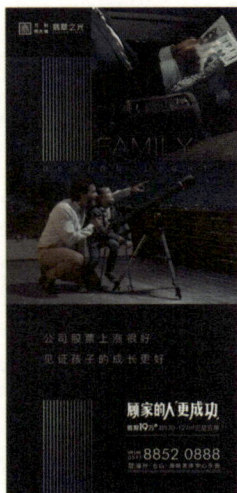

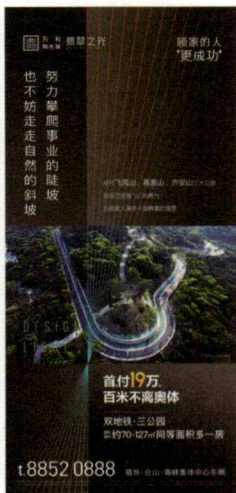

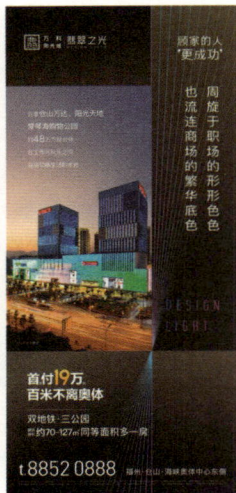

人眼中风光无限的赢家，下一刻孩子心中无所不能的爸爸""别人眼中气场全开的女王，也是家里萌娃心中的潮妈""事业出色是成就，让家人幸福是终身成就""上一刻拓展公司全球化事业，下一刻陪孩子在公园撒野"——顾家的人，更成功。

"亲爱的，别让我们的婚礼在别人的屋檐下举行"

这个绿地世纪城的地产广告是有逻辑问题的，因为现在的婚礼一般是在酒店宴会大厅，也就是说在别人屋檐下举行，这是必然的选择。但事实上，说婚礼是假，诉求婚房才是真，大家要得其意，忘其形。这则广告站在未婚妻的视角，以爱情之名，以家书信笺的形式，希望唤起男方的丈夫角色，这个角色如果进入男方的意识层面，对号入座，他就得承担家庭伦理的责任，也就是买房。这个站在未婚妻的角度，相较于"没房你只能叫阿姨"的广告，似乎更加润物细无声一些。

类似的广告语还有一些更温情的，譬如，"2000 年 5 月 20 日，她嫁给了你，执子之手，与子偕老——除了你，没人可以让她过得更好""送一座大花园给她，她为了你拒绝无数男孩的鲜花""把曾经的似水年华，用一栋海边的别墅装下，送给她"……不过，这不是未婚夫的角色，而是丈夫的角色，是一家之主的角色，类似于"有我在，你们放心，我会给你们更好的生活"，或者"跟着我这么多年，你们辛苦了，现在我要好好报答你们"的心理，诉诸的更多的是消费升级，是换房的需求。

当然，最近这些年，随着女性经济的独立和平权观念的普及，女性在社会上的话语权也越来越大，过去在恋爱婚姻中似乎还处于依附地位的女性角色，也有了 180 度的大反转。有些地产开发商甚至打出了这样的广告——"你这么努力，不是为了嫁出去，是为了不必嫁出去"，直接把独立变成孤立了，但在某种程度上，这也印证了品牌在伦理领域的强势介入，就像网上的一个段子——"男人买了房，就有了结婚的底气；女人买了房，就有了单身的底气，而开发商，就是那个制造底气的人"。

客群归属——交圈

"荣幸成为
其中一员"

客群自我的第四种类型是群体归属，在这个层面上，消费者和商品或品牌的关系是交圈。这里的"圈"和代表身份地位的"圈层"不同（更侧重于阶层）。交圈的"圈"，指的是某些特定"圈子"的群体（多因兴趣爱好相同而聚在一起产生联系），而交圈的"交"，则更多的是指归属感，是情感和文化的认同。

这些圈子大致可以分为几种类型。①以地缘为群体归属，正所谓一方水土养一方人，因为历史人文、风土人情连接在一起，这个群体可大可小，小到在一个村庄长大的、一个小学毕业的，大到来自一个城市、一个民族等。②以共同经历为群体归属，譬如，都有大院经历的、一个年代生的、同一个行业的等。③以志趣相投为群体归属，这种类型可以不是现实中的社群，而是网络虚拟空间中的，譬如，二次元的、文艺的线上聚落等。④最辽阔的归属感，应该是余秀华的"我会遇见最好的山水、最好的人，他们所在的地方都是我的祖国"，应该是王昭君的"天下没有远方，人间皆是故乡"，应该是舒国治《流浪集》中的"Been here so long got to calling it home"（野荒贮久亦是家），应该是苏浅在《尼亚加拉瀑布》中描述的"当然它是身体外的，也是边境外的，当我试图赞美，我赞美的是五十米落差的水晶，它既不是美国，也不是加拿大的，如果我热爱，它就是祖国；如果我忧伤，它就是全部的泪水"。

在马斯洛的需求层级里，归属感被放在了第三层次，仅次于生理需求和安全需求，是人作为一个具有社会属性的动物的基本情感需求。

人为什么需要归属感呢？本质上，归属感主要源于自我身份认同的需要，源于我们对"我是谁"的追问——我是自己的个性，我是社会地位，我是家庭中的一员，除此之外，我还是公司的一员、学校的一员、粉丝团的一员、微信群的一员、故乡的一员、国家的一员……我是其中一员，这一点很重要。在中国传统文化里，由小家及大家，由血缘及地缘、学缘、业缘，等等，在这些不同的群体中，我的自我呈现出不同的面向，并且似乎都有所归属。

随着现代人离开故乡，脱离原生家庭，离开学校，生活在孤单喧嚣的都市中，拼杀在竞争激烈的职场中，那种熟人社会的亲密归属感也渐渐稀薄。心理学家弗洛姆在《逃避自由》一书中，描述了现代人普遍面临的无归属感，现代自由作为个体独立的过程，意味着归属感的缺失，现代人处于自由与孤独两难的困境中。社会学家齐美尔则提出了"社会原子化"的概念，生动形象地表达了当代社会人与人之间联系的减弱。

在这个移动互联网时代，看上去是天涯若比邻，不过是比邻若天涯的反者道之动；在这个都市化的时代，城市人口密度似乎提高了，但情感浓度反而降低了（就像齐豫在《答案》这首歌中唱到的，天上的星星为何像人群一般的拥挤呢？地上的人们为何又像星星一样的疏远？）。作为一种本能的需求，归属感在时代的揉捏挤压之下，一方面有强烈的怀旧的倾向，另一方面变得越来越虚拟和碎片化，这些趋势让品牌有了新的情感抓手。当然，也有一些品牌并不是顺势而为地借势，而是希望造一个乌托邦，通过"社群"的营建，重建亲密关系，重拾归属感。

"我们的精神角落"

这是 2016 年豆瓣首部品牌影片的宣传语，也是 11 年来豆瓣的首次发声。豆瓣作为一个文艺的网络社区，以图书、电影、音乐为主要内容，以弱关系陌生人社交为主（不同于微信的强关系），希望能帮助用户找到生活中感兴趣的人和物。我们也习惯于看完一部电影，就去豆瓣上看看影评，或者写写评论，"豆瓣排名最高的 250 部电影""豆瓣评分最高的 100 本书"等已然成为很多人的行动清单，在行业内也享有极大的影响力。

当然，豆瓣最核心的部分当数众多的神奇小组，像"史上最沉默小组""请假借口研究所""高压锅爆炸"……这些小的聚落各有空间，且蓬勃地生长着，那些自诩为不合群的小众群体，总能在其中找到同类和共鸣。十多年来，豆瓣似乎一直游离在现实世界之外，为很多人的精神世界留存了一处角落，像一个树洞，又像一处港湾，你在这里可以找到自己，可以和很多懂你的人联结在一起——就像网易云音乐下面的各种评论，本身就是抱团取暖（可能是互相治愈，也可能是互相"致郁"，这也是很多人批评网易云是"网抑云"的原因）；就像在 B 站上发弹幕，似乎就开始了寻亲。精神角落，这看上去有点像豆瓣的产品定位（文艺的在线社区），但"我们的精神角落"，毫无疑问是站在了豆瓣用户的角度，豆瓣是群体的归属，让他们找到了组织、找到了同类，是他们共同创造出的情感和内容交集。

就像著名时评人杨时旸对于角落的看法，角落的意义就像火烛和酒旗，在这个大张旗鼓、众声喧哗的时代，世界已然变成了一个巨大的广场，每天上演各种人与事，光怪陆离，有时让我们心生欢喜，有时令我们措手不及，当我们走出广场，更希望有一个角落供我们安然自得，这个角落安全、舒适，却又不自我封闭，它让同类休憩、交流，却又不会就此沉溺，希望这世上一直有这个角落，让我们得以回旋和寄望，像个故乡。

"是一瓶酒，更是一种烙印"

红星二锅头，在品牌上没有诉求正宗的产品特性，也没有诉诸优雅、爷们儿的个性，或者身份地位，而是从归属感的角度出发，让红星二锅头成为那个血色浪漫时代的勋章、激情燃烧岁月的烙印。

"用子弹放倒敌人，用二锅头放倒兄弟""将所有一言难尽，一饮而尽""没有痛苦，不算痛快""铁哥们儿是这样炼成的""把激情燃烧的岁月灌进喉咙"……这些宣言铿锵有力，有情有义。对那些经历过那个岁月的人来说，这些令人热血沸腾的场景历历在目，让人心潮澎湃；对很多没有经历过那个时代的人（很多消费者）而言，在影视剧里，在书本里，在父辈们的描述里，那个意气风发、肝胆相照的时代让人无限向往。虽说我们活在此时此地此刻，但我们也可以向往另外一个时代，向往另外一个时空——那里有我们的情感共鸣、能量补给和心的安放之处。

诗人何三坡说：从前，米松常常在幽静无人的地方发笑。这个住在刻尼乡下的智者，是我热爱的人，他从山川、鸟兽那里找到了生命的喜悦。而我更加热爱的陶渊明，则把一生交给了酒，酒中晃动的明月，明月下的土地，大地上上升又涣散的炊烟。他们都是我的师长，我热爱他们。我愿意像他们那样在乡下度过一辈子。

与谁同坐？明月、清风、我。与谁对饮？举杯邀明月，对影成三人。对啊，与他同坐对饮的，正是这穿越时空的归属感。时间永远向前流淌，奔腾不息，有人在大时代弄潮，有人顺流而下，也有一些人逆流而上，不时回望，回望那些往昔——那些耀眼的岁月，那些汹涌的能量冲刷过的流域，已然变成一片瑰丽无比的湖泊——他们不时去到那里，去那里泛舟、饮马、放歌、纵酒，青春做伴，一同还乡。

"不是每个人的记忆里都有陶然亭"

一瓶是北京西城区陶然亭公园边上的一个住宅项目，项目最独特的卖点是地理位置——陶然亭公园旁，但是在品牌推广上并没有采取"下楼就是陶然亭公园"这么直接的产品诉求，也没有用"公园豪宅、身份地位"来诉求，而是从客群出发，从他们的集体记忆出发，诉诸归属感——他们或生于斯，或长于斯，陶然亭和他们的童年、青春、小伙伴有关，和他们曾经的悲伤和快乐有关，而这些记忆独属于他们——不是每个人的记忆里都有陶然亭。

在表达上，推广文案用少年讲故事、戏剧性的口吻，把人们带回到那段旧时的记忆里——"1983 年，我的潜艇'闪闪红星号'在陶然亭下潜，至今也没有浮上来""1987 年，我带着我弟第一次征服了大雪山，然后每个礼拜都要重新征服它 13 次，直到我上小学，现在大雪山还在陶然亭""1984 年，我和一个姑娘在陶然亭约会至凌晨4 点，被王母娘娘抓到，她非说那是她七女儿""1978 年，我一人打败了所有敌人，统一了陶然亭，那年我才十四岁"……

就像 HAYA 乐团在《往日时光》中深情地唱的：人生中最美的珍藏，还是那些往日的时光，虽然穷得只剩下快乐，身上穿着旧衣裳……如今我们变了模样，为了生活天天奔忙，但是只要想起往日时光，你的眼睛就会发亮……虽然我们变了模样，生命依然充满渴望，假如能够回到往日时光，哪怕只有一个晚上。哪怕只有一个晚上，这或许就是归属感的意义吧。

"似是故人归"

归去来是华润地产首入姑苏，在苏州古城区打造的一个新中式别墅区。作为长三角地区的核心城市，苏州在改革开放之后，GDP 增速全国领先，经济飞速发展，城市变得越来越大、越来越繁华。而有着千年历史、荣膺"联合国人居奖"、最能代表苏州的古城区，也在这个过程中变得日渐繁华、奢华，甚至浮华。虽说古城里的小巷古桥、江南园林依旧美丽，但也有一些弥足珍贵的东西正在消失，那就是昔日的市井烟火、温润的人情味、质朴自然的生活，这让生活在苏州的人有时也会非常想念苏州，想念那个恍若隔世的旧时苏州——"霜叶红于二月天，你之所忆，是否也是女儿之所见""冰

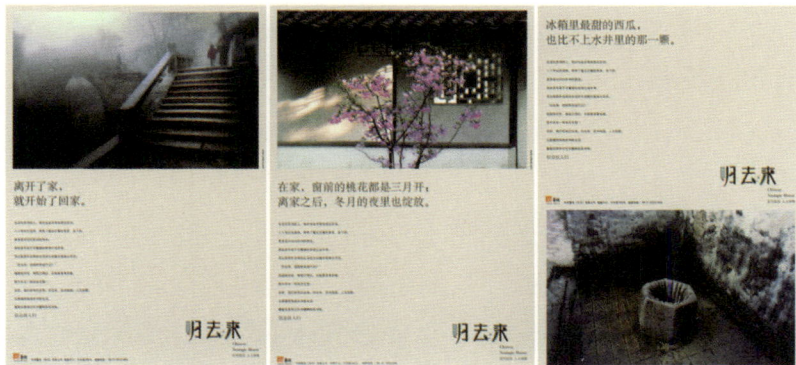

箱里最甜的西瓜，也比不上水井里的那一颗""在家，窗前的桃花都是三月开；离家之后，冬月的夜里也绽放""走得再远，还是没有走出最初的地方""尘埃里的旧物能拾起；记忆中的旧事，有几件能找回""离开了家，就开始回家"……难道这一切只能成为遗憾吗？还好，我们还有归去来，这个苏州故园·人文别墅，它以新建筑构造苏州新生活，希望还原你记忆中最纯粹的苏州味。

"我向世界表达自己的方式"

万科·大明宫，这个位于西安大明宫国家遗址公园边上的高端住宅项目，没有像苏州一些古城项目一样诉诸"世遗级"的产品概念，也没有像北京皇城遗址的项目诉诸"曾经是帝王的家"之类的尊贵地位，而是超越了表层的产品概念和身份象征，进入文明的深处——那个以大明宫为象征的大唐盛世，那个曾经的世界中心，那个万国来朝、霓裳羽衣、葡萄美酒夜光杯的年代，那个海上生明月、长河落日圆、千金散尽还复来的年代——这一切，都让人无限神往。

唐代诗人张若虚在《春江花月夜》中，有句"不知江月待何人"，其中最迷人的一个字是"待"，那轮盛唐的江月，"待"的正是历史的回响。在新的盛世，在这块传奇的土地之上，万科·大明宫的出现让人们有机会住进这个伟大的盛世之梦里——这是客户的身份认同，是超越了地位的身份归属，是客户希望告诉世界"他是谁"的答案。就像媒体曾经调查："如果可以穿越回古代，你最想回到哪个朝代？"最多的答案是盛唐。

罗素在《幸福之路》里这般写道：在你当下的活动之上，你应当具有某些虽然遥不可及，但会渐渐清晰起来的目标，在这些目标中，你不是孤独的个人，而是引导人类走向文明的生活大军中的一员，如果你拥有了这种看法，那么某种伟大的幸福便会永远伴随着你，而不管你个人的命运如何，生命将变成与历代伟人共享的圣餐，而个人的死亡只不过是首小小的插曲。正是这伟大的向往.穿越时空，让你的心有所归属。

"寻根八闽繁华"

融信·双杭城是 2014 年福建的地王，福州市中心的超级大盘，地处老城风貌区——传奇的上下杭之上。关于上下杭的历史，最远可追溯到公元前 202 年，汉高祖册封闽越王无诸，就在今天的大庙山上，那儿至今还留有"全闽第一江山"的石碑。宋朝之后，大庙山南麓沿岸两大沙痕逐渐形成陆地，上下杭逐水得商贾兴盛。清道光二十二年，福州五口通商，上下杭对外开放，商业开始繁荣，声名远播国内外。民国时期，上下杭百业俱全，会馆云集，发展至顶峰，

当时闽商富豪十有八九在上下杭，这里也因此成为闽商文明的重要发祥地之一。

作为千年历史文化名城，福州最有代表性的地脉文化有四处：三坊七巷的将相文化、上下杭的商贾文化、烟台山的使馆文化、船政学堂的船政文化。从知名度上来看，三坊七巷遥遥领先于其他，但它只是代表"士大夫"的福州，而对于闽商文明，对于福州的根脉，历史更为悠久、曾经风云时代的上下杭无疑是最佳代表。它被尘封的历史荣光，需要被唤醒——这是融信品牌的理念，更是城市的期待。项目因此提出了"寻根八闽繁华""闽商文明的当代复兴"的品牌主张，并向城市抛出了"福州从哪里来，要到哪里去"的恢宏之问，融信·双杭城期待用"上下两千年，上下杭"来回答，希望让700万福州人，让全球闽商找到曾经的出发之处、初心所在，更找到未来的心之向往。

"给世界一个新福州"

东二环泰禾广场，作为福州乃至福建地区最大、最顶级的城市综合体之一，它该如何和城市对话？在2011年开建的时候，项目提出了"超越东街口"（福州传统老牌的商业中心），那还是在市场逻辑里进行对标和比附。如今，泰禾真正用实力让情怀落地，福州的商业格局、生活方式、城市影响力都即将发生改变。

在《人类群星闪耀时》一书中，斯蒂芬·茨威格写道：一个真正具有世界历史意义的时刻——一个群星闪耀时刻出现以前，必然有漫长的岁月无谓地流逝而去，那些平时慢慢悠悠顺序发生和并列发生的事，都被压缩在这样一个决定一切的短暂时刻表现出来，这一时刻对世世代代做出不可改变的决定，它决定着一个人的生死、一个民族的存亡甚至整个人类的命运。正如 1976 年 4 月，乔布斯在车库里成立了苹果公司，给世界一个重新定义的人类科技社会；1989 年11 月，德国的柏林墙被推倒，给人类一个没有冷战的新世界；1979年春天，邓小平在南海边画了一个圈，给世界一个现代化的中国；2001 年 11 月，中国通过了 WTO 的审议，给世界一个国际化的中国。

在地球广袤的土地上，在中国的南方，150 万平方米的世界级商业航母即将劈波斩浪时，福州也正面临着一个关键的转折点——从省会二线城市跃变成比肩一线城市的新都会，从小打小闹到让福州跃进30 年的大展宏图，从商业各自为阵、群龙无首到城市级商业综合体的定鼎问世，从空喊口号的小型商业到以行践言的国际商业航母，从洗洗就睡了的老派作风到 24 小时国际化的都会生活，从三坊七巷的老"虎纠"到东二环泰禾广场的新福州——150 万平方米的东二环泰禾广场，这个时候要对 700 万（2016 年）福州人说，说出他们的心之向往——给世界一个新福州。这是 700 万福州人的荣耀时刻，是他们的城市的无上骄傲，是让福州进阶为更好的城市的地标（福州 + 东二环泰禾广场 = 北上广深等一线城市），也是他们面向未来的生活归属（游三坊七巷，逛东泰禾广场，这是未来福州人即将拥抱的、比肩世界都会的新生活方式）。

"泰山安，则中国安"

国山墅是位于山东省泰安市泰山南麓的一个顶级别墅区，泰山无疑是其最大的 IP，但市场上的竞品几乎都是和泰山沾亲带故，主打山水资源牌。为了跳脱出来，项目早期提出了"华人 CEO 官邸"，完全丢掉了自己最大的优势，最后流于平庸。如何拿回属于自己的市场地位？核心还是泰山，作为五岳之首，世界自然和文化双重遗产之地，古人视之为"直通帝座"的天堂、帝王祭天的神山。自秦始皇开始到清代，先后有 13 代帝王亲自登临封禅或祭祀。时至今日，仍然有无数人怀着虔诚之心来此祈福，人们相信，泰山安则四海皆安，泰山安则国泰民安，泰山安则中国安——泰山不只是一处自然名胜，更是一个精神家园、一种民族信仰，它超越了身份地位，成为城市的荣耀，成为文化的归属（至于市场地位、身份地位，只是品牌降维打击的副产物）。

"万园朝宗·苏造中国品位"

拙政别墅，与拙政园仅一墙之隔，五百年前曾是拙政园的一部分，文物级地段，名副其实，举世无双。这么好的地段上的别墅，说什么都像是拙政园的附庸。如何超越"拙政园边上的别墅区""文物级国邸"这么实在的物理定位，或所谓的"世界家族的壹号门牌"之类的身份地位，这才是关键。

如果说"江南园林甲天下，苏州园林甲江南"，那有着"中国园林之母"之称的拙政园，无疑就是"甲苏州"了。此外，作为世界文化遗产，苏州的第一城市名片，拙政园不仅代表着中国园林的至高成就，还形塑着苏州乃至中国最精致、最有品位的生活方式，这正是苏州这个城市的迷人之处。因此，拙政别墅提出"万园朝宗，苏造中国品位"，把拙政园推到势能更高的地方，这也让拙政别墅与之一起成为城市荣耀、城市归属的符号。果真是利他是最好的利己，成人才能更好地达己。

"丈量边关，致敬英雄"

荣威 W5 是上汽集团生产的中国首款自主品牌 SUV。2012 年，荣威 W5 提出了"丈量边关，致敬英雄"的宣传口号，诉诸的便是群体归属（民族精神、爱国热情，我是中国人这个身份归属）——"960 万平方公里，没有一寸土地是多余的""有一种决心叫作绝不退让""英雄绝不退让，无论 81 年前，还是今天""什么都可以跨越，除了底线""中国的版图，容不下他人的企图" "不必拥有一辆中国车，但必须有一颗中国心"……字字铿锵，铁血豪情，忠贞赤胆，同仇敌忾，这份爱国信仰的身份认同，让品牌和消费者结下了深厚的革命友谊（正如 2020 年中美贸易战期间的华为品牌）。

人文

文我

大我

第 四 章

价值观——交心

"脑袋可能
指挥屁股"

说完产品的小我、客群的自我之后，品牌和消费者关系的轻舟已驶过万重山了，渐渐有了点"小舟从此逝，江海寄余生"的意味，开始进入第三个层级，那就是"星垂平野阔，月涌大江流"的人文大我，这时候商品和消费者的关系是交心。

随着市场上商品同质化越来越严重，品牌无法再以从产品特点、产品功能出发的 USP 理论、定位逻辑进行差异化推广，也很难通过客群个性、身份地位、伦理角色、自我归属做品牌形象的市场区隔，这时候，那些更有企图心的品牌，不希望在低维度上与后来者竞争，他们期待拥抱更大的自我，让品牌和客户的关系进入新的境界。

经济学家张维迎在《理念的力量》中提出一个观点：经济学的一个基本假设，用中国人的话讲就是"屁股决定脑袋"，即你处于什么样的位置就说什么样的话，做什么样的事；但其实还有另一重此前被忽视的假设，那就是"脑袋可能指挥屁股"，也就是你有什么样的想法，会影响你说什么样的话，做什么样的事情，甚至决定你将处于什么样的位置。

前者很像品牌交集的前两部分，"屁股决定脑袋"——什么样的产品就说什么样的话，怎么能迎合客户的需求就怎么说话。而品牌的人文大我更像是"脑袋决定屁股"，它没有恭维客户的意思，它鼓舞并引领着客户一同迈向更美好的世界。而作为回报，品牌将收获神圣的地位，完成从市场占有率到人心占有率的升华，就像诗人史蒂文斯在《坛子轶事》中说的：我把一只坛子放在田纳西，它是圆的，置在山巅。它使凌乱的荒野，围着山峰排列。于是荒野向它涌起，匍匐在四周，不再荒凉。人文大我，就是田纳西的那只罐子，它象征着的，正是某种伟大的精神。

2016 年底，应 TED 的邀约，我做了一次主题为《伟大的主张》的分享，探讨了在"个人六神无主，家国谁主沉浮，品牌没有主意"之时，到底是什么能给予我们力量。比如说，在我们遇到各种人生问题的时候，生命陷入晦暗无名的时刻，茫然无措、六神无主，问到底是存在还是毁灭，是随波逐流还是到中流击水，发出了"我到底该怎么办"的疑问的时候，到底什么能给予个人力量？再比如说，当家国社会陷入危机，或者集体恐慌，或者内外动乱，各种阶级矛盾重叠之时，到底什么能给予国家力量？再比如，当商品同质化严重，面临激烈的市场竞争的时候，当喜新厌旧的消费者离我们而去，或者并不认可我们的时候，当广告主迫切地恳求"给我们出点主意吧"的时候，到底什么能给予品牌力量？

我的答案是主张——伟大的主张，因为不管是生命、生活，还是品牌、家国，都需要凝聚力量，需要有信念和方向，需要减熵，需要用伟大的主张来补给精神的能量，与无序、混乱、虚无对抗。

这伟大的主张，就是人文之大我。

"所有的伟大，源于一个勇敢的开始"

印象中凯迪拉克的广告，有些是直接诉诸产品特点的，比如，魔性的"没有后驱，不算豪华"；有些是从产品特点进行升华的，比如，基于智能驾驶系统的"放手去做"。这些表达都很棒，有的会让人会心一笑，有的会让人感到特别酷，但真正让人感到震撼心灵的，无疑是这个品牌主张——所有的伟大，源于一个勇敢的开始。虽然这个主张很容易联结到凯迪拉克历史上的品牌创举，很容易赋予品牌勇敢、硬气的个性，但很明显，它超越了这一切。

曾经有一项科学调查，采访了 100 个濒临死亡的老人，问他们这一生最遗憾的事，几乎所有人都说，让自己最后悔、最遗憾的事不是已经做过的事，而是那些没有勇气做，但是很想去做的事。对你来说，什么是你想做，却一直没有去做的事情呢？为什么没有开始呢？不相信自己？担心做砸了，丢面子？还没准备好？……毫无疑问，你需要指引和激励，你需要一个坚定的支持！但是谁能给你坚定呢？身边的长辈们吗？他们或许就是你没有开始行动的原因。

当你身处黑夜之中，灵魂嗷嗷待哺之际，凯迪拉克品牌向天上发射了一颗"卫星"，往夜空放置了一轮明亮的"月亮"——这则户外灯箱广告，上面明亮地闪烁着"所有的伟大，源于一个勇敢的开始"。当你抬头的刹那，这颗千里之外的"卫星"、这轮"月亮"便与你连接上了，大江大河之初那片雪花的融化也与你连接上了，那些最初萌发的改变世界的小小勇气也与你连接上了。这些涓涓细流正流淌进你的胸膛，与你身体里的荷尔蒙、多巴胺一起，激励着你，指引着你，开始，勇敢地开始。

"何事惊慌"

北京永安里有一家餐馆，餐厅匾额中间赫然写着四个大字"何事惊慌"，我瞥见它的电光石火间，有一种强烈的感受，就是平日里那颗提起来的心、患得患失的心，一下子就放回去了，如同一颗速效救心丸，诸多的慌张、诸多的忐忑皆烟消云散，元神瞬间归位，心头也为之一振。

几年后，团队接到一个地产项目，叫君汇华府，是山西长治市中心顶级的豪宅，不管地段还是产品配置，都是顶级。但当时山西经济不是很景气，大部分人对长治和山西的未来都感到有点不确定和恐慌，对现状也会感到无力和焦虑。这时候，君汇华府如果强调自己的产品有多好，或者强调客群的身份地位，就显得格局太小了。君汇华府理应胸怀更大，理应在这个困难的时刻，和"长治"这个以长治久安为名，"上党从来天下脊"的城市，一同穿越这迷雾，如同矿井里的探照灯，指引大家勇敢前行。

"何事惊慌"，这个让人们从混乱中瞬间恢复的主张，如同《三国演义》里的锦囊妙计，被援引过来，它从江湖之远，进入庙堂之上，从修身齐家，到兼济天下，发挥更大的功效——在城市失落无助的时候，君汇华府，如同太行山的脊梁，巍然如山地对大家说"何事惊慌，没事儿，都会好起来的"——这如同一针镇定剂，能让城市获得某种伟力，不再那样慌张。

"JUST DO IT"

耐克最伟大的地方，也是真正让它超越锐步、彪马、阿迪达斯等竞争对手的地方，不是产品的创新（如著名的气垫），不是更好的鞋子，也不是那些明星运动员的代言（比如，迈克尔·乔丹，或者老虎伍兹，因为其他品牌也各自有顶级运动员代言），耐克的成功之处，是它抓住了体育的精神。体育提供了一个平等的竞技场所，在体育比赛里，胜利属于最有决心、最有信心的人，而不是那些在社会中得到最多权势和支持的人。真正的体育精神，是运动员凭借坚定的决心征服逆境而赢得胜利的精神。这种精神超越了产品，也超越了运动赛场，它提供了一个更为广阔的竞争视野，将人们的目光引向他处，比如，平民窟、身体残缺、种族歧视等，从而使人们领悟到，日常生活中的那些看上去难以克服的困难和挑战，与种族主义、性别歧视和全球贫困相比，根本不算什么。

耐克找到了这种伟大的精神，并在 20 世纪 80 年代，在美国花园野餐梦破灭之际（不能再像以往那样，享受战后经济的繁荣和优厚的待遇），予以国家一个响亮的回应——JUST DO IT（只管去做）。这个回应充满了由决心而生的乐观主义和勇往直前的精神，同时这也是一种超越国界的伟大的人文精神，如同一条令人鼓舞的掌握自己命运的宣言——不管你是谁，不论你的身体状况、财富状况和社会地位如何，伟大不只是一种可能，它等待着你去激发，不要屈服于世俗的力量，不要沉湎于平庸的生活，不要找那么多借口，是时候纵身一跃，付诸行动了！

"自律给我自由"

Keep App 的这个品牌主张，句式就很自律，有天然的韵律感，给人强烈的信任度和记忆度，实现了广阔传播影响力的自由。Keep 旗帜鲜明地赞同德国哲学家伊曼努尔·康德《实践理性批判》里的"自律即自由"，反对懒惰、放纵——那种狭隘的、空虚的、滑坡的、臃肿的、透支的所谓懒洋洋的自由。这个主张超越了产品层面和个性层面，是伟大的精神之力，斩钉截铁地给人以鞭策和鼓舞。

正如山本耀司所言：我从来不相信什么懒洋洋的自由，我向往的自由是通过勤奋和努力实现的更广阔的人生，那样的自由才是珍贵的、有价值的，我相信一万小时定律，我从来不相信天上掉馅饼的灵感和坐等的成就，做一个自由又自律的人，靠势必实现的决心认真地活着。乔布斯也说过类似的话：自由从何而来？从自信中来，而自信则是从自律中来，先学会克制自己，用严格的日程表控制生活，才能在这种自律中不断磨炼出自信来。

也许我们成不了这么伟大的人，但作为普通人，我们至少要成为自己人生的主宰，用自律为自己撑开更广阔的自由。就像阿甘妈妈临死前对阿甘说的：我相信你也把握了自己的命运，把神给你的恩赐发挥到了极致。

"付出必有回报"

中国银联旗下的云闪付 App 的品牌主张是一个无比朴素的真理，它没有像"支付就用支付宝"这样强化品类定位，没有像"微信支付，不只支付"这样进行差异化定位，也没有像"生活好，支付宝"一样诉诸品牌的形象，云闪付把品牌的大理想抛得更远——从支付到付出，往前推进了一大步，因为你的每一笔支付，都来自你的付出，付出才是一切的开始，云闪付品牌赞美的正是付出。

云闪付的这个主张，一脚就把"不劳而获""努力付出，到底有没有回报""为什么我付出这么多，收获这么少"这些负能量的抱怨牌匾踹得粉碎，它鼓励大家勇敢付出——付出努力、付出汗水、付出时间、付出爱，这些种下的因，终将收获丰硕的回报。这句口号

如同一场春雨滋润着大地，极大地激发着全民的奋斗热情，激励着整个社会昂扬向前，为了更好的自己，为了更美好的社会。而作为中国银联品牌得到的回报就是，每当大家怠慢消极时，就会想起"付出必有回报"，想起云闪付。

"学习是一种信仰"

尚德机构是一家专注于学历教育、职业教育的互联网教育公司，在品牌主张上，它没有像新东方一样，提出产品的戏剧性"新东方，老师好"（除了师资好之外，也有上课时都会说的"起立，老师好"的戏剧性，华与华称其为文化母体），而是回应了"作为一个人，为什么要不断学习"这个本质问题。因为人大都是好逸恶劳的，无论老师多好，软硬件多好，我们也不愿意学习，更何况是工作累了一天之后，谁还愿意去自主学习呢？人们需要的不是各种 what 和 how，人们想知道的是 why，但很少有品牌回答这个问题。

这时候，尚德机构站了出来，明确地告诉大家为什么要学习，不是因为无聊寂寞，不是因为想要突显身份个性，而是因为学习是一种信仰。什么是信仰？信仰是因信称义，是先有了信，才有后面的一切，换言之，不是因为看见才相信，而是因为相信才能看见。你可能不信宗教，不信鬼神，但你总是要相信些什么，信仰些什么，因为你信什么，什么就是你的命。尚德机构相信学习能改变命运，相信"每个时代，都会悄悄犒赏会学习的人"，相信"这个世界，在残酷惩罚不改变的人"，相信学习就是一种信仰。

这个价值观层面的主张，让尚德机构有了超越产品层面的魅力，就像著名的黄金圆环理论（WHY-HOW-WHAT）中提到的，"当公司谈论'我们是做什么的'，以及自己的产品是多么先进的时候，或许也很吸引人，可这些因素未必能唤起我们的归属感，但当一家公司清楚地把'我为什么要这样做'传达出来，把他们的信念和理念说明白的时候，如果我们认同这些理念，那我们就会心甘情愿地把这些产品和品牌融入自己的生活"，很明显，尚德机构做到了这一点。

"Keep Walking"

尊尼获加，诞生于 1820 年的苏格兰威士忌品牌，以 "Striding Man"（行走的绅士）的形象闪耀于世，其早期的广告语是 "Born 1820—

Still Going Strong"（始创 1820，始终强劲），并沿用了近一个世纪。在 1999 年，随着标识的全新升级，广告语更换为更广为传播的 "Keep Walking"（永远向前），这完全跳脱了威士忌的范畴（1820 年的产品特点），也跳脱了此前的品牌个性（优雅的绅士），进入了更广阔的人类精神世界——永远向前，不要懈怠，坚持下去，超越自己。它鼓励在大城市为梦想打拼的年轻人"与城市同行，为成长干杯"，鼓励大家"新年迈出新的一步"，鼓励残奥会运动员"只要不缺信念，就能永远向前"，鼓舞追求变革的领袖"致敬中国变革者"，支持哥伦比亚的和平进程，激发大家"什么问题，推动你向前"的思考，拉近兄弟朋友之间的情意"让情更近"，也温情地对大家说"中秋快乐，今天不向前，是为了走更远"……

这个伟大的主张拥有无限的延展空间，通过品牌不断地演绎，鼓舞着世界勇敢向前。陈坤发起的"行走的力量"公益项目，走文艺路线的"步履不停"品牌，体育品牌安踏的"永不止步"（Keep Moving），这些或多或少都源于此，都可以看作是这条精神脉络的支流——它们共同构成了一个广阔的精神流域，滋养着世界上不同地方的人们。

举一个 "Keep Walking" 精神支流上的例子。建发·湖山央墅（现在叫领墅），福州五四北的城市低密墅区，当时计划推出总价 300 多万的小别墅（相当于福州市区一套平层的价格），客群大概是 30~45 岁的城市精英阶层。当时团队有一个洞察，这群城市精英能花 300

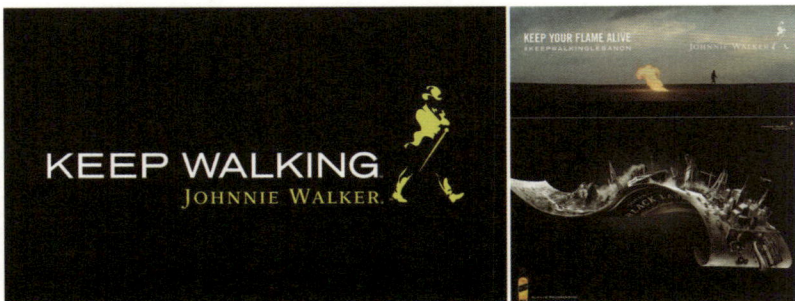

多万买栋别墅，首先证明了他们自己的成功，这很重要，因为不是所有人都有实力取得这种成就，这让他们划清了与大众在身份和地位上的界限。但是如果只用所谓的成功来赞美他们，就太不了解他们了，譬如，"三十岁住别墅""年纪轻轻住别墅""向前一步是别墅"，说得好像他们买别墅很费力一样。其实对他们而言，买一栋城市小别墅只是传奇人生的一个里程碑，登上的一个小山头。积极乐观、锐意进取的他们，不会停下脚步，只会不断突破自己，继续向前，这就是他们——类似于奥迪汽车曾经的一个广告"不是拥有了我你变强了，而是你要变得更强了"。

因此，建发·湖山央墅提出了"不错，继续向前"的主张，它延续了"永远向前"的精神动力，但首先它肯定了客户已经取得的成就——"不错"，另外更重要的是"继续向前"，它不仅鼓舞着这群精英客户，也鼓舞着社会。比如，对位客户的系列"年薪过百万——不错，继续向前""升为总经理——不错，继续向前""新换了座驾——不错，继续向前"；演绎生活的系列"一次成功的庭院派对——不错，继续向前""孩子认识了北斗星——不错，继续向前"；介入社会的系列"苹果推出了第七代手机——不错，继续向前""福州地铁1号线即将全线贯通——不错，继续向前"……

2015年，尊尼获加发布了全新的品牌主张，"Joy Will Take You Further"（乐在其中，迈步更远），看上去是要抛弃过去的"Keep Walking"，但事实上并非如此，它是对"永远向前"的纠偏，防止人们"只是马不停蹄地向前行走，忽略过程，忽略内心感受，一心追逐所谓的成功"，尊尼获加希望人们"享受前进的每一步"，为此还邀请了美国心理学家马特·基林斯沃斯作为品牌新主张的顾问（前沿的心理学似乎也需要借助商业实现理念的更广阔传播）。在他看来，人们有时候认为幸福遥不可及，只有经过多年的辛苦工作，或者当他们收入更高，又或者换大房子时，才有可能拥有幸福，但是越来越多的证据表明，享受过程中的幸福更有可能取得成功。所以，尊尼获加在全新的品牌大片中说道："你可以挥洒汗水、泪水，走出自己的路，但是乐在其中会令你迈步更远，让你昂首高飞，令你改变世界，直到超越自己。"这么看来，这个全新的主张也是很棒的，不过表达上有点太过烦琐，需要停下来思考，这也失去了昔日尊尼获加那种纯粹的精神力量。

"再向前一步"

杜蕾斯品牌在大家的印象中似乎是个段子手，善于追热点，经常在情色和色情的边缘游走，偶尔不小心也翻过车（比如，和喜茶的跨界 419 FOR ONE NIGHT "今夜一滴都不许剩""你的唇上有我的芝士")。在品牌创立 90 年之际,杜蕾斯似乎有点不再满足于只是个幽默、耍酷的形象,他们把品牌的核心往前推进了一大步,从过去侧重于性爱中的"性、性感",推进到性爱的另一端"爱、勇敢地爱",正如他们的主张"再往前一步"一样。

在广告片中,杜蕾斯选取了历史长河中的四个动人的爱情故事,鼓励那些想爱未爱、正爱不敢爱的男女,为爱,勇敢地再向前一步——"年轻的我们,总是低估了对手的强大"。在片子中,从 1932 年的新奥尔良(黑人马丁和白人莉莉安相恋,引发轩然大波),到巴黎(67岁的杜拉斯和 29 岁的安德烈相恋,饱受争议),再到伦敦(1964 年,杜蕾斯的第一台自动贩卖机因挑战保守观念,遭受冷眼)和西欧战场(二战期间,一等兵亨利和战地护士艾米相恋,经历生死考验),他们为了爱情不惜和命运抗争,超越了人类社会和所处时代的残酷束缚,突破了肤色的界限、阶层的铁壁、年龄的鸿沟、门第的观念、距离的囚笼……"但是,他们也低估了我们的强大"。在片子中,为爱勇敢的男女们最终战胜了对手,守护住了自己的幸福。

正如好莱坞著名编剧罗伯特·麦基在《故事》中所说的,故事艺术不断地寻求整治人生混乱的良方,回应亚里士多德《伦理学》中古

老的问题——一个人应该怎样度过他的一生，也就是巧妙地赋予人生以形式，回应人们如何以及为何要做的事。在杜蕾斯的广告片里，这些动人的故事中的主角们与各种力量（内心的、个人的、社会的）不断抗衡，最终达成所愿。在电影里，这是故事的弧光；在广告中，这就是品牌传递的伟大精神。它超越了产品的特点、功能、个性、身份、地位等这些小我，摇身一变，升华为无与伦比的一种决心，一种打破一切障碍、为了心中所爱、再往前一步的勇气。

"1 步 1 步来"

一加手机，一个很低调的国产智能手机品牌，在知名度上不如华为、小米（甚至不如倒闭的锤子），但它的实力其实非常强，用了不到 5 年，用户就遍布全球 30 多个国家，推出的手机，款款都是旗舰。2018 年，它在世界高端手机品牌中位列前五（连小米都没有入榜）。一加真正进入大家的视野，大致是因为钢铁侠小罗伯特·唐尼的代言，当时输出了"Never Settle"（永不妥协）的英文口号，想体现"不将究、追求极致"的品牌理念。但是，可能是由于这些话语用得太多的缘故，人们似乎很难对此有所触动。

真正打动人心的，还数 2015 年一加邀请韩寒代言时输出的品牌主张"1 步 1 步来"：在这个浮夸的、贩卖故事情怀变现的、各种加杠杆的时代，每个人都急于求成，都想着出名要趁早，想着要迅速当上 CEO，迎娶"白富美"，走上人生巅峰，那些沉下心来做事情的人，似乎显得有点不合时宜。

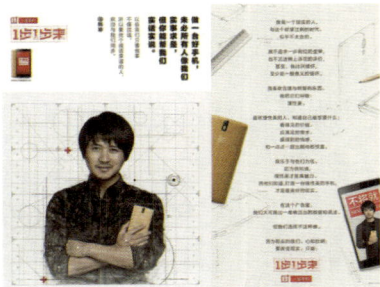

正如片子中韩寒的自述：我是一个现实的人，与这个欲望过剩的时代，似乎不太合拍。但是那些激进的空想、揠苗助长的大跃进、自欺欺人的空中楼阁，最后都需要付出代价，就像《让子弹飞》里的台词，"酒要一口一口喝，路要一步一步走，步子迈得太大，会扯着蛋"。那些真正想要改变世界的人，他们是脚踏实地的理想主义者，他们知道自己想要什么——"看得见的价值，应满足的需求，摸得到的情感，和一点点超出期待的惊喜"。他们不浮躁，他们深知要改变现实，就要有耐心，要一步一步来。这闪烁着无限的人格魅力，带给人无穷的精神力量。

"每一步都算数"

作为世界著名的运动品牌，New Balance 在创立 110 周年的时候，如何讲述一个品牌的光阴故事，如何传递一个品牌的伟大精神？印象中最经典的方式有几种，比如，尊尼获加用一镜到底的手法，以 6 分钟的长镜头拍摄《行走于世界的男人》，记录品牌一路的历程；还有路虎在 65 周年拍摄的品牌史诗广告："1947 年，我们的传奇从灵感中启程，成长让我们变得强大、自信。无论在世界的哪一个角落，我们随时准备全情投入，直面任何挑战。放眼未来，我们铸就了一个引以为傲的家族，以溶于血脉的勇气与实力，让路虎精神一脉相承。我们从不追随虚荣和时尚，只为不负重任，引领世人无所不至。我们有信心，更有能力开启下一段传奇旅程。所以，65 年后的今天，我们依然 ABOVE AND BEYOND（超越并且引领）!"

这些切入角度都是从自身出发，讲述品牌如何从一个初心开始，如何突破各种困难，如何取得各种荣耀，最后都升华为一种伟大的品牌精神。New Balance 没有把焦点放在自己身上，他们和"华语音乐教父"、制琴师李宗盛合作，以李宗盛真实的人生故事托人言志，演绎了彼此共同的信仰——每一步都算数。

在片子（微电影）中，李宗盛回望了自己的来时路。①在东京期间，彷徨挣扎，从"最后一搏的歌手、捉襟见肘的预算、局促的便宜旅店、迟迟不来的灵感"，到后来"写了几个大家后来才知道的歌与词"，似乎每个人向上攀爬的人生之路，总是要从低谷开始。②1994 年，李宗盛 35 岁，为了快速摆脱当时的身份，他从台北去了温哥华。当时他并没有期待从那里获得什么启发，"然而当假期结束，收拾行李的时候，心中浮现的一个念头，却决定了我后半生的面貌……这次旅行，让树与我，两个生命，重新展开……时至今日，每当我身在琴房，总想到林子里的自己，如今我手中握着它的血肉躯体，心中赞叹它的纹路肌理，我庆幸也激动"，当时无知无觉，看不清前路，回首时才发现，这或许正是转折处。③在香港的日子里，他感受到"这个城市太快，要是不小心，连感情都变得浮光掠影"，但正因为如此，他也感悟到"深刻隽永，是不是更为珍贵呢"，在一个脚步越来越快的时代，人越是应该清楚自己要走在怎样的路上。④吉隆坡，李宗盛音乐的第二故乡，也是世界华人生活圈的边缘，在这里，李宗盛以音乐总监的身份，发掘、提携，并鼓励那些出类拔萃的音乐人（虽然谦虚地说自己"心不在焉"），让他们循着老一辈音乐人的足迹，走出属于他们自己的道路。⑤台北北投，李宗盛的家乡，这里是"不管我离开多久，走得多远，只要回来，它都能自动帮我连上离开的那一天，那一个瞬间"；这里是李宗盛音乐的起点，"三十二年前的一个秋日下午"，他鼓起勇气，去应征差事，这对"刚刚在行业里迈开步子的年轻人来说，天知道意味着什么"。在这里，李宗盛说："虽然我终于用了熟练的几个和弦开始写歌，可是每每我唱的时候，都因为缺乏自信而略显腼腆，因为，我想我不知道这些歌将会有什么意义，又会把我带到哪里去。"

细数这一路，每一个城市、每一段旅程、每一步脚印，当时身处其中，似乎不明白"天知道意味着什么"，也不知道"这些将会有什么意义，又会把我带到哪里去"，但时过境迁，恍然明白，"每一个努力的脚印都是相连的，它一步一步带我们到今天，成就今天的你我"。就像乔布斯在一次演讲中说的，"你无法预知未来的点滴，只能在回顾时串联起过去的蛛丝马迹，所以，你要相信，在未来，你所经历的点滴都会以某种形式串联起来"。诗人冯至在十四行诗《我们站立在高高的山巅》中也这般写道："我们站立在高高的山巅，化身为一望无边的远景，化成面前的广漠的平原，化成平原上交错的蹊径。哪条路、哪道水，没有关联，哪阵风、哪片云，没有呼应：

我们走过的城市、山川，都化作了我们的生命。我们的生长，我们的忧愁，是某某山坡的一棵松树，是某某城上的一片浓雾。我们随着风吹，随着水流，化成平原上交错的蹊径，化成蹊径上行人的生命。"这些伏线千里、纵横交错的人生轨迹，编织成我们自己独特的人生图景、人生故事，让我们领悟到人生的意义所在，正如心理学家麦克·亚当斯说的：我们不停地把过去、现在和未来重新编织成一个前后连贯、生动盎然的个人神话。

New Balance 这个伟大的主张，李宗盛的人生故事，陡然间让我们对人生就增加了很多信心，让我们对命运多了几分敬畏，对生活也多了更多的投入和真诚，毕竟，人生没有白走的路，因为每一步，都算数。

"CHANGE DESTINY"

SK-II，又名"神仙水"，全球著名的护肤品牌，能够全面改善和修复肌肤，这似乎让 SK-II 拥有某种神奇的魔力——改写肌肤命运的魔力。如果 SK-II 品牌诉求就停留在这里，那不过就是产品的小我——产品功能层面（和"要想皮肤好，早晚用大宝"差不多），而"神仙水"品牌似乎并不满足于此，它的企图心更大。如果 SK-II 能够改写皮肤必然的命运——从刚出生时的柔嫩弹滑到日渐粗糙、布满皱纹，那是不是也意味着我们可以通过自己的努力，改写那些人生中看似无法控制的、我们称为天意的命运呢？

如此一来，SK-II 就从改写肌肤的命运，一跃成为改写人生命运的品牌，它的敌人就不再仅限于肌肤的衰老，而是人生中那些看似无能为力的，不得不听命于其安排的，来自自然、社会的各种条条框框。这些束缚使人们（特别是亚洲女性）自我禁锢，丧失了发挥自己真正潜力的机会，比如婚恋的压力——"女大就应该当嫁，剩女是可耻的"，比如，年龄的限制——"女性 25 岁就应该结婚，30 岁就要事业有成，35 岁就要回归家庭"，比如，做自己的误解——"要顺从社会规范，不要叛逆，不要特立独行"……

2016 年 4 月，SK-II 推出广告大片《她最后去了相亲角》，将关注焦点指向中国女性所面临的婚恋家庭压力，旨在激励中国女性勇敢发声，不要让压力左右自己的选择。SK-II 相信，这些勇敢的女性拥有独立的人格和魅力；SK-II 希望能为父母和女儿提供一个相互理解的沟通平台，希望化解两代人之间的矛盾，让更多的人理解和支持当代独立女性做出的选择；SK-II 期待家庭及社会对女性的选择保持

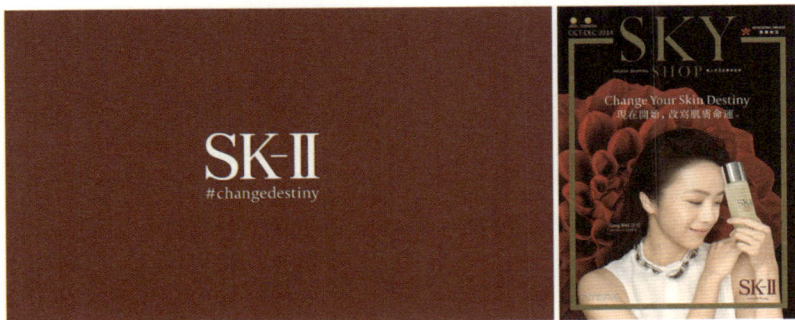

更为宽容的态度，让每位女性都能遵从自己的内心，选择自己想要的生活。

通过一系列名为 #CHANGE DESTINY 的品牌战役，SK-II 不断鼓舞着人们通过自己的努力扼住命运的喉咙，成为自己命运的主宰，我命由我不由天，每个人都可以改写自己的命运，这反过来也改写了神仙水的品牌命运——一跃成为引领消费者的高端品牌。

"神仙水"，果如其名，这当然不是说"神仙水"这款产品拥有如神般的功效，而是这个品牌想告诉大家，如果神存在，那一定是你自己——某种意义上，"神仙水"似乎成了菩萨手中的玉净瓶之水。

"你的能量，超乎你想象"

在大家的印象中，红牛的口号一直是"困了累了，喝红牛"，其实在此之前，还有过"汽车要加油，我要喝红牛"（这个句式也很棒，

以一个没有怀疑的短句热
启动，通过修辞手法模仿
谚语，进而借船出海，类
似于"舒服不过躺着，好
吃不过饺子""做人做名
气，买房买王庄"）。这

些宣传语围绕着红牛产品的功能性，通过很多年的市场宣导，很好
地在中国消费者心中建立起"提神饮料"的认知，在功能性饮料市
场上，一直都是绝对的领军品牌。

2012 年，红牛签约中国国家羽毛球队，正式成为其赞助商。借着这
个好契机，红牛把口号升级为"你的能量，超乎你想象"，从以前
侧重于产品端、补充能量的饮料品牌，升华为更加侧重于客户端、
激发人们内心澎湃能量的挚爱品牌。这惊险的一跃，让红牛从此前
只有冷冰冰的功能驱动（理性的左脑），进阶为突显客群精神、
无须强调产品功能的双重驱动（正如它在欧洲的口号"REDBULL
GIVES YOU WINGS"，仿佛有了一双翅膀），它不再耽于一城一
池的得失，不再执着于功能的小我，它怀着一种伟大的信念——人
类潜在的能量无限，每个人都有腾飞之翼，它就蕴藏在我们身上，
需要我们坚信不疑，需要我们不断鞭策自己，需要我们勇于挑战自
我的极限。这种精神鼓舞着人们超越当下的困境，满血复活，成为
更卓越的自己。

"渴望就是力量"

100 多年前，在可口可乐诞生 12 年之后，一个曾经名不见经传的可乐品牌——百事可乐诞生了。作为后来者，在可口可乐的巨大阴影下，百事寻求着各种突围的策略，有突出性价比的"同样的钱，享受双倍的可乐"，也有类似于咖啡、面膜这样的生活方式的"休息时刻""百事时刻"，但这些策略一直收获甚微。直到 20 世纪 60 年代，百事将目标对准了年轻人，输出"年轻一代，新一代的选择"，很快就赢得了可以与可口可乐分庭抗礼的市场地位。进驻中国之后，百事通过明星策略，从早期的张国荣，到刘德华、郭富城等，以偏娱乐营销的方式，成功打开了市场。

从 2004 年开始，百事可乐在品牌上有了升华，提出了"渴望"的品牌核心——将"渴"从口渴升华为渴望，并且赞美渴望，"突破渴望""渴望就是力量""渴望就现在"——尽管"渴望"后面的部分一直在变化，有些是积极向上的，有些是活在当下的，但"渴望"的核心一直没有变，这是百事品牌全新的价值观，特别是"渴望就是力量"，在我看来，这就是品牌人文大我的表达。

对人而言，"愿、敢、能"这三点是最重要的特质，人们总会不遗余力地去赞美"敢"（所有的伟大，源于一个勇敢的开始），也会去赞美"能"（我能），但对于"愿"，那个渴望成为什么样的人，渴望过什么样的生活的那个"愿"，似乎缺乏足够的观照。在佛教里，智者鼓励我们发宏愿、发大愿，但在生活中，我们似乎缺少这份人文精神鼓舞。这时候百事站了出来，吹响了"渴望就是力量"的号角，它唤醒了那些似乎无痛、无梦、无趣的"橡皮人"，刺激着那些得过且过的人，鼓舞他们去渴望，因为渴望就是力量，就像《牧羊少年奇幻之旅》中说到的：在这个星球上，存在着一个伟大的真理——不论你是谁，不论你做什么，当你渴望得到某种东西时，最终一定能够得到。因为这愿望来自宇宙的灵魂，那就是你在世间的使命。

2019 年，百事换掉了"渴望"（渴望就现在）的策略核心，换成了"That's What I Like"（这就是我

喜欢的），类似于麦当劳的"我就喜欢"，聚焦对生活和产品的激情，让消费者更放肆地释放自我，更偏重于年轻人酷酷的个性。在百事品牌的百年历史中，产品的小我、客群的自我、品牌的大我，你方唱罢我登场，各领风骚十几年，有时候顺势而为，有时候领势向上，演绎着一个品牌永不落幕的华章。

"因信念而屹立"

深圳湾 1 号位于深圳后海中心区，是一个集环球商务、顶级居住、奢华酒店、尖端

商业于一体的世界级滨海城市综合体。在品牌核心诉求上，它完全跳脱了传统综合体诉诸的"中心所在、升级城市、左右世界、汇聚梦想"等。它主张"因信念而屹立"，既辽阔，又充满了力量。

屹立，对于企业而言，也许是建一栋给城市增光、为生活添彩、在地球上留下一点儿痕迹的建筑；对于项目而言，也许承载着城市繁荣、向上的发展规划，为深圳，为深圳湾打造一个世界级的建筑集群。但这具象的拔地而起的建筑、直冲云霄的地标背后，是人类对抗地心引力的壮志雄心，是层层叠叠的摩天意志，是精神巍然在屹立，是信念高耸在屹立。

人类，就是因为信念而屹立的，正如马丁·路德·金所说：这个世界上，没有人能够使你倒下，如果你自己的信念还站立着的话。信念，不仅支撑着人在绝境中活下去，而且支撑着人在逆境中冲破重重阻碍，更支撑着人们突破想象，超越平凡，去探索这人世的浩瀚——这个主张鼓舞着时代，鼓舞着社会。凭此一念，建筑成为地标，种子成为大树，石头成为高山，人，成为大写的人，成为顶天立地的人，成为伟岸、伟大的人。

"THE BEST OR NOTHING"

2011年，在梅赛德斯 - 奔驰创立125周年的时候，这个汽车的发明者发布了全新的品牌主张"THE BEST OR NOTHING"，中文翻译成"惟有最好"，充满着行业领袖的绝对自信。

但在 2015 年，奔驰把品牌的口号改成了大家更熟悉的"心所向，驰以恒"。这个全新的口号仅限于中国市场，有人调侃说奔驰可能是在中国做不到承诺中的"惟有最好"，而事实上，在奔驰中国看来，"惟有最好"这个口号似乎有点太高高在上，太冷冰冰了，有点不符合华人世界的"度""中道"，而"心所向，驰以恒"，似乎更接地气，更有情感，更有沟通性——心中所向往的，就全力以赴去实现，就像屈原的"亦余心之所善兮，虽九死其犹未悔"，有着一往无前的勇气和毅力。

当然，这是硬币其中一面的说辞，另一面可能才是真正的意图。这个更包容、更进取的话术（没有把话说得那么满），为奔驰中国的多元化产品撑开了自洽的、天高任鸟飞的空间（不再分裂）。奔驰试图告诉消费者，奔驰不只有大奔，也有很平民的小巧车型，开奔驰的不仅仅是有钱、有权势的阶层，也可能是拥有积极的生活态度，不管是探寻内心的憧憬和梦想，还是对家庭和社会的责任和价值，为了心中所向身体力行、勇敢进取、驰骋不息的你我他。

奔驰中国在这个硬币的两面，于"阴谋"和"阳谋"之间，处理得也算是很圆融，不过这和尊尼获加的"KEEP WALKING"所代表的进取非常相似（就像希腊神话中的诸神一样，我如果需要在品牌世界中选出进取之神，我可能会选尊尼获加），而奔驰原本代表的那种精神，那种要么最好，要么什么都不是，凡事做到极致的精神，似乎被弱化了。

在《肖申克的救赎》这部电影里，安迪对瑞德说"GET BUSY LIVING OR GET BUSY DYING"，忙着活，或者忙着死，只能二选一，

这就非常有力量，它让我们如醍醐灌顶，不再浑浑噩噩，得过且过。奔驰的"THE BEST OR NOTHING"也是如此，没有中间状态，不接受还可以的平庸，不能容忍差不多的讨价还价，它让我们每一次都是背水一战，每一次都倾尽全力，做到惟精惟一，而"心所向，驰以恒"明显没有这股劲儿。

"NEVER HIDE"

雷朋是全球著名的太阳镜品牌，尤其是雷朋经典款的蛤蟆镜，从1937年开始就引领着流行风尚，一直以来受到全球很多明星追捧。2007年，雷朋提出全新的品牌主张"NEVER HIDE"，中文可以翻译为"绝不隐藏"，这似乎有点品牌自我的个性彰显，有点像"就是做自己，我就是我"的个性，很酷。

但雷朋品牌超越了小我的个性，它把目光投得更为深远。在雷朋看来，"NEVER HIDE"意味着永不伪装自己的真实面容，永不畏惧前进路上的艰难险阻，永不抛却自己的理想。在雷朋75周年的广告里，这个主张旗帜鲜明地支持和赞美了那些坦荡荡、不藏着掖着，敢于挑战世俗眼光，敢于背叛教条，敢于释放天性，敢于听从内心伟大

瞬间的人。比如，1956 年，在舞池中央，一对舞者以最不同的、大尺度的姿势背叛教条的社会；1965 年，社交宴会中间，一个穿着迷你小短裙的女郎，不在乎与周围是否格格不入，不惧世俗；1992 年，一个白人说唱歌手，在黑人聚集的地下音乐空间，尽情地投入，无所谓种族的界限和偏见……

借由这些先锋人物和这些故事的演绎，雷朋的这个主张一下子就把我们从各种束缚中，从这些社会之网、传统规范、角色的各种限制、伪装的脆弱等中解救了出来。它让我们不畏世俗眼光，让我们肆意地表达自己，让我们"君子坦荡荡"，因为"绝不隐藏"是光明正大、天经地义的事情，更是我心光明、夫复何言的强大理由。

"Think Different"

这是苹果公司最著名的品牌主张，是乔布斯重返苹果之后发出的品牌宣言，它回应了苹果公司是什么，它代表什么，在这个世界上处于什么位置的问题。正如乔布斯在内部演讲中说到的：我们不是只制造一些"盒子"，帮助消费者完成工作或者事情，尽管在这方面我们做得比谁都好，甚至在某些地方，我们做到了最好。

在乔布斯看来，苹果公司代表的不是性能更好、速度更快、配置更高的产品，也不是一个简单的所谓酷的个性标签，苹果公司的核心是价值观，这是苹果公司坚信的事情："我们坚信有激情的人能让这个世界变得更美好，我们一直有机会和这样的人合作，和软件开发者，和用户，和你们，或多或少地改变这个世界。我们确信，人们能让这个世界变得更美好，只有那些疯狂到以为自己能够改变世界的人，才能真正改变世界。"这些被坚信的和所代表的东西，不因产品的不同、制造过程的不同、分销策略的不同而改变。

后来，苹果做了最经典的广告"Think Different"[如果以副词来修饰动词think，那应该是differently，但乔布斯坚持说他想要把"非同"当作名词来用，就像think big（野心勃勃）一样，不是"想得不同"，而是想"不同的事"，想很多不同的事，非同凡"想"。当然这也回应了当时行业领导者IBM长期的口号"THINK（思想）"]。在广告中，它赞美了那些改变世界的伟大人物，有甘地、爱因斯坦、马丁·路德·金、毕加索、约翰·列侬等，这些人有的还活着，有的已经逝去，他们无一例外都是"Think Different"的人，他们是推进这个世界前行的人。苹果公司想向他们致以崇高的敬意，这也是苹果公司的WHY（存在的原因）和SOUL（企业的灵魂）。

在乔布斯的葬礼上，播放的正是这段他生前亲自录制的 60 秒广告词：致疯狂的人，他们特立独行，他们桀骜不驯，他们惹是生非，他们格格不入。他们用与众不同的眼光看待事物，他们不喜欢墨守成规，他们也不愿安于现状，你可以认同他们，反对他们，颂扬或者诋毁他们，但唯独不能漠视他们，因为他们改变了寻常事物，他们推动了人类向前迈进，或许他们是别人眼里的疯子，但他们却是我们眼中的天才，因为只有那些疯狂到以为自己能够改变世界的人，才能真正改变世界。

这段铿锵的誓言真是鼓舞人心，通过理念上的共鸣，苹果品牌的精神和人类大我的追求紧密地联结在了一起——它让我们与更好的自己、更伟大的一群人，与引领人之上升的力量，与让世界变得更好的精神紧密地联结在一起。

"音乐的力量"

网易云音乐是网易旗下的一款音乐产品，在品牌核心诉求上，它没有像酷我音乐那样诉诸"无损音质"的产品差异性，也没有像 QQ 音乐那样诉诸"让生活充满音乐"这种丰富节目的定位，亦没有像虾米一样诉诸"听·见不同"这样的个性化，而是在 2017 年推出了全新的品牌广告语"音乐的力量"，这个主张完全超越了产品小我和客群自我，是价值观、纯粹人文大我的体现。

音乐的力量这个理念，在网易云音乐同名的品牌影片中被很好地诠释了出来——这是一个改编自二战时期真实事件的故事，美国士兵杰克与联军大部队待在阵地中休整，不远处就是德军的封锁线，因为战争的残酷，压力巨大的杰克在某天深夜吹起了小号，希望用音乐排解孤独和恐惧，指挥官劝杰克不要这么做，因为在附近常常埋伏着德国狙击手，但杰克心想，此时德国狙击手和他孤独害怕的心境是一样的，所以在当天晚上，杰克吹奏了一首德国的情歌。后来，在一群德国战俘中，有一位战俘四处询问当晚吹小号的人，而他就是那个狙击手，当晚他其实已经瞄准了吹奏小号的杰克。但正因为听到了星空下的音乐，让他想起远在德国的父母和未婚妻，最终放弃了开枪。杰克后来说："在那一刻，他不是我的敌人，他跟我一样孤单、想家，这就是音乐的力量。"生死一线间，音乐跨越语言、国别、战争，那一刻，他们彼此都得到了救赎。

1985 年，名为"拯救非洲"（LIVE AID）的大型公益演唱会上群星璀璨，汇集了 100 多位摇滚巨星，其中有迈克尔·杰克逊、鲍勃·迪伦、保罗·麦卡特尼、皇后乐队等，并通过全球通信卫星网络向 140 多个国家播出了演出实况，总共吸引了近 15 亿电视观众，一共为饥荒中的非洲灾民筹集到 5000 万美元的巨款，这就是音乐的力量。其中迈克尔·杰克逊演唱的《我们是世界》（*We Are the World*）更是打动人心："我们是世界，我们是世界的孩子，我们是创造光明的人，让我们伸出救援之手，我们在拯救自己的生命⋯⋯"

音乐的力量，除了宏篇叙事地介入社会，消弭战争和饥荒，救赎仇恨和灾难，让世界变得更好，它也可以是每个人的精神成长史诗，让每个人变得更好，正如电影《肖申克的救赎》里，男主安迪被关禁闭三个月出来后，别人问他是否困苦孤独的时候，他笑着说："不，我有莫扎特相伴。"——这就是音乐的力量。

2018 年，网易《音乐的力量》广告片中，网易云音乐就回到了一个人的精神成长历程，记录了人生的每个阶段因为音乐产生的力量："因为音乐，我们开始笑，开始热爱，开始不能自已，开始找到自己，开始忘记雨，开始告别过去，开始享受独处，开始需要一种仪式，开始心存信仰。"音乐如同安慰，如同鼓舞，如同梦想，如同爱情，如同爱，如同精神，如同神，这就是音乐的力量。

"This Is Why We Play"

NBA 的口号，从早期 "It Is Fantastic"（这太棒了）"I Love This Game"（我爱篮球），到后来的 "Where Amazing Happen"（奇迹诞生之地），每一句都很棒，但侧重的还是产品端的特点——"Fantastic" 类似于肯德基的美味广告，"Amazing" 类似于世界奇迹的旅游宣传语。其最成功的口号 "I Love This Game" 和 "I ♥ NY" 一样，侧重的是客群自我——情感归属，整体上品牌围绕的都是产品小我和客群自我的逻辑。

2015 年，NBA 的口号更换为 "This Is Why We Play"（包括延伸的 "I Am Why"），中文翻译为 "为此打球"（这就是我们为什么打球），回

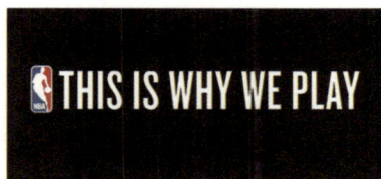

到了品牌价值观的精神诉求，从 WHAT 到 HOW 之后，回到了更内核的 WHY——"我们打篮球，是为了什么？为了纵情飞跃，驰骋沙场，百步穿杨，为了成为小伙伴们中的马路单挑王、学校操场的英雄豪杰、街边球场的常胜将军，为了决胜千里，运筹帷幄，影响世界，改变人生，为了取得突破，跨越障碍，树立榜样，为了现实的一切，也为了未知的一切——为此打球。" 这个口号就很清晰地把品牌的

理念表达了出来，这一系列的 WHY 回应了 NBA 为何存在，除了为了耍酷、为了成功、为了赢之外，更是为了突破、勇敢、团结、激动、奇迹、梦想、荣耀等很多激励美国，乃至世界的伟大精神而打球，这就是我们为什么打球，这就是人们为什么会爱上 NBA（当然这句口号也隐含着我们不是为了什么而打球，不是为了斗殴、金钱、豪车等别的什么东西，其中隐含的敌我关系，极力划清与一些东西的界限，是"Why We Play"的月之背面）。

"必须乐观"

远洋·万和城是天津梅江外环边的一个地产项目，离天津城区较远，如果按照常规的推广逻辑，区域上可能会包装一个概念（中央生活区），对标国外的某种范本（如世界八大湾区），或者和已经发展得比较成熟的板块进行链接（如鼓楼西、长安街西、我爱北京天安门正南 100 公里），但这些包装或多或少都显得浮夸，不够真诚。

从客观现状来看，区域有点远是一个事实，但从发展的角度看，作为大都会的天津只会越来越繁荣，城区面积只会越来越大，这些今天看起来不够便捷、处于郊区的区域，在将来都会得到极大的改善——虽然远洋·万和城现在看起来有点远，但未来肯定会越来越近的。如果按照这种思路，品牌很容易诉求"看上去远，是因为看得不够远"，或者"天津最近的世界远见"，但这些方式一来是延展性、话题性不够，二来是它试图用理性去教育别人，而那些普通的老百姓会本能地对现在更为确信，本能地对悲观更为敏感，他们需要的不是你提供的信息，或者你包装过的信息，而是你传递出来的常识，和常识之上的信念，换言之，他们需要一个强烈的笃定，一个明确的指令，在万和城，这个笃定是"必须乐观"。

这个笃定从地理特点上跳脱出来，成为一个有强烈人文关怀的社会主张，但在表达上，它并没有从乐观的正面来表述："谁曾预料到中国能从一穷二白，到今天成为世界第二大经济体呢——必须乐观""谁曾预想到深圳能从曾经的小渔港，变成享誉世界的国际化大都市呢——必须乐观""谁曾预想到曾经绿皮的火车，还能有朝一日时速达到 400 公里呢——必须乐观"……这些表达，这些故事，如果宏篇叙事地从正面说，就有点像新闻播报，或者表彰大会了。

在一个烦恼苦难重重，负能量满满的人世间，远洋·万和城对时代的悲观情绪和老百姓的悲观状态表示了极大的关切，比如，"全国猪肉均价近 27 元一公斤，破历史最高点——必须乐观""男人一年里有 13 个月在等待购物的妻子或女友——必须乐观""大半夜一路红灯——必须乐观""明天周一——必须乐观""哪儿不堵车？——必须乐观""我辞职了，老板松了口气——必须乐观""老婆夜夜鼾声如雷——必须乐观""老婆已经超过 36 个小时不搭理我了——必须乐观""喝水都长肉——必须乐观"……通过幽默的方式和很多故事场景，远洋·万和城以"必须乐观"的主张，传递出平常心的安慰，以及"别懈怠，相信未来"的力量。（当然，形而上的乐观精神很容易自由分发，很容易对接产品形而下的价值，比如，社区园林价值——"这些百年大树，可是花了大代价移栽过来的呢""跟我有什么关系吗""就算没人在意，也必须乐观"……）

这一系列广告演绎，既传递出项目的地理和物理特点，更传递出不止于目标客群的人文关怀，还关乎传播热点、社会心理和人文大我——通过乐观的精神共鸣，远洋·万和城品牌和这个时代的人心交织在一起，给社会注入了一支乐观的强心剂，这也成为对抗自怨自艾、消极逃避的一剂良方，极大地安慰和鼓舞了大家。

从此，乐观成了一种信仰，乐观不再是选择，而是命令。

"惟有生活最珍贵"

这是绿城集团 2016 年的品牌主题，也是绿城让人印象最

深的一句口号（比很多地产品牌诉求各种美好的主张，更让人印象深刻），它不仅明确了企业从地产开发商到生活服务商的战略转型，而且在社会价值观层面也极富人文价值。

第一，在一个物化的时代，在一个以物定义人的价值的时代，它旗帜鲜明地突出了人的价值，不是房子珍贵，房子不过是生活的容器，不要买椟还珠，不要本末倒置，真正闪耀的是房子承载的生活，每一个人的生活才珍贵。

第二，在一个功利主义、成功学泛滥的时代，大家把炫耀当成了体面的生活，而这些工具理性只是基础的生存，真正的生活是纯粹的热爱，是让时光发光，是有情有义，是心安之处，是归属感，这些生存之上的生活，才珍贵。

第三，在一个"急之国"，在快进的时代，大家忙忙碌碌，劳力劳心，似乎都在为生活做着各种准备（总觉得等到什么时候就好了），事实上却没有生活，其实生活就在转念之间，就在当下，不要只是为生活准备，要沉浸其中，真正生活。

"生命只有一次，多试试"

德嘉与海是大连郊区 5A 景区金石滩边的一个地产项目，但是从那里不能直接看到海，从项目地步行到海边需要一二十分钟。所以，如果项目主打海景就完全没有优势，但是因为产品在户型设计上很有特点，于是项目从产品的再设计概念出发，将其升华为人生的再设计，提出了品牌传播的主张——"生命只有一次，多试试"，鼓励人们去探索、去发现世界的美好。

作为海边的项目，大海的确为生活提供了无尽的想象、浩瀚的可能。很多海边的场景、诗意和浪漫，都在等待着被探索和打开。比如，可以潜到海底，换个地方思考；可以和爱人躺在沙滩上，感受潮汐缓缓上升；可以让小孩子认识大自然，让海洋成为她最宝贵的课堂；可以去海上冲浪，去乘风，去踏浪……这一切，都等待着你去尝试。

而"生命只有一次，多试试"这句主张，之所以能超越产品小我，原因就在于它除了海边的场景探索之外，还提供了一个广阔的人文语境，它把景深拉得够远，正如冯友兰在《中国哲学简史》中说的，哲学是对人生的系统反思。这句主张就有很深厚的哲学意味，它反思的对象是整个人生，是我们仅有一次的生命，这是大家平常不会意识到的宏大课题，因为大家可能经常想的是晚上吃什么，工资什么时候发……

在我们短短的一生中，在这个蔚蓝的星球上，对于大海，对于自我，我们还是了解得太少，是谁来自山川湖海，却囿于"昼夜厨房""上有老下有小，可不可以失踪一周""我已经60岁了，要不要环游世界"……作为沧海一粟，时代浪潮里的一朵小浪花，何不多试试？正如 LEE 所倡导的品牌主张"STAY CURIOUS"（好奇不灭）一样，因为人们随着年龄的增长，越活越自洽，越活越狭窄，甚至狭隘，而勇于尝试，保持对世界的好奇心，这是向世界敞开怀抱，是生命获得滋养的救赎之道。

诗人冯至在《我们天天走着一条小路》中写道："我们天天走着一条熟路，回到我们居住的地方；但是在这林里面还隐藏许多小路，又深邃，又生疏。走一条陌生的，便有些心慌，怕越走越远，走入迷途，但不知不觉从村疏处，忽然望见我们住的地方，像座新的岛屿呈在天边。我们的身边有许多事物向我们要求新的发现——不要觉得一切都已熟悉，到死时抚摸自己的发肤，生了疑问："这是谁的身体？"

"永远相信，美好的事情即将发生"

小米的这句主张，如同三行情书，它比"为发烧而生"这种产品小我和客群自我的诉求更具有精神性，充满了乐观主义，这和前面说的"必须乐观"有些相似，稍微不同的是，它指向的是希望——这是传说中潘多拉盒子打开之后，唯一美好的东西，用中国老百姓的话就是，活着有奔头，这是我们活下去的勇气，是努力的精神力量，是强烈的心理暗示，是越来越好的愿望，是《肖申克的救赎》里安迪给瑞德信中说的：希望是件好事情，也许是件最好的事情，而好的东西不会逝去。这希望，它让我们期待未来。

在小说《基督山伯爵》的结尾，大仲马如此写道：人类的全部智慧，就包含在这四个字里面，"等待"和"希望"。即将发生美好的事情，这一点，要永远相信。

"和喜欢的一切在一起"

韩寒说："我所理解的生活，就是和喜欢的一切在一起。"后来，这句主张被援引到一个地产项目的品牌推广上——和你喜欢的城市在一起，和你喜欢的地铁在一起，和你喜欢的园林在一起，和你喜欢的朋友在一起，和你喜欢的生活在一起……这句主张除了能够很好地贯穿项目红线内外的价值，最重要的是它传递了一种美好的价值观。

它让品牌不只是简单的认知占有，而是通过情感和精神的强烈共鸣，轻而易举地俘获众人的认同，它让品牌从市场的占有率升华为人心的占有率，它让生意变成了一种生出意义的事情——和喜欢的人儿和美酒，和喜欢的诗和歌，和喜欢的江水和清风，和喜欢的大海和落日……和喜欢的一切美好，在一起。这一切喜欢的存在，和他们在一起的时候，没有比较，没有虚伪，只有没有目的、自然而然的快乐。

它没有呵斥，似乎不费吹灰之力，就把我们从哲学辩证的旋涡中解救出来，它让我们避免咬自己的尾巴，它让我们都忘记了追问到底所为何事、意义是什么，因为有喜欢的事情，有喜欢的人，和他们在一起，这就是意义。这一切的喜欢，对我们很重要，他们是我们和世界连接在一起的精神情感纽带，就像吸引月球围绕地球旋转的万有引力，这就是爱，它支撑着我们，是我们宇宙之网的永恒组成。

"因爱伟大"

方太是中国厨房电器品牌，早期我对它的印象停留在那个自我标榜的广告上，"中国卖得更好的高端油烟机，不是洋品牌，而是方太，因为方太更专业——方太，中国高端厨电专家和领导者"，品牌在整体诉求上类似于"雅迪，更高端的电动车"的品类定位。自从2015年，品牌成立20周年开始，方太就从过去侧重于产品端诉求，进阶到侧重于企业文化和价值观的输出，"因爱伟大"就是这时提出的主张。在随后的几年里，围绕着这个主张，方太持续不断地输出自己的价值观。

从早期广告片《我们的风云》，把家长里短、一粥一饭，朝夕享受的平凡日常，演绎成不寻常的生活之诗，到《妈妈的时间机器》，从作家的童话梦，到鼓手之梦，到设计师之梦，到大提琴手之梦，方太以纪实剧情的方式，持续不断地收集中国妈妈们的梦想，以"要捡起心中的梦想，先放下手中的碗"的洞察，通过产品帮许多家庭的妈妈们省时间，帮助她们实现梦想；再到家庭幸福的《云水总相逢》《不，完美》《送别》一系列动人的广告，输出家庭幸福的智慧是和而不同，是学会互相包容，互相融合，是分享，是牵挂，这些都是家庭幸福的秘密。

后来，方太开始关心更大的家，推出了《隔壁的家人公约》，传达出品牌眼中的幸福社区，"致老家的邻居：身在他乡，难伴父母左右，时时牵肠挂肚，不敢劳烦诸位，只些许小事，如恰巧得见，求您慷慨相助。父母步履迟缓，如您在小区驾车，求您开慢点，等一等；父母搬提重物，恐损伤腰臂，求您搭把手，送进电梯就好；雨雪湿滑，若见我父母不慎摔倒，求您扶一把，不论因果。我身边近邻，如需相助，也必出手效劳，或许，他们正是您惦念的亲人，远亲不如近邻，祝福您，住在隔壁的家人。——您的邻居，顿首"——从邻里和睦的角度，讲述互助温情。

方太品牌推小家，及家庭，再到社区、邻里大家庭，爱的涟漪，一圈一圈地荡开，一如儒家的修身、齐家，再到关心社会苍生、兼济天下，颇有中国传统的儒家风骨。"爱"不再是个虚词，不再是个大词，

而是真诚的、以行践言的。从提供关爱客户的好产品，到关怀客户家庭的幸福，再到关爱社会的福祉，方太的这份仁爱之心是伟大的。"因爱伟大"这个大我的主张，也启发我们学会去爱。

正如 2015 年方太董事长茅总说的，优秀的企业满足人的欲望，伟大的企业导人向善。诗人杨牧也说过这样一句话，"不管你走多远的路，爱是唯一的向导"。

因爱伟大，大道当然。

"Open Happiness"

2016 年，可口可乐推出了全新的品牌口号"Taste the Feeling"，替换掉此前用了七八年的"Open Happiness"，从此前偏价值观的诉求，回到了产品物理层面。这当中当然有很多现实的考虑，不论回应可口可乐被其他饮品如冰茶、风味水等竞品争夺市场，造成销量大幅下滑的问题，还是想统一旗下所有可口可乐品牌，包括除了主品牌之外的零度可乐、健怡可乐、Coke Life。不管怎样，可口可乐品牌策略的重心，从曾经大我的人文关怀，回到了产品小我的那种感官刺激上——那种打开可乐，爽快的感觉，通过感官的调动激发购买的动机，进而促进销售。就像美国著名的推销员惠勒的名言：不要光卖牛排，也要卖那嗞嗞的声音，这也是全球品牌营销大师马丁·林斯特龙在《感官品牌》中要传递的——成功的品牌大多运用了"五维"感官世界，以色悦人，以声动人，以味诱人，以情感人。

这个口号的改变意味着可口可乐开启了全新的品牌哲学，不过很多人还是怀念此前主张"Open Happiness"的那个贩卖快乐价值观的可口可乐。提出这句口号时是 2008 年，当时受到经济危机的影响，大家对于未来、对于生活还是有些沮丧，这时候，可口可乐希望用这样一句口号，引发消费者对"舒适、快乐、乐观的憧憬"，当时新的营销口号也的确带来了显著的销售增长。

这句口号和前文提到的乐堡啤酒的"拉开快乐"很相似，不过它可不只是简单的一句口号，价值观从来不是停留在口头上的。可口可乐通过很多动作，持续地在全世界各地输出了乐观、欢乐的"泡泡"：从秘鲁的友好栅栏，到丹麦的可口可乐旗为你摇摆；从新加坡推出的抱抱可乐贩卖机，到让印度人和巴基斯坦人、国际米兰和 AC 米兰球迷握手言和的自动贩卖机；从可口可乐表情瓶、昵称瓶，到迪拜为南亚劳工提供的可口可乐瓶盖免费通话装置……在这个主张提出后的七八年里，可口可乐在全球各地持续传递着积极向上、分享欢乐的价值观。

从"Open Happiness"到"Taste the Feeling",两个口号的更替给了我们一个很好的启发——在品牌营销上,不一定价值理性就是最好的(有时候要回到工具理性),不一定品牌价值观诉求就是最高级的(有时候要回归到产品的功能),这要看具体的情况而定,就像《道德经》里说的:"孰能浊以静之徐清?孰能安以动之徐生?"就像在中国的历史长河里,法家更适合打天下,而儒家更适合坐天下一样。

虚虚实实,方能生生不息。

"人生可以更美"

阿那亚,秦皇岛海边的一个度假综合体社区,著名的"孤独图书馆"就坐落在这里。在品牌核心上,它不同于传统旅游地产项目——要么卖海边的房子,要么卖海边有很多配套的房子,要么卖海边、有很多配套、有很好服务的房子,要么更进一步,卖一种有别于城市的生活方式,而阿那亚的品牌核心是它倡导的价值观。

事实上，阿那亚也不是一开始就明确了这条以价值观驱动品牌的道路，早期的"男人海边的自留地"，更偏重于产品功能——放松犒赏，因为男人们特别辛苦，拼命在外面挣钱养家，应该拥有自己的一片小天地，可以一个人在这个地方放松自己。后来，品牌提出"一个男人的教堂"，似乎有了一些精神的取向，类似于豆瓣"我所有的精神角落"的自我归属，不过这时候仍然停留在客群的自我层面。直到 2015 年，阿那亚做了品牌的全面升级，找到了"人生可以更美"这个很有人文大我的品牌主张。

在很多场合的分享中，阿那亚的创始人马寅多次说到，一般提起价值观，很多人都会觉得虚，但事实上，价值观无比重要，所有的产品都在输出价值观，而房子更是集大成者——在过去十几年里，地产行业输出的价值观，看看那些户外广告、那些楼盘的名称、那些广告语，无非就是"富贵逼人"四个字，背后隐藏的无非就是金钱崇拜、权力崇拜、消费主义至上，但这些我们一直追逐的，真的带来了美好人生吗？

事实上，这几十年我们感受过物质的人生、占有的人生、消费的人生、技术的人生，它们似乎不过如此，并不是那么美好。难道人生只能如此吗？有变得更好的可能吗？诗人鲁米认为，你今生的任务不是去寻找爱，只是寻找并发现你内心构筑起来的、那些抵挡爱的障碍。木心先生说过，人生是历经长途跋涉后的返璞归真。梁漱溟也说过，人类这一个千年，是西方人的物质生活，下一个千年是中国人的人伦生活，再过一千年是印度人的宗教生活——这些，都给阿那亚以方向和信念。

阿那亚提出"人生可以更好"，它没有说"开启你传奇的度假人生"，或者"开启一个美好的人生"，因为这中间有太多的承诺和自夸，每个人的美好人生是跟每个人有关的，任何人也给不了你一个美好人生，开发商不能，上帝也不能。但这句口号充分释放了每个人的能动性和主动性，"可以"有点类似于奥巴马的竞选口号"YES WE CAN"（是的，我们可以），它把天注定的"信我者得永生"赋权给每个人，把"一手交钱一手交货"的物我关系变成人才是主语，很是鼓舞人心。

此外，它包含了很多实践的指引，在物质层面叫"有品质的简朴，有节制的丰盛"，在精神层面叫"回归"，"回归家庭，回归本我，回归内心，回归自然"。阿那亚所倡导的价值观和它包含的实践之道，让我们相信人生值得一过，人生如诗如画，同时它也鼓舞我们去亲证人生之美好，领略"Life Is Amazing"（人生可以更美）。

"Don't be evil"

对于现在很多商业公司来说，绝大多数企业的文化都是"为了公司的利益，法无禁止即可为——法律没有禁止的都可以做"，但事实上，法律

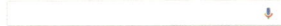

只是底线，在法律之上，有很大的灰色空间，即可做可不做的地带，在这些地方，道德仍然起着作用，它很好地约束了人们的行为，通过善恶是非观，让人们的行为有所收敛。

但很多科技公司根本无视道德，因为技术求的是真，资本逐的是利益，它们都没有善恶观，而且资本为了利益最大化，就会在法律的底线之上，甚至在网络法律不够健全的空白之处，无所不用其极地滥用技术改造世界的强大力量。但没有约束的科技是十分危险的，比如，核武器的研发、克隆人、人肉搜索。技术一方面需要完善的制度监管，另一方面需要文化的软约束，这就是道德的力量，这让人敬畏的来自心中的道德律，和头顶旋转的星空一样，闪烁着人性的光辉。

从初创时，谷歌公司就把"不作恶"当作公司的文化，这也是谷歌在全球拥有很多拥护者的重要原因，这个主张也深深地影响着谷歌公司的员工。不过 2015 年谷歌公司重组时，母公司 ALPHABET 对这个口号做了调整，"Don't be evil"（不作恶）的口号，被"Do the Right Things"（做正确的事情）取代，引发了社会上巨大的争议。

什么叫正确的事？对谁正确？生意正确，科学正确，还是伦理正确？"正确"这个词语本身就十分不正确，它十分模糊和暧昧，按照张维迎教授的观点，这是词语的腐败，而这恰恰是恶的开始，它将导致道德的堕落。

相较而言，此前"不作恶"的口号传递的信号清晰明了，在我看来，它甚至比腾讯推出的"科技向善"更为真诚，它和《圣经》中的十诫一样，明确了底线，让大家知道要"有所为，也要有所不为"。

"别赶路，去感受路"

提起沃尔沃这个品牌，大家第一时间想到的关键词肯定是"安全"，这的确是沃尔沃一直在宣贯的定位，不过在中国市场推出 XC60 这款

SUV 的时候，它提出了一个全新的品牌主张"别赶路，去感受路"。虽说 SUV 和旅途、去远方有关，但这并不是它产品独有的核心，其重点还是在于品牌的社会洞察，以及它所倡导的人文主义精神——在这个"急之国"的时代，我们被时间的洪流裹挟着，行程满满，行色匆匆，赶去挤地铁，赶去挤早高峰，赶去开会，赶去见客户，赶去应酬，赶去睡觉，似乎花一辈子的时间，就是为了赶时间一样。

这句"别赶路，去感受路"的口号，像一声响亮的口哨声划过，它

把我们惯性的忙给叫停了，让我们在拥挤的人流中，仰起头来，看见了耀眼的蓝天，它把我们从心事重重、着急忙慌的心态中拽了出来，回到了活色生香的当下。干吗急着填满时间？干吗急着从一个所谓的成功奔赴另一个成功，活得完全像一个工具，完全失去了感受？风声、流水、花草的呼吸，在长夜里越发清澈、温柔，要知道，那个应有尽有的所罗门，所求上帝的，无非是一颗敏感的心。

就是这颗柔软的心，这颗没有麻木、没有急匆匆、没有被混乱头绪占满的心，才能感受得到沿途的无限风光，感受得到美——"在这里，风声比掌声更动听，阳光比荣誉更耀眼，尝试比成功更有趣，动人的风景，永远在路上"，前提是"别赶路，去感受路"，这份来自北欧的生活智慧，对于当下的国人还是很有启发性的。从功利的角度来说，急，不得，慢慢·来；从审美的角度来看，慢慢走，欣赏啊。

"生命本身就是一场旅行"

这是一个比喻。按照米兰·昆德拉在《不能承受的生命之轻》中的说法，比喻是危险的，人是不能和比喻闹着玩的。他指的是书中托马斯爱上特蕾莎的那个时刻，特蕾莎只因为一次偶然的相遇，就独自一人，身无分文地来投奔托马斯。那天晚上，她发了高烧，躺在床上，呼吸急促，托马斯看着她，心中涌现了一个比喻："她像个孩子，被人放在树脂涂覆的草筐里顺水漂来，而他在床榻之岸顺手捞起了她。"就是这么一个比喻，让托马斯从此爱上了她，让他们的命运从此深刻地缠绕在一起。

比喻是危险的，因为它让我们屏蔽掉很多信息，变得不客观，它也让我们身心卷入，变得大喜大悲，但我们不能没有比喻，因为它让错综复杂、无缘无故的世界，变得可以理解、秩序井然，也让升腾起的情感，有了一个可以赋形盛放的容器——它不仅带来浪漫，带来英雄主义，也带来桃花源和乌托邦。它是一个取景框，让我们更好地理解和看见事物，让我们能够把握住一些容易消散的东西。

在LV这里，生命本身就是一场旅行，这个比喻有关生命，有关旅行，这两个原本不相关的事物，巧妙地交织在一起，成为一种崭新的世界观。

起初，LV凭借一款平顶的旅行箱包，掀起了一场时尚革命，这也开启了它传奇的品牌之旅。经过150多年的发展，为了满足旅行家对旅行品质的精致要求，LV陆续生产了可以存放两瓶香槟的酒袋、抽屉式的旅行箱，还有可以在旅行中阅读写生、折叠收起的桌椅……一直以来，LV都是旅行时尚用品的代名词。不过随着时间的变迁，旅行的意义正悄然地发生转变。在过去，交通的不便和其他成本的高昂，加上旅行的魅力，使得旅行本身成为一种奢侈品。但进入新世纪后，随着交通工具的便捷，地球变成了一个村庄，曾经奢侈的旅行变成了旅游，变成了程式化的日常体验，旅行的浪漫光环消失了，作为旅行代名词的LV急需在新的时代，引领大家重新思考旅行的意义。

2008年，LV在中国投放了第一支电视广告，将"生命本身就是一场旅行"定为品牌的核心，开始讲述新时代的品牌故事——"为什么

去旅行，旅行不是一次出行，也不是一个假期，旅行是一个过程，
一次发现，是一个自我发现的过程。真正的旅行让我们直面自我，
旅行不仅让我们看到世界，更让我们看到自己在其中的位置。究竟
是我们创造了旅行，还是旅行造就了我们？生命本身就是一场旅
行……生命将引领你去向何方？"

这支广告，将LV从旅行产品、旅行身份，带到旅行美学、旅行哲学
的新境界，它和生命价值、人生意义紧密地连接在了一起。它回应
了这个全世界都陷入某种精神危机，人们在纷繁复杂的生活中迷失
方向，普遍都找不到人生意义的时代问题，也就是加缪所说的"当
有一天他停下来问自己，我是谁，生命的意义是什么，他就会感到
惶恐，发现这是一个陌生的世界，比失乐园还要遥远和陌生，就产
生了恐惧和荒谬"。

LV告诉我们，旅行是一个发现自我的过程，它不仅让我们看见世界，
更让我们看到自己在其中的位置。旅行的意义，在这时，发生了180

度的反转——旅行不只是向外行走，更是向内行走（即使远走他乡，也无法逃离自我）。旅行是心路历程，也是展开的人生旅途，是地理和心理的两条道路。自然和自我两种景观，它们彼此交织。眼中有山川，胸中有丘壑，生命也因此开始变得厚重起来。

"真实接触，无可替代"

台湾高铁倡导的品牌主张，没有站在自己的角度，强调高铁的速度多快，乘坐的体验有多舒适，服务有多棒，也没有站在客群自我的角度，诉诸个性或者身份地位，而是完全站在社会的角度，试图回答"虚拟时代，真实接触的价值何在"的时代课题。

随着现代通信服务业的兴盛，人们可以通过实时视频、语音电话、即时通信软件等沟通，云喝酒、云会议、云聚会，一切皆可"云"，似乎一切线下见面，都可以线上搞定。另外，加上影视娱乐业的发达，摄像机完全成了我们的眼睛，演唱会可以直播，旅游节目和纪录片可以让大家"身未动，心已远"，大家似乎完全可以足不出户，就让世界向我们奔涌而来。既然如此，我们为什么要旅途奔波，跨越山和大海，见上一面？我们何苦还要把这副肉身挪来挪去？这些时代的趋势，这些尖锐的发问，对高铁出行是个不小的冲击（有点像《三体》中的"毁灭你，与你何干"，虽然高铁面临的情况不至于此）。此外更重要的是，它也极大地冲击了传统交流信息和维系亲密关系的方式。

台湾高铁提出"真实接触，无可替代"，它没有否定信息革命给生活带来的便捷好处，也没有刻舟求剑一样的固执怀旧，它只是重申了一个常识，那就是真实接触的重要性。事实上的确如此，不论虚拟画面有多高清，它仍然是一种带宽有限的交流，而在真实接触中，信息的颗粒度会更细，能量也会有更多的沉浸，情感的浓度也会更高。它让我们有机会回到故乡的母体里，回到亲人的怀抱里，回到天地的臂弯里。它不同于虚拟沟通，不同于沙发上的旅游，它是有温度的沟通，是身临其境的体验——这个主张和生意有关（它是台湾高铁的品牌护城河），又和社会善意有关（两全其美），很能打动人。

让我印象很深的一则广告是，孩子要回家了，父亲去市场买鱼，狠下心准备花钱为孩子买条大鱼，突然孩子打电话说不回来了，他立刻又换成了小鱼，这一个细节，把父亲的爱和失落表现得非常实在。"你有多久没回家了""台湾高铁，真实接触"，真的是直击心灵。

真实的拥抱，真实的面对面交谈，真实的亲吻……真实接触，是身心异处的元神归位，是在场，是人性的温度，这些都是无可替代的。

"不平凡的平凡大众"

芸芸众生，注定只有极少数能成为精英，而那些改变世界的人，能载入史册的人，就更加少之又少了。那些剩下的普通人呢？他们活着，默默无闻地活着，所为何事呢？如蜉蝣、蚂蚁一样地来和去，吃喝拉撒，生和灭？到底是什么力量在支撑着他们呢？

台湾大众银行回应了这个问题。这家台湾地区的银行，此前一直诉求专业性、创新性等产品小我的特点。在2008年世界金融危机爆发之后，银行没有继续强调可能会引起人们反感的所谓专业（像个反讽），在那个需要重拾人们的信任和信心的时期，他们把品牌抛向更广阔的社会领域，创造出了华语广告史上，让人时常去重温的里程碑作品。

在广告片《母亲的勇气》中，大众银行讲述了一个老妇人的故事，她因为携带了违禁品，在委内瑞拉机场被捕了，她说这是一包中药材，她是来这里炖鸡汤给女儿补身体的，她女儿刚生产完，她们有几年没见了。蔡莺妹，63岁，第一次出国，不会英文，没有人陪伴，一个人，飞行三天，三个国家，三万两千公里，她是怎么做到的？坚忍、勇敢、爱——不平凡的平凡大众。

另一个流传更广、影响更大的故事是《梦骑士》，它讲述了五个不老骑士的真实故事——人为什么活着？为了思念，为了活下去，为了活更长，还是为了离开？五个老人，平均年龄81岁。一个重听，一个得了癌症，三个有心脏病，每一个都有退化性关节炎。6个月的准备，环岛13天，1139公里。从北到南，从黑夜到白天，只为了一个简单的理由，人，为什么要活着？梦——不平凡的平凡大众。

这些平凡的普通人，他们的真实故事感动着我们，也启发着我们，让我们感到这场类似机车狂飙的人生，起初或许是以荷尔蒙作为燃料，当青春期的浓雾散尽后，在裸露出时间的荒原之际，那些荷尔蒙用光了，此时油箱里还可以加入对子女的爱、对世界的爱、对大自然的爱，这些理想主义、英雄主义的燃料，如同唐·吉诃德一样，继续驱动着我们，千山万水地，去爱，万水千山地，去梦。

除了这两部广告之外，还有《马校长的合唱团》《生命树》，这些广告和银行业务完全没有关系，虽然口号"不平凡的平凡大众"巧妙地呼应了大众银行，但这个口号也可以用在大众汽车上面，因此，口号似乎不是重点，关键还是大众银行的品牌企图心——在这个系列广告中，他们忘掉了产品的小我、客户的自我，思考得更多的是如何让品牌有更大影响力，思考品牌与社会上每一个人的愿望，与社会更美好的明天有所关联，这和大众银行的业务无关，但和大众银行业务背后的价值观有关，这也让大众银行从众多金融机构中脱颖而出，成为老百姓尊敬的银行。

在台湾奥美广告的胡湘云（当时的执行创意总监）看来，在这个越来越透明的时代，一个品牌怎么观看这个变化多端的世界，其实越来越重要。如何运用广告创意把你对这个世界的思考表达出来，向世界提案？虽然我们不一定能够提供答案，但是至少可以提供一个对话的可能性，这是一个伟大品牌必须踏上的路程。

"天生骄傲"

在一个偷奸耍滑成为常态的世界，在一个缺斤少两成为规矩的世界，在一个明哲保身成为主流的世界，到底应该坚持什么？是不是应该顺应潮流，随波逐流？是不是应该磨光棱角，与世界讲和？锤子手机给出的答案是：不！因为我们，天生骄傲。

在广告片《一个司机的骄傲》中，锤子手机讲述了一个司机热心帮助一位跌倒在路旁的女子后反被讹诈，气愤地和朋友诉说自己遭遇的故事："我刚刚好心帮她，她还报警反讹我，我现在就去买个行车记录仪，省得以后再遇到这种事说都说不清楚，就算是大肚婆躺在路边，我也不会去帮！"话音刚落，司机就看到一位孕妇跌坐路边，他没有迟疑，还是将车停下———位司机的骄傲。

广告片《一个菜农的骄傲》讲述了一个菜农老张帮助大妈复秤，破坏了菜市场所谓的缺斤少两这个不成文的规矩，于是引来其他菜农不满的故事。"张老头，你个傻儿，你是不是跟我装怪？这里的规矩你懂不懂？卖菜要讲规矩，你晓不晓得？你有菜不卖，故意装怪嗦？"老张跳了起来，直接就和他干了起来："老子今天就教下你啥子叫规矩。"后来他儿子也劝他："你都一把年纪了，这些闲事你就莫去管了"，老张说："刚做生意的时候，我不懂规矩，当初也有人劝我，后来我懂了，狗屁个'规矩'！"———个菜农的骄傲。

在《一个果农父亲的骄傲》里，锤子讲述了微博用户唐轻轻的故事。"我父亲是山西乡下的一个农民，家里经营着几亩果园，2000 年左右，我上中学，有次聊天，父亲跟我说，他去城里卖苹果常会收到假钱，五十、一百都有。我很心疼，父亲一天也就挣几十、一百块钱。然后父亲说，那些假钱我都烧掉了，就到我这儿为止了，这是父亲的骄傲，我也继承了荣光。"———个果农父亲的骄傲。

还有很多"天生骄傲"的故事，这些主人公们无一例外地都在捍卫和坚守一些东西——正直、善良、正义、勇敢、同情心，等等，这些生而为人的、骄傲的品质，有时候让他们看上去有点较真，有点傻，有点轴，有点不合时宜。但是，锤子手机声援他们，赞美他们，不论身份地位的尊卑贵贱，这些坦荡荡的、生而为人的、高贵的品格，闪烁着人性的光辉，这是锤子手机坚信和坚守的理想，也是"锤粉"们认同的价值观。正如"老罗"罗永浩在锤子的发布会上说的，"他们不是我的粉丝，他们是某种信念、某种理想、某种价值观、某种人生态度的粉丝，他们来到现场，是知道从我身上能看到这些东西的"。

在《生命不息，折腾不止》一书里，锤子手机的文案策划草威在序言里面写道："老罗一定是有洁癖的人，我指的是思想上。一个有洁癖的人，才会把守护平等公正变

成自己的本能。我喜欢这样的人，他能带给我希望，让我知道在这个全民娱乐的时代，还有这样严肃和认真的人。老罗的意义还在于他显露出的勇猛和积极，他证明了在一个糟糕的环境下，我们不仅可以选择逃避与对抗，还可以选择反击。"

虽说锤子手机起起又落落，最终还是落下了帷幕，但正如老罗在谈论褚橙时说的，"人生总有起落，精神终可传承"（也是褚橙的广告语），这句话其实也是说给他自己，还有那些仍"天生骄傲"的理想主义者们的，颇有海明威"人不是为失败而生的，一个人可以被毁灭，但不能被打败"的风范。

"再小的个体，也有自己的品牌"

这是微信公众平台的品牌主张，它充分释放了科技的普惠性，以及对每一个个体的极大尊重。在这个智能手机、移动互联网普及的时代，一切秩序都在被重新书写，过去板结的社会结构，过去权威化的自上而下的表达，过去资本、精英、头部企业、明星掌握话语权的时代，似乎真的过去了。

如同曾经"不管黑猫白猫，抓住老鼠就是好猫"的口号一样，微信公众平台的品牌主张也吹响了新时代的号角，它告诉大家，科技赋能的时代来了，去中心化的时代来了，信息重新分配、财富重新分配的时代来了。对于那些曾经怀才不遇、酒香还怕巷子深的个体来说，这是一个弯道超车的时代，这是新的上升通道打开的时代，这是属于你们的时代。快抓住时代赋予的机遇，把才华、能量倾注其中，去躬身入局，去中流击水，去浪遏飞舟，去会当水击三千里，去握住时代递给你的话筒，发出属于你自己的声音，让世界听到、看到。如果你真的有才华、有价值的话，一定可以有属于自己的品牌，一定能够闪耀，一定可以把才华兑现成丰盛的回报。

这个口号很是鼓舞人心，它充分激发了人们的表达欲和创造力，给人以希望。微信公众平台如同一个崭新的大陆，在这片沃土上，每一个个体、每一个物种，都元气满满，信心满满，蓄势待发，期待着向阳生长，长成参天大树，长成一片森林。

微信公众平台

再小的个体，也有自己的品牌

但某种意义上，它似乎也给我们揭示了一个真相，那就是人的物化，人成为商品、成为品牌的这个真相。过去大家似乎还藏着掖着，最多只会说人的口碑、人的声誉，现在直接就搬到台面上来，虽说品牌如人，品牌也有个性，品牌也有价值观，但是人如品牌，人即品牌，这就表明人已经彻底放弃抵抗，心甘情愿地成为物了。

"在快手，看见每一种生活"

如果说微信公众平台是"再小的个体，也有自己的品牌"，那么快手通过"看见每一种生活"，试图表达的是"再小的个体，也有自己的舞台"，不过，不同于微信公众平台的是，快手更强调价值观的多元——"每一种生活"。

因为在快手上云集了各种各样的人，他们在上面展示着各自多样的人生——有养狼人，她"不会海草舞，只会与狼共舞"；有弹唱情侣，他们"没有朝九晚五，只有朝朝暮暮"；有海豚驯养员，他说"和猫猫狗狗比卖萌，大白没输过"；有房车旅行者，他说"车里是家，车外是世界"；有手艺达人，他认为"做没用的发明，也是件有用的事儿"；有工地小哥舞者，他说"跳舞，也可以很接地气"；有海员，他说"生活，有人选择漂在上海，我选择漂在海上"……

正如代言人黄渤所说的，"生活没有剧本，每个人都有自己的活法"。对啊，每个人的活法千差万别，这些看见足够让我们感到庆幸，不管是观看者还是被观看者，都是幸运的，尽管有的时候它让我们的三观"碎了一地"，有的时候它让我们觉得不是那么舒服，有的时候它让我们觉得有点娱乐至死，有的时候它让我们觉得泥沙俱下……但它确实让我们有机会看到这个价值观多元的世界，看到我们熟悉之外的世界，看到我们预设的精英世界和主流价值观之外的那个更广阔的世界——这个"万类霜天竞自由"的世界，它应该可以容得下每一种生活，特别是边缘的、草根的、异类的生活。

在快手9周年的时候，草根网红"奥利给"大叔，用略带夸张的肢体表情，非常动情地演绎了宣传片《看见》："不要冷漠地走入普通人。…… 有人在大山里起舞，有人在菜地里高歌，有人潜入最深的海底，有人登上最高的山峰。很多人不知道漠河冬天开水泼出能成雾霜，很多人不知道乌苏里江大马哈鱼有多香……很多人不知道曾母暗沙海底有无数宝藏，很多人一生只在一个地方。

"有人说带着偏见看世界，才有看待世界的方式，可看待世界不需要预设任何方式。野花山间无畏盛开，悄无声息。如果它拥有被看见的权利，它也能收获遥远他乡的喜欢。它存在，即是完美。人与人之间的相互理解、包容、认同，非一日之功，亦非一己之力。可技术的进步，给更多的人提供了看见的可能。

"那些原来沉默的大多数，就可以不沉默；那些原来普通的人，就可以不普通；那些原本平凡的东西，就不再平凡。这就是看见的力量。向更大的世界开始探索吧！去体验，去感受，去交流，去求证。看看古老手艺如何惊艳时光，看看翩翩少年如何奋发图强，看看耄耋老人如何白头偕老，看看芸芸众生如何逆风飞翔，向所有认真生活的人喊一句：老铁，没毛病！我们是世间的尘埃，却是自己的英雄！

"不要冷漠地走入普通人，每个人都在追求自己的幸福。痛苦的人，总是携带傲慢与偏见。幸福的人，总是多一份宽容与慈悲。不必盼望世界先理解你，你可以尝试先理解世界。君子和而不同，穷则独善其身，达则兼济天下。

"更广阔的胸襟，装得下更多的趣味、态度和观点。参差百态，才是幸福之源。不要冷漠地走入任何未经检验的生活，要相信生活值

得一过，只要你热爱它。如果非要对生活有态度……加油！奥利给！你比你想象中，更美好。"

这或许就是快手希望传递的价值观——去看见不同的生活，尝试去理解和包容不同的生活，并且从中汲取力量，进而开始去热爱、去拥抱每一种生活。

"想象另一种可能"

这是理想国的品牌主张。作为中国很有影响力和前瞻性的文化品牌，2010 年成立的理想国以图书出版为主业，也不断拓展了很多新的领域，包括数字化多媒体、线上线下活动、文化衍生等。在理想国看来，出版的本分或者说天职，就在于将有价值、有意义的知识与观念公之于众，在公共领域之内推动公民社会的养成。也因此，他们周围汇聚了一群"属于理性、理念和理想的共同体"。

在这些年里，理想国陆续出版了几百种书，在图书的封底，他们印上了一句话，"想象另一种可能"。这与其说是一种宣告，不如说是一份提醒：提醒我们，或许自己依然生活在柏拉图的"洞穴"之中；提醒我们，洞穴之外光的存在。只有这一种人生的可能吗？只有这一种社会的可能吗？我们身在其中，认为一切理所当然，真的如此吗？

比如，我们小时候在国外电影里看到警察逮捕犯罪嫌疑人的时候，通常都会说"你有权保持沉默"，这让我们觉得不可思议，因为我们从小到大，被教育和认知到的是"坦白从宽，抗拒从严"。这让我们认为的理所当然，有了一些松动，让我们对社会有了一些新的思考。

顺着这个方向，我们似乎瞥见了一些人生真相，那就是我们可能是井底之蛙，我们以为的理所当然，并非理所当然。这需要我们跳出当下的局限，看到其他的可能，看到另一种可能，看到成百上千种可能，就像著名学者弗朗西斯·福山所言，"只懂一个国家的人不

懂任何国家"。在理想国这个伟大的主张里，它极力支持观念市场
（应该允许不同的观念自由竞争），同时，它也启发着我们通过阅读，
去见识很多平行的世界，领略不一样的社会观念，看到其他新的可
能，最重要的是，它让我们开始想象，想象另一种可能，而这种想象，
正是力量——改变的力量。

时代切片

第 五 章

时代人文切片

"我在各种
悲喜交集处"

写到这里，本书也接近尾声了。总结而言，人和物、商品和消费者的交集部分，正是品牌的核心，它包括的范围从大的层面来讲，是从产品小我，到客群自我，再到人文大我；展开来说，是从"你都会啥绝活"的产品属性，到"这到底有啥用"的产品功能，从"我是不一样的烟火"的客群个性，到"感觉人生到达了巅峰"的客群身份，从"礼为刀俎，我为鱼肉"的客群伦理，到"荣幸成为其中一员"的客群归属，再到"脑袋可能指挥屁股"的社会价值观。

其中，产品小我分为产品特色—交流、产品功能—交利。产品特色—交流可以分为七种方式：数字系、场景系、直说系、戏剧系、比拟系、比附系、惊讶系。产品功能—交利可以分为三种层次：舒适、牛气、刺激。第一种是舒适层次，可以进一步细分为健康活力、省时省力、放松犒赏；第二种是牛气层次，进一步细分为自我效能、人际影响；第三种是刺激层次，细分为精彩刺激、探索新知、实在利益。客群自我分为客群个性—交情、客群身份—交势、客群伦理—交礼、客群归属—交圈，其中客群个性—交情又可以分为五种个性类型：硬、暖、酷、雅、智。

在《美国讲稿》一书中，卡尔维诺这般说道：我们是什么？我们中的每一个人又是什么？是经历、信息、知识和幻想的一种组合。每一个人都是一本百科辞典、一个图书馆、一份物品清单、一册风格集锦。在他的一生中，这一切都不停地相互混合，再按各种可能的方式重新组合。品牌作为一种存在、一种交集，亦是如此，在品牌的整个生命周期中，产品的特点、功能，客群的个性、身份、伦理、归属，以及价值观不停地交织混合，呈现出品牌的不同面向。

通过这一切，我们可以看到人性的经线、商品的纬线，经由资本力量、科技创新、媒介传播的推动，加上传统文化和先锋文化的牵引上色，被编织成一幅当代社会壮美的人间浮世绘。这些品牌的主张，这些关系的交集，如同一首首礼赞当代文明的精神诗歌，如同一场场扣人心弦的华丽舞台剧。

后世的人们如果回望，回望这个时代人们的精神世界，这些物质文明，这些人文标本的切面，如同一个地理时期的化石切面，可以很生动地反映出这个时期的气候条件，他们也可以借此触摸到这个时代的爱和痛、对抗和向往，管窥到集体的人格在社会和市场浪潮中如何伸缩、变形、扭曲、断裂。这些集体人格的样貌，这些文明河床的纹理，将为后世读取现世文化提供密码。

这交织，这交流，这交感，如同天地之气的氤氲，如同伏羲女娲图的交媾，如同基因的双螺旋结构，如同生态和文化交融的地理文化学，如同《易经》中泰卦的卦辞"天地交，而万物通也；上下交，而其志同也"，它们生生不息，浪奔浪涌，亘古绵长。

参考资料

[法] 让·鲍德里亚：《消费社会》，刘成富、全志钢译，南京大学出版社，2014 年.

[法] 居伊·德波：《景观社会》，张新木译，南京大学出版社，2017 年.

[美] 道格拉斯·霍尔特、[美] 道格拉斯·卡梅隆：《文化战略：以创新的意识形态构建独特的文化品牌》，汪凯译，商务印书馆，2013 年.

[日] 三浦展：《第 4 消费时代》，马奈译，东方出版社，2014 年.

[日] 黑川雅之：《设计修辞法》，张钰译，河北美术出版社，2015 年.

[阿根廷] 保拉·祖科蒂：《我们所触碰的一切》，杨泱译，北京联合出版公司，2016 年.

冯至：《冯至代表作：十四行集》，华夏出版社，2011 年.

[美]乔纳森·布朗、[美]玛格丽特·布朗：《自我（第2版）》，王伟平、陈浩莺译，人民邮电出版社，2015年.

[英]阿兰·德波顿：《身份的焦虑》，陈广兴、南治国译，上海译文出版社，2007年.

[英]阿兰·德波顿：《幸福的建筑》，冯涛译，上海译文出版社，2007年.

[奥]茨格威：《人类群星闪耀时》，高中甫、潘子立译，天津人民出版社，2011年.

[魏]王弼注，楼宇烈校释，《老子道德经注》，中华书局，2011年.

孙通海译注，《庄子》，中华书局，2007年.

[印]萨古鲁：《内在工程（全新修订本）》，林麟、李雅梅、李艳萍译，中国青年出版社，2020年.

[美]玛格丽特·马克、[美]卡罗·S.皮尔森：《很久很久以前》，许晋福、戴至中、袁世珮译，汕头大学出版社，2003年.

[美]菲利普·科特勒、[美]凯文·莱恩·凯勒：《营销管理（第13版·中国版）》，卢泰宏、高辉译，中国人民大学出版社，2009年.

[美]菲利普·科特勒、[印度尼西亚]何麻温·卡塔加雅、[印度尼西亚]伊万·塞蒂亚万：《营销革命3.0：从产品到顾客，再到人文精神》，毕崇毅译，机械工业出版社，2011年.

[美]扬米·穆恩：《哈佛商学院最受欢迎的营销课》，王旭译，中

信出版社，2018 年.

[美] 肯·威尔伯：《意识光谱》，苏健、杜伟华译，万卷出版公司，2011 年.

[捷克] 米兰·昆德拉：《不能承受的生命之轻》，许钧译，上海译文出版社，2003 年.

[德] 马丁·布伯：《我与你》，陈维刚译，商务印书馆，2015 年.

刘瑜：《观念的水位》，浙江大学出版社，2013 年.

木心：《我纷纷的情欲》，广西师范大学出版社，2010 年.

梁漱溟、[美]艾恺：《这个世界会好吗？梁漱溟晚年口述（增订本）》，生活·读书·新知三联书店，2015 年.

张维迎：《理念的力量》，西北大学出版社，2014 年.

周晓虹等：《中国体验——全球化、社会转型与中国人社会心态的嬗变》，社会科学文献出版社，2017 年.

[美] 戴维·布鲁克斯：《社会动物》，佘引译，严冬冬校译，中信出版社，2012 年.

[美] 罗伯特·西奥迪尼：《影响力》，闾佳译，万卷出版公司，2010 年.

[美] 罗伯特·麦基：《故事》，周铁东译，天津人民出版社，2016 年.

陈小云：《泛广告时代的幻象》，复旦大学出版社，2006 年.

冯友兰：《中国哲学简史》，赵复三译，生活·读书·新知三联书店，2009 年．

李泽厚：《美的历程》，生活·读书·新知三联书店，2009 年．

[美]尼尔·波茨曼：《娱乐至死》，章艳译，中信出版社，2015 年．

费孝通：《乡土中国》，人民出版社，2008 年．

[加]贝淡宁、[以]艾维纳：《城市的精神》，吴万伟译，重庆出版社，2012 年．

[意]伊塔洛·卡尔维诺：《美国讲稿》，萧天佑译，译林出版社，2012 年．

[以]尤瓦尔·赫拉利：《人类简史：从动物到上帝》，林俊宏译，中信出版社，2014 年．

[德]G.齐美尔：《货币哲学》，许泽民译，贵州人民出版社，2009 年．

[法]夏尔·波德莱尔：《恶之花》，郭宏安译，上海译文出版社，2009 年．

许舜英：《大量流出》，广西师范大学出版社，2012 年．

[美]大卫·奥格威：《一个广告人的自白》，中信出版社，2010 年．

毛泽东：《毛泽东选集》，人民出版社，1991 年．

罗永浩：《生命不息，折腾不止》，天津人民出版社，2014 年．

[美]提勃尔·西托夫斯基：《无快乐的经济》，高永平译，中国人民大学出版社，2008 年．

郑也夫：《后物欲时代的来临》，中信出版社，2016 年．

华杉、华楠：《华与华方法》，文汇出版社，2020 年．

[美]马丁·林斯特龙：《感官品牌》，赵萌萌译，天津教育出版社，2011 年．

[法]安德烈·布勒东：《超现实主义宣言》，袁俊生译，重庆大学出版社，2010 年．

[德]马克斯·韦伯：《新教伦理与资本主义精神》，马奇炎、陈婧译，北京大学出版社，2012 年．

[美]西蒙·斯涅克：《从"为什么"开始：乔布斯让 Apple 红遍世界的黄金圈法则》，苏西译，海天出版社，2011 年．

[美]阿尔·里斯、[美]杰克·特劳特：《定位：有史以来对美国营销影响最大的观念》，谢伟山、苑爱冬译，机械工业出版社，2011 年．

[美]迈克尔·波特：《竞争战略》，陈丽芳译，中信出版社，2014 年．

图书在版编目（CIP）数据

马赛克的马赛克：品牌就是打交道的艺术／马文辉著 .—桂林：广西师范大学出版社，2022.7
ISBN 978-7-5598-4958-8

Ⅰ.①马… Ⅱ.①马… Ⅲ.①品牌－企业管理 Ⅳ.① F273.2

中国版本图书馆 CIP 数据核字 (2022) 第 073606 号

马赛克的马赛克：品牌就是打交道的艺术
MASAIKE DE MASAIKE：PINPAI JIUSHI DAJIAODAO DE YISHU

责任编辑：孙世阳
装帧设计：马　珂

广西师范大学出版社出版发行

（广西桂林市五里店路 9 号　　邮政编码：541004）
（网址：http://www.bbtpress.com）

出版人：黄轩庄
全国新华书店经销
销售热线：021-65200318　021-31260822-898
恒美印务（广州）有限公司印刷
（广州市南沙区环市大道南路 334 号　邮政编码：511458）
开本：889mm×1 240mm　　1/32
印张：12.5　　　　　　　　字数：230 千字
2022 年 7 月第 1 版　　2022 年 7 月第 1 次印刷
定价：158.00 元

如发现印装质量问题，影响阅读，请与出版社发行部门联系调换。